경영 승계
최고의 수업

소중하게 키운 내 사업, 물려줄 때 돈 버는 27가지

경영 승계 최고의 수업

이대범 지음

매일경제신문사

변호사, 회계사, 세무사, 경영 컨설턴트 등 다양한 전문가 집단을 전문 경력직으로 채용해 중소·중견기업의 경영 애로 해결을 위한 컨설턴트로 운영하는 곳은 전문 인력과 수행 규모 면에서 필자가 근무 중인 은행이 단연 독보적인 수준이다.

필자는 30여 년의 은행 생활 중 약 10년을 컨설팅 전담 본부부서에서 근무했다. 은행과 거래 중인 전국의 수많은 중소·중견기업 CEO를 현장에서 만나 고민을 들었고 상담을 통해 해결 방안을 제시했으나, 때로는 애당초에 전문가의 조력을 받고 준비했으면 좋았을 것을 '이미 엎질러진 물'처럼 해결 방안이 없어 안타까운 일도 있었다.

특히 우리나라 전체 사업체 수의 99%를 차지하고 전체 고용의 81%를 책임지고 있다는 중소기업은 창업·성장·승계 단계별 경영의 모든 문제를 대표자 혼자 고민하고 해결해야 하는 것이 현실이기에, 회사가 어떤 길로 가야 하는지 어떤 것을 준비해야 하는지 사전에 생각하고 점검하고 실행하는 것이 매우 중요하다.

먼저 창업 때에는 회사의 헌법과 같은 정관을 어떻게 작성하는 것이 주주 권한을 강화하고 경영권 안정 및 업무적 혼란을 방지할 수 있는지, 권리 행사에 유리한 효율적인 주식 소유 비율은 어떻게 되는지, 자녀와 금전 대차 거래 또는 공동 사업을 할 때 이슈는 무엇인지, 자녀 회사가 금융기관으로부터 차용하는 대출에 부모 소유 부동산을 담보 제공한 후 매각하거나 부동산을 무상으로 사용할 때 주의점 등을 살펴볼 필요가 있다.

회사의 성장 시에는 매출 증가에 따른 개인 기업의 법인 전환 방법 중 양도소득세 이월과세 및 취득세 감면 등 세금 혜택이 있는 법인 전환 방법, 대출 금리에 직접적 영향을 미치는 신용 등급 관리 방안, 기업 평가 시 부정적인 판단을 하게 하는 가지급금의 문제점 및 정리방안, 강력한 절세제도인 퇴직연금을 활용한 기업의 절세 전략과 절세에 도움이 되는 내부규정, 그리고 필요에 따라 양도소득세를 매도인이 아닌 매수인에게 전가하는 방법도 있다는 것을 알아야 한다.

회사의 승계 시점에서는 최대 600억 원까지 상속 공제를 해주는 '가업 상속 공제' 제도, 계획적인 사전 상속을 지원하기 위해 가업 주식을 증여하는 경우 낮은 세율로 증여세를 과세하는 '가업 승계 증여세 과세 특례' 제도, 본인이 생전에 원하는 방식으로 자유롭게 상속 설계가 가능한 은행의 '유언 대용 신탁' 제도, 국세청에서 2020년부터 상속·증여세 과세 목적으로 꼬마빌딩 등 비주거용 부동산 및 나대지를 대상으로만 시행 중인 '감정 평가 사업'에 2025년부터는 초고가 아파트, 호화 단독주택 등 주거용 부동산을 추가했고 감정 평가 대상 산정기준도 낮춰 감정 평가 범위를 확대하는 데에 따라 이에 대한 제도의 문제점 및 대응 방안도 필요하다.

그리고 상속인 간 분쟁으로 발생하는 '유류분' 제도가 2024년 4월 헌법재판소에서 위헌과 헌법불합치 결정[1]됨에 따라, 2025년 12월 31일을 시한으로 국회에서 개정 예정인 민법상 유류분 제도에는 회사의 성장에 기여한 상속인은 유류분 반환 청구의 대상에서 기여분만큼 더 인정받을 수 있도록 상속인의 기여를 유류분에도 반영할 수 있게 되면서, 향후 가업 승계에도 영향이 클 것으로 예상되니 향후 개정 내용에 관한 관심도 중요하다.

또한 많은 사람이 잘못 알고 있는 내용 중 가업 상속 공제를 받고 5년의 사후 의무요건을 이행했다고 세금 문제가 끝난 것이 아니라, 공제받은 자산을 매각할 때 상속 시점이 아닌 피상속인의 취득가액 기준으로 양도소득세가 이월과세되어 양도소득세 폭탄을 맞을 수 있다는 내용에 대해서도 알아야 한다.

끝으로 기업경영에 있어 은행 거래는 필수적이므로, 이에 대한 금융지식도 필요하다. 과거에는 부동산 담보만 있으면 대출이 가능했으나, 현재는 대출금의 자금용도, 소요 운전자금, 총부채원리금상환비율(DSR), 임대업이자상환비율(RTI) 등 각종 적용 기준을 충족해야만 은행에서 대출이 가능하다.

사례를 소개하자면, 서울 도심에 기준 시가 240억 원 상당의 토지를 소유 중인 자산가가 사망해 상속이 발생했다. 상속인들은 상속세 및 증여

---

1 2020헌가4 (민법 제1112조 등 위헌제청 : 유류분에 관한 위헌제청 및 헌법소원 사건. 2024. 4. 25)

세법에 따라 세율 50%가 적용된 약 120억 원의 상속세 중 20억 원은 상속받은 현금으로 납부하고, 나머지 100억 원은 매년 20억 원씩 5년간 분할해서 내는 조건으로 관할 세무서에 연부 연납[2]을 신청했고 관할 세무서도 승인했다.

이후, 연부 연납 조건의 세금 납부를 위해 주거래은행에 상속받은 부동산을 담보로 제공하고 1회차 도래분 20억 원을 상속세 납부 목적으로 대출 신청했으나, 예상치 못한 이유로 대출이 거절되었다. 은행에서 대출받기 위해서는 총부채원리금상환비율(DSR)[3]을 충족해야 하는데 임대 소득 및 근로 소득만 있는 상속인들의 소득으로는 DSR 충족이 되지 않아 주거래은행에서 융자가 부결된 것이다.

부동산 담보 가치만 봤을 때는 당연히 대출이 가능할 것으로 생각했던 상속인들은 상속세 납부 일자는 다가오고 고가의 상속받은 부동산을 당장 팔 수도 없어 고민하다 지인의 소개로 필자와 상담하게 되었다. 내용을 살펴보니, 토지는 사망한 피상속인 개인 소유로 되어 있어 민법 제1009조의 법정 지분[4]대로 상속되었고, 건물은 상속인 가족이 주주인 가족 법인 소유로 신축해 상속 재산에 포함되지 않았다.

상속인들은 대출받지 않고는 상속세를 낼 수 없는 상황인데, 대출이

---

2 상속세 및 증여세법에서 상속세 및 증여세 납부세액이 2,000만 원을 초과하는 경우 납세지 관할 세무서장에 신청해 허가받아 분할해 납부할 수 있도록 규정하고 있다.
3 채무자의 연간 소득에서 각종 금융 부채의 연간 원리금 상환액이 차지하는 비율(Debt saving ratio, DSR)
4 민법 제1009조(법정 상속분) ① 동순위의 상속인이 수인인 때에는 그 상속분은 균분으로 한다. ② 피상속인의 배우자의 상속분은 직계 비속과 공동으로 상속하는 때에는 직계 비속의 상속분의 5할을 가산하고, 직계존속과 공동으로 상속하는 때에는 직계존속의 상속분의 5할을 가산한다.

안 된다고 하니 낭패가 아닐 수 없었다. 더욱이 연부 연납을 허가받은 상속인들이 지정된 기한까지 세금을 납부하지 않은 때에는 세무서에서 연부 연납 허가를 취소하고 세금을 일시납으로 징수할 수 있기에 1회차 도래분 20억 원을 납부하지 못하면 전체 상속세 100억 원을 일시에 내야 하니 어떻게든 해결이 시급한 상황이었다.

은행에서는 대출을 심사하는 데 있어 금융감독 규정에 따라 자금 용도를 철저히 따진다. 즉, 사업자 등록을 한 기업의 영업활동과 관련된 자금은 기업자금으로 취급하고 순수 개인이 사용하는 자금은 가계자금으로 구분하는데, 상속·증여세는 순수 개인이 사용하는 자금으로 분류되어 가계 대출에 해당한다. 가계 대출은 금융당국 대출 규제에 따라 모든 은행은 총부채원리금상환비율(DSR)을 산정해야 한다. 연간 소득 대비 대출 원리금 상환 비율이 어느 정도 되는지 따지기에 DSR를 충족하지 못하면 대출은 애초부터 불가하다.

본 건의 경우 가계 대출에 해당해 약 100억 원에 달하는 상속세 납부 목적의 대출을 위해서는 상속인들의 소득이 총부채원리금상환비율을 충족해야 하는데 상속인들의 소득으로는 DSR를 충족할 수 없어 어느 은행을 찾아가더라도 대출을 받을 수 없는 상황이었다. 다행히 '하늘이 무너져도 솟아날 구멍이 있다'라는 속담처럼 총부채원리금상환비율을 산정하지 않아도 되는 기업 시설자금 대출로 해결하는 방안이 있어 이를 설명해 주었다. 내용인즉, 건물은 가족 법인 소유이고 부동산 임대업으로 사업자 등록되어 있어 상속받은 토지를 건물을 소유한 가족 법인이 매수하는 방안이었다.

이 경우 부동산 임대 사업에 필요한 토지를 구매하는 용도에 해당해 건물을 소유한 가족 법인에 기업 시설자금 대출을 지원할 수 있고, 가족 법인은 토지를 상속받은 상속인들에게 토지매입 대금을 지급할 수 있어 상속인들은 이 토지 매각 대금으로 세금을 내는 방안이다.

이처럼 부동산 임대업은 부동산 취득 시 지원하는 시설자금 대출 용도 외에는 추가 대출이 어렵고, 상속세를 납부하기 위해서는 가계 대출에 해당해 총부채원리금상환비율을 충족해야 하는 어려움이 있으니 미리미리 세금 납부 목적의 유동성 자금을 준비하지 않으면 큰 낭패를 볼 수 있다.

예를 들어 회사 경영을 자동차 운전에 비유한다면, 발로 가속페달을 밟아 단기적 성장을 끌어낼 수 있겠으나, 정작 회사의 지속 성장에 중요한 조향(操向) 장치를 조정하는 손의 역할과 운전에 필요한 교통정보를 받아들이는 눈의 역할이 없다면 회사 경영은 앞은 못 보고 속도만 높이는 위험한 곡예 운전과 다를 바 없다.

이 책은 중소기업을 경영하는 대표자와 후계자, 창업을 고민하는 예비 창업자, 이러한 기업고객과 거래하는 은행 지점장이나 PB 등 금융기관 종사자, 중소기업 컨설팅을 희망하는 경영지도사 등을 위해 필자가 직접 경험한 다양한 실제 상담 사례를 바탕으로 집필했다. 책을 읽으면서 스스로 문제를 진단하고 이해할 수 있도록 사례와 근거를 제시한 눈높이에 맞는 특화된 방법론을 제시한 실용서이다.

프랑스 소설가 폴 부르제는 '생각하는 대로 살지 않으면, 결국에는 사는 대로 생각하게 된다(One must live the way one thinks or end up thinking the way one has lived)'라고 말했다.

필자가 그간 현장에서 만난 대부분의 기업 대표자들은 소중하게 키워온 회사가 어떤 리스크에 노출되어 있는지 알지 못하는 경우가 많았다. 더욱이 문제를 인식하고도 전문가의 조력을 받기보다는 주위에 친한 기업인의 경험에 의존한 조언을 듣고 해결하려다 오히려 문제만 키워 불필요한 시간과 비용만 낭비하는 예도 허다했다.

대표자가 무관심한 회사 정관, 회사 빼앗기는 도구로 악용된다

국가에 헌법이 존재하듯 각 법인회사에는 정관이 존재한다. 정관의 중요성을 인지하지 못한 대표들은 정관을 단순히 회사 설립을 위한 서류 정도로만 생각한다. 필자가 만난 창업주의 자녀는 대표자인 본인 부친이 갑자기 사망하면서, 운영하던 회사를 동업 관계에 있던 부친 친구들에게 빼앗겼다며 도움을 요청했다.

회사는 국가산업단지 내에 소재한 산업폐기물 소각전문업체로 산업폐기물을 수거할 때 매출이 발생하고 소각할 때의 열에너지를 기업에 공급하며 추가 매출이 발생하는, 현금흐름이 우량한 기업이었다.

회사 설립 당시 상법상 발기인 수[5]가 3인 이상으로 제한되어 있어 친구 4명을 포함한 5인을 발기인으로 했고, 부친은 대표이사로 60%, 친구들은 이사로 각각 10%씩 주식을 인수하는 발기인으로 참여해 법인회사를 설립했다고 한다.

주식회사를 설립할 때는 상법 제288조에 따라 발기인이 정관을 작성해야 한다. 발기인이란 주식회사를 설립하기 위해 회사의 정관에 발기인으로 서명한 사람을 말하며, 발기인은 법률상 형식적인 기준으로 권한과 책임이 부여된다. 따라서 실제로 설립 사무에 종사했더라도 정관에 발기인으로 서명하지 아니하면 발기인이 아니며, 반대로 실제 설립 사무에 종사하지 아니했더라도 정관에 발기인으로 서명하면 발기인에게 해당한다.

즉 발기인이 될 수 있는 자격에는 특별한 제한이 없어 법인이나 미성년자도 가능하니 형식적인 면에서 정관에 서명한 대표이사의 친구 4명은 적법한 발기인으로 추정된다.

회사가 꾸준한 성장세를 유지해 창업주인 부친의 권유로 본인도 회사

---

5 과거에는 주식회사의 발기인 수가 7인 이상이었으나 1995년 12월 29일 개정되어 3인 이상으로 되었다가, 다시 2001년 7월 24일 개정되어 현재는 발기인 수의 제한이 없어졌다.

에 입사했는데 6개월쯤 되던 시점에 부친이 사우나에 갔다가 갑자기 쓰러져 결국 심장마비로 사망했다고 한다. 유족으로 배우자와 상담을 요청한 자녀가 있었으나 고인의 나이가 60대 초반이었고 평소 큰 질병도 없이 건강해 유족들은 회사에 관한 내용은 전혀 파악하고 있지 못했다.

견물생심(見物生心), 문제는 발기인으로 참여해 이사로 등재된 친구들이 회사를 빼앗기로 모의(謀議)하면서부터 발생한 것으로 보인다. 먼저 기존 창업주인 대표이사 사망에 따라 신임 대표이사를 이들 중 1인으로 변경했다. 대부분의 중소기업 정관을 보면 대표이사 변경은 이사회 결의 사항이다 보니 주주 총회 없이 이사회 결의만으로 대표이사를 손쉽게 변경해 취임했다.

이후, 본인들의 주식 지분을 높이기 위해 자본금 증자 작업에 돌입했다. 신주 발행은 회사 설립 시에 정한 수권주식 총수[6]의 범위 내에서 이사회의 결정으로 발행할 수 있다는 점을 이용한 것이다. 결국 사망한 창업주 유족이 정신이 없는 틈을 타 자본금 증자를 진행해서 유족들은 증자에 참여하지 못해 실권되었고, 기다렸다는 듯 실권된 지분까지 이들이 인수해 회사의 대주주는 유족에서 친구들로 변경되었다.

대표이사 변경 및 수권 자본금 범위 내 증자가 주주 총회가 아닌 이사회 결의 사항이다 보니 쉽게 이 같은 이들이 벌어진 것이다. 결국 회사는 완전히 그들의 소유가 되었고 회사를 나가라는 압박에 못 이겨 결국 자녀

---

6 회사가 발행할 수 있는 주식 수의 한도

는 쫓겨나게 되었다.

만약 창업주가 정관의 중요성을 인식하고 상대적 기재 사항인 **대표이사의 선임, 수권 자본금 범위 내 신주 발행 등을 이사회 결의 사항이 아닌 주주 총회 결의 사항으로 하는 내부 통제 장치를 정관에 마련해 두었다면** 상속인인 자녀가 대주주의 권한으로 통제할 수 있었을 것이고 회사에서 쫓겨나는 일은 없었을 것이다.

이처럼 회사를 설립할 때 정관을 어떻게 작성하느냐에 따라 해당 정관이 회사를 운영하면서 악용될 수도 있고, 반대로 회사 주식의 양도 제한을 통한 경영권 안정 유지, 임원 퇴직금 규정 마련을 통한 절세 전략 수립 등 대표자의 합리적인 경영을 뒷받침하는 장치로 작용할 수도 있으니 특히 타인과 동업 관계에 있는 경우, 대표자는 반드시 회사 설립 때부터 회사 정관 내용에 많은 관심을 가져야 한다.

상속 개시 전 공증받은 '상속 포기 각서'는 법률상 무효이다

공증(公證)[7]은 널리 어떠한 사실관계 또는 법률관계를 공적으로 증명해 주는 것을 말한다. 이러한 선입견에 따라 공증받았다는 사실만으로 법적인 효력이 있다고 맹신하는 예도 많은 것 같다.

자녀가 어릴 적 배우자와 사별해 홀로 자녀를 키우며 사업에도 크게

---

7 공증이란 '공적으로 증명한다'는 뜻으로 법률전문가가 공증 업무를 수행한다. 공증을 통해 당사자는 법률관계나 사실에 관한 증거를 확보하고 때에 따라서는 집행력을 확보해 신속하게 권리를 실현할 수 있다.

성공한 한 대표자는 자녀가 성장해 혼인으로 출가하자 혼자 생활하게 되었고, 주위의 권유로 집에 가사도우미를 고용했다고 한다.

사별한 지 오래되었고 붙임성 있는 가사도우미와 정이 들어 사실혼 관계를 유지하며 생활하던 중, 가사도우미가 혼인 신고를 해달라고 지속해서 요구하자 고민이 깊어졌고 집에 들어가면 바가지 긁는 소리에 스트레스를 받았다.

대표자는 성격상 타인의 시선이 의식되어 혼자 마음만 졸이다 친한 친구에게 술자리에서 고민을 상담했다고 한다. 친구는 내용을 듣고 '뭘 그렇게 고민하느냐'며 해결 방안을 제시해주었다.

내용인즉, 현재 사는 아파트는 가사도우미에게 주기로 약속했던 내용이니 향후 아파트만 상속받고 회사 주식, 상업용 임대부동산 등 나머지 모든 재산은 상속을 포기한다는 내용의 상속 포기 각서를 작성해서 공증받아 두면 깔끔하다는 것이었다. 대표자는 옳거니 하며 가사도우미에게 해당 내용을 설명했고, 그렇게 하겠다는 의견에 따라 상속 포기 각서를 작성해 공증받은 후 법적 혼인 신고를 했다.

이후 자녀가 가족관계 서류를 발급하다 해당 사실을 알고 '그럼 앞으로 어떻게 되느냐?'며 은행 영업점을 통해 상담을 요청했다. 아마도 대표자는 공증받아뒀으니 문제될 것이 없다고 판단하고 자녀에게 혼인 신고한 내용은 말하지 않는 듯했다.

자녀의 요청으로 회사에 방문해 대표자와 면담 과정에서 조심스럽게 각서의 내용을 언급하자, 대표자는 그간의 내용을 설명하며 공증까지 받은 포기 각서가 있어 전혀 문제가 될 것이 없다고 설명했다. 이에 "만약, 상속 포기 각서가 효력이 없으면 어떻게 될까요?"라고 질문했더니 크게 화를 내며 "대한민국이 법치국가인데 어떻게 공증받은 서류가 효력이 없을 수 있냐?"며 목소리를 높였다.

그러나 **결론적으로 상속 개시 전 공증받은 '상속 포기 각서'는 법률상 무효이다. 민법 제997조에는 '상속은 사망으로 인해 개시된다'라고 규정**하고 있다. 즉 재산을 물려줄 부모, 배우자가 사망해야 상속인들에게 상속권이 생긴다는 의미이다. 각서나 공증이 있더라도 상속권이 없는 시점이기 때문에 합의 자체가 무효인 셈이다.

우리나라 민법 제812조에서 '혼인은 「가족관계의 등록 등에 관한 법률」에 정한 바에 의해 신고함으로써 그 효력이 생긴다'라고 정하고 있어 남녀가 혼인할 의사로 혼인 신고를 마쳐야 법률상 혼인이 된 것으로 보는 법률혼의 방식을 채택하고 있다. 즉, 법률혼과 사실혼을 가르는 기준은 혼인 신고 유무이며 혼인 신고를 마친 법률상 배우자는 민법 제1003조 제1항에 의해 다른 상속인이 있으면 공동으로, 다른 상속인이 없으면 단독으로 상속인이 되는 것으로 규정한다.

결국 대표자의 의도와 달리 공증받은 '상속 포기 각서'는 무효이고, 배우자는 법정 상속인이 되어 약 100억 원에 달하는 재산에 대해 상속권을 가지게 되었다. 배우자가 법정 상속인이 된다고 하니 다급한 마음에 자녀에게 사전 증여를 한다고 하더라도 민법 제1112조에 의거해 법정 상속분의 2분의 1을 배우자에게 유류분으로 지급해야 한다.

만약 대표자가 친구가 아닌 법률 전문가에게 찾아가 상속 개시 전 공증받은 상속 포기 각서가 효력이 있는지, 혼인 신고했을 때 문제는 없는지 등을 상담했다면 이러한 중대한 실수는 없었을 것이다. 상담을 마치고 나오는 순간까지 "어떻게 하면 좋겠느냐?"라며 당황하던 대표자의 안타까운 모습이 잊히지 않는다.

그렇다면 일반적으로 공증을 왜 받으며, 받으면 어떠한 이점이 있을까? 우선, 공증인은 공증인법 제10조에 의해 지방검찰청 소속으로 공증인의 정원(定員)은 지방검찰청의 관할 구역마다 법무부 장관이 정한다. 공증받는 이유는 어떠한 사실관계에 관해 추후 분쟁을 예방하기 위해서다. 즉, 공증인에 의해 누구 일방에 의해 조작되거나 위조되는 문제를 예방할 수 있어 다툼의 소지가 줄어든다.

또한 일반적으로 상대방에게 돈을 빌려주거나 외상으로 물품을 납품했는데, 약속된 날짜에 돈을 상환하지 않아 재산을 압류 및 집행하려면 법원에 소를 제기하고 재판 절차를 거쳐 판결문 등의 집행권원을 확보해야 하는데, 공정 증서를 작성할 때 강제 집행인낙 문구가 포함된 공증을 받는다면 추후 해당 공정 증서 자체가 집행권원이 되어 따로 소송을 제기할 필요 없이 바로 압류 등의 강제 집행 조치가 가능해 신속하고 편리하다.

공정 증서 중 약속 어음 공정 증서와 금전 소비 대차 계약 공정 증서는 모두 집행력이 있는 공문서로 채무 불이행 시 소송 없이도 강제 집행을 할 수 있으며, 차이점은 약속 어음 공증은 이자 및 지연 이자가 없는 차용으로 지급 기일로부터 소멸 시효[8]가 3년으로 단기이고, 분할 변제 또는 이자가 존재하거나, 해당 채권의 소멸 시효가 3년 이상이 되어야 한다면 약속 어음 공정 증서 대신 금전 소비 대차 계약 공정 증서를 발급받아야 한다. 금전 소비 대차 공증이라도 상법에 따른 상행위인 상사 채권의 금전 소비 대차 공정 증서는 5년, 일반인들의 민사 채권 금전 소비 대차 공정 증서는 10년으로 상사 채권인지 민사 채권인지에 따라 소멸 시효에 차이가 있으니, 주의가 필요하다.

이처럼 공정 증서에는 약속 어음 공정 증서, 금전 소비 대차 계약 공정 증서, 유언 공정 증서 등이 있으니 해당 목적에 맞는 공증을 이용하면 법률생활의 안정과 분쟁 예방을 위한 제도로 편리하게 활용할 수 있다.

대표자 개인 소유의 법인 임대사업장은 가업 승계의 걸림돌이다

창업 후 기업의 성장에 따라 자가 사업장 구매를 계획하면서 대표자 개인 소유로 할지 법인 소유로 할지 고민하는 대표자가 많다. 법인 명의로 구매하면 회계 처리가 엄격한 데 반해, 개인 명의로 구매하면 그러한 제한 없이 법인으로부터 받은 임대료를 간편하게 사용할 수 있어 더 좋다고 생각하는 경우가 많은 것 같다. 여기에 주위의 기업인들도 본인의 경험을 바탕으로 개인 명의로 취득하는 것을 더 추천하곤 한다. 기업체를 방문해보면 이러한 경우가 상당히 많은데, 과연 그럴까?

---

8 소멸 시효(消滅時效)는 권리자가 재산권을 행사할 수 있는데도 불구하고 일정 기간 권리를 행사하지 않는 경우 그 권리가 실효되게 하는 제도를 말한다.

필자가 만난 제조업을 영위하는 중소기업 법인 대표자는 사업장을 구매하면서 대표자 개인 명의로 취득하는 방안과 법인 명의로 취득하는 방안 중 어떤 방안이 좋은지 고민하다. 주위 기업인에게 상의했더니 개인 명의로 취득해 본인이 경영 중인 법인에 임대로 주는 것이 임대료를 받아 쉽게 쓸 수 있어 간편하고 법인은 임대료를 비용 처리할 수도 있어 유리하다는 조언을 듣고 대표자 개인 명의로 사업장 2,000평을 취득했다.

부동산 구매 후, 오랜 시간이 흘렀고 사업장 인근에 지하철이 연장 개통되어 시세가 평당 1,000만 원 이상으로 급격히 상승했다. 법인명으로 취득했으면 자금 인출도 어려울 텐데 대표자 개인 명의로 취득했더니 매월 법인으로부터 임대료를 받아 쉽게 사용할 수 있어서 만족스럽고, 자녀도 군 제대 후 회사에 입사해 후계자로 근무하고 있는 등 회사 운영이 순조로웠다.

또한 회사는 30년 이상 계속 경영 중인 중소기업으로 상속세 및 증여세법에서 정한 가업의 규모 및 업종, 경영 기간 요건을 충족하고 있고 자녀도 회사에 입사해 후계자수업 중에 있어 최대 600억 원까지 가업 상속 공제로 상속세를 공제받을 수 있다고 하니 상속·증여세 문제도 대표자로서는 고민할 일이 아니었다.

가업 상속 공제는 사주의 자녀에 대해 상속세를 줄여주는 제도로 대표자인 피상속인이 10년 이상 계속해 경영한 중소기업을 상속인[9](상속인의 배우자 포함)이 승계하면, 사업용 가업 상속 재산에 상당하는 금액을 상속세 과세 가액에서 100% 공제한다. 피상속인의 가업 영위 기간이 10년 이상이면 300억 원, 20년 이상이면 400억 원, 30년 이상이면 600억 원을 한도로 상속 공제해서 가업 승계에 따른 상속세 부담을 크게 경감시켜 중소기업 등의 원활한 가업 승계를 지원하는 제도이다.

순조로운 가업 승계를 기대했던 회사 대표자는 큰 리스크를 인지하지 못하고 있었다. 대표자가 애초 사업장을 법인 명의로 취득했다면 사업용 자산에 해당해 200억 원에 달하는 부동산 상속분에 대해 전액 가업 상속 공제받을 수 있었음에도, 대표자 개인 명의로 취득하다 보니 개인 부동산 임대업에 해당해 가업 상속 공제를 받을 수 없는 것이다. 개인 소유 사업장에 대해 가업 상속 공제를 받지 못하는 것은 물론 상속세 또는 증여세율 50%를 부담해야 하므로, 약 100억 원에 달하는 거액의 상속세 또는 증여세를 부담할 수 있을지 의문시된다.

결국 지금 당장 사업장을 매각하더라도 기본세율 45%의 양도소득세 문제가 발생하고, 증여 또는 상속할 때도 50% 세율이 적용되어 거액의 세금이 발생하니 이러지도 저러지도 못해 회사 존립마저 위태로운 상황이 발생하는 것이다.

사업장을 대표자 개인 명의로 소유하고 본인이 대표이사인 법인에 임대 중인 많은 중소 법인 기업이 이러한 문제가 있는데도 미처 인지하지 못하고 있는 부분으로, 본문 Part 3 가업의 승계 단계에서 자세히 해결 방법을 설명하도록 하겠다.

---

9 하나의 기업을 공동 상속할 때도 대표이사의 승계 지분에 대해서는 가업 상속 공제가 적용되며, 가업이 2개 이상인 경우에도 기업별로 가업 상속 공제가 가능함.

그동안 이러한 문제를 인지하지 못했던 대표자는 잘못하면 사업장 세금 문제로 후계자에게 가업 승계는 고사하고, 소유하고 있는 부동산마저 세금을 내지 못하면 공매처분될 수도 있다는 설명에 "그때 왜 개인 명의로 취득했을까?" 하며 뒤늦은 후회를 했다.

이 책은 이렇게 일선 현장에서 경영, 세무, 금융상 이슈로 인해 고민하는 다양한 기업의 문제와 제시했던 해결 방안을 한 사람에게 설명하듯 언급했다. 또한 사례와 근거를 중심으로 정리해 이해하기 쉽도록 글을 썼다.

그동안 창업 후 죽음의 계곡이라 불리는 '데스밸리(Death Valley)'를 극복하고, 힘들게 성장시킨 회사를 미처 생각하지도 못한 문제로 고난에 처한 많은 사례를 봐왔다. 이 책을 통해 더 이상 반복되는 실수와 후회가 없이 성공기업의 길로 나아가기를 바라는 마음이다.

이대범

PART 01 **Start-up** 경영권을 확보하라

PART 02 **Scale-up** 돈을 벌어주는 절세 방법

PART 03 **Jump-up** 가업 승계의 모든 것

Start-up

·

경영권을 확보하라

미래 국가 성장의 동력인 창업은 새로운 일자리 증대와 산업의 발전이라는 측면에서 매우 중요하며 성공은 화려하지만 그것을 이루기 위해서는 실패도 각오해야 한다.

영화 속 주인공 〈아이언맨〉의 실제 모델이자 괴짜 벤처 투자가로 알려진 테슬라의 CEO 일론 머스크도, 창업을 앞두고 혹시나 실패했을 때 돈이 없는 삶이 어떠한지를 직접 체험하기 위해 이른바 '일론 머스크의 욕구 실험'을 했다고 한다. 실험 내용은 하루를 1달러로 살아가는 것이었다. 대형마트에서 냉동 핫도그와 오렌지 30달러어치를 사서 매일 그것들만 먹고 한 달을 생활해본 후 실패를 각오하고 창업 전선에 뛰어들었다고 한다.

정부의 자료에 따르면, 우리나라에서는 1980년대 중반 균형적인 산업 발전을 위해 중소기업의 발전이 절대적으로 요구되었으나 대기업의 영향으로 시장에서 경쟁을 통한 중소기업의 신규 진입은 제도적으로 어려움이 있었고, 해외 선진국에서도 수입 규제를 강화하면서 대기업 중심의 완제품 수출보다는 부품 수출 위주로 전환해야 할 시점에 부품공업의 핵심이라 할 수 있는 중소기업의 수가 절대적으로 부족한 실정이었다.

따라서 기술은 있으나 자금이 부족해 창업이 어려운 사람들에게 자금을 지원하고 창업에 따르는 복잡한 절차를 간소화해주는 동시에 일정 기간 세금도 감면해줌으로써 새로운 중소기업들이 많이 창업될 수 있도록 중소기업의 종합적인 창업 지원에 초점을 맞추어 1986년 '중소기업창업 지원법'을 제정했다.

이후 정부에서는 4차 산업혁명과 융복합 시대의 도래, 코로나19로 촉발된 디지털 전환의 가속화와 비대면 경제의 활성화 등과 같이 창업환경 변화가 지속되면서 제조업 중심의 창업 지원법을 개정해야 한다는 목소리가 커졌다. 2021년 12월 '제조 산업 기반의 성장경제'에서 '혁신 창업 기반의 디지털 경제'로의 시대 변화를 반영하고, 새로운 환경에 필요한 창업 정책의 수립과 추진을 뒷받침할 수 있도록 중소기업창업 지원법을 전면적으로 개정해 제조 창업 기업 공장설립 시에 부과되는 부담금의 면제 기간을 기존 3년에서 7년으로 확대하고, 그간 면제 대상에서 아예 제외되었던 지식서비스 창업 기업도 부담금을 7년간 면제받을 수 있게 부담금 면제를 확대했다.

중소기업을 창업해 사업을 개시한 날부터 7년이 지나지 아니한 기업 (법인과 개인 사업자를 포함)을 창업 기업으로, 3년이 지나지 아니한 기업을 초기창업 기업으로 정의하고 있으며 창업 절차 및 비용 부담 완화 등에 관한 제도·절차적 조치를 마련하고 있으니 예비 창업자와 창업 기업은 정부의 다양한 창업지원 제도를 잘 활용할 필요가 있다.

특히 우리나라 창업 기업 5년차 생존율은 33.8%로 OECD 28개국 중 26위이며 포르투갈(33%), 리투아니아(27.2%) 두 곳만 한국보다 낮았다. 이는 OECD 평균 생존율 45.4%보다 11.6% 포인트 낮은 것이다. 이처럼 낮은 생존율을 이겨내고 화려한 성공의 꿈을 이루기 위해서는 창업 단계부터 철저한 준비가 필요하다.

'천 리 길도 한 걸음부터 시작한다(千里之行始於足下)'라는 말처럼, 모든 일은 시작이 중요하니 창업 초기부터 회사의 헌법 같은 정관을 효율적으로 활용할 수 있도록 정관에 관한 내용을 이해하고 주주의 권리행사에 유리한 주식을 소유하며, 가족 등 특수 관계인과의 창업 자금 거래 때 주의 사항 등에 관한 지식과 이해가 필요하다.

회사 정관의 효과적 활용법

1. 정관은 회사의 헌법과 같다

회사를 창업할 때 사업의 주체에 따라 개인 사업자와 법인 사업자로 구분할 수 있다. 개인 사업자는 창업 절차가 비교적 쉽고 간단해 사업 규모나 자본금이 적은 사업을 하기에 적합하고, 법인 사업자는 소유와 경영의 분리가 가능하며 보다 엄격한 회계 처리 기준에 근거해 사업을 운영해야 하기에 개인 사업자보다 대외신용이 높다고 할 수 있다. 또한 법인은 개인 사업자와 달리 회사 정관(定款)[10]을 갖추고 법원에 설립 등기를 마쳐야지만 사업자 등록을 진행할 수 있다.

여기서 중요한 점은 정관 작성은 단순히 법인 설립만을 위한 것이 아

---

10 상법 제288조 (발기인) 주식회사를 설립함에는 발기인이 정관을 작성해야 한다.

니며 정관은 회사의 조직구성 및 업무 집행에 관한 근본 규칙 등을 명문화한 것으로 회사의 헌법과 같다는 것이다. 정관은 자치 법규이므로 외부의 제3자에 대해서는 효력이 없으나 회사 내의 발기인, 주주, 임직원 등 당사자 사이에 효력이 있고, 정관 규정이 상법 규정을 위반하지 않는 범위 내에서 정관을 우선해 적용하며 정관에 해당 규정이 없는 경우에는 상법을 적용한다.

법인의 정관에 대한 대법원 판결[11]을 살펴보면, 법인이 정관에서 정한 이사의 해임 사유와 관련해 자치 법규인 정관을 존중해야 하고 그러한 정관에 대한 존중의 필요성은 법인이 정관에서 정하지 않은 사유로 이사를 해임하는 경우뿐 아니라 법인이 정관에서 정한 사유로 이사를 해임할 때도 요구된다고 판단했다.

즉 법인의 정관에 이사의 해임 사유에 관한 규정이 있는 경우, 정관에서 정하지 않은 사유로 이사를 해임할 수 있는지 여부에 대해 법인의 정관에 이사의 해임 사유에 관한 규정이 있는 경우, 이사의 중대한 의무 위반 또는 정상적인 사무 집행 불능 등의 특별한 사정이 없는 이상 법인은 정관에서 정하지 아니한 사유로 이사를 해임할 수 없다고 판시했고, 법인이 정관에서 이사의 해임 사유를 정한 경우, 해임 사유가 발생했다는 요건 외에 이로 인해 법인과 이사 사이의 신뢰 관계가 더 이상 유지되기 어려울 정도에 이르렀다는 요건이 추가로 충족되어야 이사를 해임할 수 있

---

11 대법원 2024. 1. 4. 선고 2023다263537 [이사회 결의 무효확인 청구]

는지 여부에 대해 그렇지 않다고 판결해, 자치 법규인 정관을 존중해야 한다는 점을 더욱 명확히 강조했다.

정관은 원시정관과 변경정관이 있는데, 회사 설립 때 최초로 작성하는 정관을 '원시정관'이라고 하고, 회사 설립 후 주주 총회에 의해 변경된 정관을 '변경정관'이라고 한다. 원시정관은 공증인의 인증을 받아야 효력이 생기지만, 자본금 10억 원 미만인 소규모 회사를 설립할 때는 법인 설립 특례에 따라 발기인의 기명 날인 또는 서명만으로 효력이 발생한다.

정관의 기재 사항에는 절대적, 상대적, 임의적 기재 사항이 있다. 먼저 절대적 기재 사항은 정관에 반드시 기재해야 하고 그 기재가 없거나 위법한 경우 정관이 무효가 되어 결과적으로 회사 설립 자체가 무효로 되는 사항으로 상법 제289조에 따라 목적, 상호, 회사가 발행할 주식의 총수, 액면 주식을 발행하는 경우 1주의 금액, 회사의 설립 때에 발행하는 주식의 총수, 본점의 소재지, 회사가 공고를 하는 방법, 발기인의 성명·주민등록번호 및 주소가 있다.

상대적 기재 사항은 정관에 기재가 누락되더라도 정관의 효력에는 영향이 없지만, 해당 내용이 구속력을 가지기 위해서는 정관에 기재되어야 하는 사항을 말하며, 변태설립[12]사항, 주식에 관한 사항, 주주 총회에 관한 사항, 이사·감사·집행임원·청산인에 관한 사항 등이 있다.

---

12 물적 회사(주식회사, 유한회사 등)를 설립할 때, 금전 이외의 재산으로 설립되는 것을 말한다. 이처럼 재산인수 등 금전 이외의 재산으로 설립될 경우 과대평가되어 주주나 회사 채권자를 해할 염려가 있어 상법은 변태설립에 의한 설립 방법을 인정하는 반면 주주와 채권자 보호를 위해 이를 감독하는 엄격한 규정을 두고 있다.

끝으로 임의적 기재 사항은 정관에 기재되어야만 효력이 생기는 것은 아니지만, 그 내용을 기재하면 그 기재대로 효력이 발생하는 사항을 말한다. 주권의 종류, 정기 주주 총회 소집 시기, 이사와 감사의 수, 회사의 사업연도, 이익의 처분 방법, 주식 명의개서 절차에 관한 사항 등이 있다.

필자가 그동안 현장에서 만난 기업 CEO 중 회사의 정관을 정확히 파악하고 있는 경우는 극히 드물었다. 앞서 말한 바와 같이 정관을 어떻게 작성하느냐에 따라 해당 정관이 회사를 운영하는 데 악용될 수도 있고, 대표자의 합리적인 경영을 뒷받침하는 장치로 작용할 수도 있으니 회사 정관을 한 번만이라도 정독하고 어떤 내용이 있는지 이해하기를 권한다.

정 관

2025. 0. 00. 제정

제1장 총 칙

제1조 (상호) 당 회사는 주식회사 ○○○(이)라 하며, 영문으로는 □□□(이)라 표기한다.

제2조 (목적) 당 회사는 다음 사업을 목적으로 한다.
1. ○○○○
2. ○○○
3. ○○
4. ○
5. 위 각 호에 관련된 부대사업 일체

제3조 (본점과 지점) 당 회사는 본점을 서울특별시 내에 둔다. 필요에 따라 국내 및 해외에 지점, 출장소 및 영업소를 둘 수 있다.

제4조 (공고방법) 이 회사의 공고는 회사의 인터넷 홈페이지(http://www.○○○.co.kr)에 게재한다. 다만, 전산장애 또는 그 밖의 부득이한 사유로 회사의 인터넷 홈페이지에 공고를 할 수 없는 때에 서울특별시 내에서 발행하는 일간 ○○신문에 게재한다.

제2장 주식(株式)과 주권(株券)

제5조 (회사가 발행할 주식의 총수 및 각종 주식의 내용과 수) 당 회사가 발행할 주식의 총수는 100,000주로 기명식 보통주로 한다.

제6조 (1주의 금액) 당 회사가 발행하는 주식 1주의 금액은 금 100원으로 한다.

제7조 (회사 설립 시 발행하는 주식의 총수) 당 회사는 설립 시에 100,000주의 주식을 발행하기로 한다.

제8조 (주권의 종류) 당 회사의 주식은 전부 기명식으로서 주권은 1주권, 10주권, 100주권의 3종류로 한다.

제9조 (주권불소지) 당 회사는 주권불소지 제도를 채택하지 않는다.

제10조 (주금 납입의 지체) 회사 설립 시의 주식인수인이 주금 납입을 지체한 때에는 납입기일 다음 날부터 납입이 끝날 때까지 지체주금(遲滯株金) 1,000원에 대해 1원의 비율로서 과태금(過怠金)을 회사에 지급하고 또 이로 인해 손해가 생겼을 때는 그 손해를 배상해야 한다.

제11조 (주식의 명의개서) ① 당 회사의 주식에 관해 명의개서를 청구함에 있어서는 당 회사 소정의 청구서에 기명 날인하고 이에 주권을 첨부해 제출해야 한다. ② 양도 이외의 사유로 인해 주식을 취득한 경우에는 그 사유를 증명하는 서면도 함께 제출해야 한다.

제12조 (질권의 등록 및 신탁 재산의 표시) 당 회사의 주식에 관해 질권의 등록 또는 신탁 재산의 표시를 청구함에 있어서는 당 회사 소정의 청구서에 당사자가 기명 날인하고 이에 확정된 제권판결의 정본 또는 주권을 첨부해 제출해야 한다. 그 등록 또는 표시의 말소를 청구함에 있어서도 같다.

제13조 (주권의 재발행) ① 주식의 분할 · 병합, 주권의 오손 등의 사유로 주권의 재발행을 청구함에 있어서는 당 회사 소정의 청구서에 기명 날인하고 이에 주권을 첨부해 제출해야 한다.
② 주권의 상실로 인해 그 재발행을 청구함에 있어서는 당 회사 소정의 청구서에

기명 날인하고 이에 확정된 제권판결의 정본 또는 등본을 첨부해 제출해야 한다.

제14조 (주주 명부의 폐쇄 및 기준일) ① 당 회사에서는 매년 1월 1일부터 정기 주주 총회의 종결일자까지 주주 명부 기재의 변경을 정지한다.
② 제1항의 경우 이외에 주주 또는 질권자로서 권리를 행사할 자를 확정하기 위해 필요한 때에는 주주 총회의 결의에 의해 일정한 기간 동안 주주 명부 기재의 변경을 정지하거나 또는 기준일을 정할 수 있다. 이 경우에는 그 기간 또는 기준 일의 2주간 전에 공고하는 것으로 한다.

제15조 (주주 등의 주소, 성명 및 인감의 신고) 주주, 등록질권자 또는 그 법정대 리인이나 대표자는 당 회사 소정의 서식에 의해 성명, 주소 및 인감을 당 회사에 신고해야 한다. 신고사항에 변경이 있을 때에도 또한 같다.

제3장 주주 총회(株主 總會)

제16조 (소집) 당 회사의 정기 주주 총회는 영업연도 말일의 다음날부터 3월 이 내에 소집하고 임시 주주 총회는 필요한 경우 수시 소집한다.

제17조 (의장) 대표이사가 주주 총회의 의장이 된다. 대표이사가 유고일 때에는 주주 총회에서 선임한 다른 이사가 의장이 된다.

제18조 (결의) 주주 총회의 결의는 법령 또는 정관에 다른 규정이 있는 경우를 제 외하고는 발행 주식 총수의 과반수에 해당하는 주식을 가진 주주의 출석으로, 그 출석 주주의 의결권의 과반수에 의한다.

제19조 (의결권의 대리행사 및 총회의 의사록) ① 주주는 대리인으로 하여금 그 의결권을 행사하게 할 수 있다.
② 총회는 의사록을 작성해야 하며, 의사록에는 의사의 경과 요령과 그 결과를 기 재하고 의장과 출석한 이사가 기명 날인해야 한다.

제4장 임원과 이사회

제20조 (이사와 감사의 수) ① 당 회사의 이사는 1인 이상, 감사는 1인 이상으로 한다.

제21조 (이사의 선임) ① 당 회사의 이사는 발행 주식 총수의 과반수에 해당하는 주식을 가진 주주가 출석해 그 의결권의 과반수로 선임한다.
② 2인 이상의 이사를 선임하는 경우에도 상법 제382조의2에 규정된 집중 투표제를 적용하지 않는다.

제22조 (감사의 선임) 당 회사의 감사는 제21조의 규정에 의한 결의 방법에 의해 선임한다. 그러나 이 경우 의결권 없는 주식을 제외한 발행 주식 총수의 100분의 3을 초과하는 주식을 가진 주주는 그 초과하는 주식에 관해서는 의결권을 행사하지 못한다.

제23조 (이사 및 감사의 임기) ① 이사의 임기는 취임 후 3년으로 한다. 다만, 임기 중의 최종의 결산기에 관한 정기 주주 총회의 종결 시까지 연장할 수 있다.
② 감사의 임기는 취임 후 3년 내의 최종의 결산기에 관한 정기 주주 총회의 종결 시까지로 한다.

제24조 (대표이사) ① 당 회사는 대표이사 1인을 두고 주주 총회의 결의로 그를 보좌할 전무이사 및 상무이사 약간 명을 둘 수 있다.
② 필요에 따라 수인의 대표이사 또는 공동대표이사를 둘 수 있다.
③ 대표이사, 전무이사 및 상무이사는 주주 총회의 결의로 이사 중에서 선임한다. 단, 제20조에 의해 당 회사의 이사가 2인 이하인 경우 주주 총회를 통해 대표이사를 선임할 수 있다.

제25조 (업무진행) ① 대표이사 사장은 당 회사의 업무를 총괄하고 전무이사와 상무이사는 사장을 보좌하고 주주 총회에서 정하는 바에 따라 당 회사의 업무를

분담 집행한다.

② 대표이사 사장의 유고 시에는 미리 주주 총회에서 정한 순서에 따라 전무이사 또는 상무이사가 사장의 직무를 대행한다.

제26조 (임원의 보선) 이사 또는 감사가 결원되었을 때는 임시 주주 총회를 소집해 보선한다. 다만, 법정 수를 결하지 않은 경우에는 그러하지 않을 수 있다. 보선 및 증원으로 인해 선임된 이사나 감사의 임기는 취임한 날로부터 기산한다.

제27조 (감사의 직무) 감사는 당 회사의 회계와 업무를 감사한다. 감사는 주주 총회에 출석해 의견을 진술할 수 있다.

제28조 (보수와 퇴직금) 임원의 보수 또는 퇴직금은 주주 총회의 결의로 정한다.

제5장 계산(計算)

제29조 (영업연도) 당 회사의 영업연도는 매년 1월 1일부터 당해 연도 12월 31일까지로 한다.

제30조 (재무제표, 영업보고서의 작성·비치) ① 당 회사의 사장은 정기 총회 개최 6주간 전에 다음 서류 및 그 부속명세서와 영업보고서를 작성해 주주 총회의 승인과 감사의 감사를 받아 정기 총회에 제출해야 한다.
1) 재무상태표
2) 손익계산서
3) 이익금 처분계산서 또는 결손금 처리계산서
② 제1항의 서류는 감사보고서와 함께 정기총회 개최 1주일 전부터 당 회사의 본점과 지점에 비치해야 하고, 총회의 승인을 얻었을 때는 그중 대차대조표를 지체 없이 공고해야 한다.
제31조 (이익금의 처분) 매기 총 수입금에서 총 지출금을 공제한 잔액을 이익금으로 해 이를 다음과 같이 처분한다.

1) 이익준비금(매 결산기의 금전에 의한 이익배당금액의 10분의 1 이상)
2) 별도적립금 약간
3) 주주배당금 약간
4) 임원상여금 약간
5) 차기 이월금 약간

제32조 (이익 배당) 이익배당금은 매 결산기 말일 현재의 주주 명부에 기재된 주주 또는 등록질권자에게 지급된다.

제33조 (최초의 영업연도) 당 회사의 최초 영업연도는 회사의 설립일로부터 당해 연도 12월 31일까지로 한다.

부 칙

제34조 (준용규정 및 내부규정) ① 이 정관에 규정되지 않은 사항은 주주 총회 결의 및 상사에 관한 법규, 기타 법령에 의한다.
② 당 회사는 필요에 따라 주주 총회 결의로 업무수행 및 경영상 필요한 세칙 등 내규를 정할 수 있다.

제35조 (발기인의 성명과 주소) 당 회사의 설립 발기인의 성명, 주민등록번호와 주소는 이 정관 말미에 기재한다.

제36조 (시행일자) 이 정관은 2025 년 00월 00일부터 시행한다.

위와 같이 주식회사 ○○○을 설립하기 위해 이 정관을 작성하고 발기인 전원이 이에 기명 날인한다.

2025 년 00 월 00 일

```
주식회사 ○○○
주 소 :

발 기 인 : ○○○ (인)
주 소 :
```

2. 동업 시에 회사 주식의 양도 제한 규정을 등기하라

식품 제조 및 판매업 회사를 창업한 대표자는 업계 기술자를 영입하며 오래 함께하자는 의미로 회사 비상장 주식 10%를 주고 동업 관계를 시작했는데, 애초 기대와 달리 관계가 틀어져 감정싸움으로 번졌고, 결국 감정이 격해진 기술자는 퇴사하며 소유하고 있는 회사 주식을 매각하겠다고 하는데 어떻게 하면 좋겠냐고 문의해왔다.

같이 사는 부부 간에도 마음이 맞지 않아 싸우는 경우가 다반사(茶飯事)인데, 타인과 동업 관계로 창업하는 경우 초심을 잃지 않고 협력하면 좋으나, 감정이 격앙되어 고소·고발까지 이어지는 안타까운 경우도 많은 것 같다. 대표자의 고민 해결을 위해 먼저 회사의 법인등기사항전부증명서(구(舊) 법인 등기부 등본)를 발급해보니 다행히 주식의 양도에 관해 이사회의 승인을 받도록 제한 등기되어 있었다.

회사 대표자에게 설명하길, 상법에서는 타인의 주식 양도 자체를 금지할 수는 없어 중소기업의 비상장 주식도 타인에게 자유롭게 양도할 수 있으나, 회사의 경영권 안정, 인적 폐쇄성 유지, 업무적 혼란 방지 등 소규모 회사의 폐쇄성 유지를 목적으로 주식의 양도를 어느 정도 제한할 필요성이 있다고 판단해 정관의 상대적 기재를 통해 제한할 수 있도록 하고 있다. 회사는 정관에 규정이 있고 양도 제한의 등기로 공시가 되어 있으며, 이사회의 승인에 의한 제한을 두고 있어 주식을 받은 기술자가 이 단서의 규정을 위반해 이사회의 승인을 얻지 않고 주식을 양도하는 경우 회사에 대해 효력이 없다는 상법 제335조 제1항의[13] 주식의 양도성 내용을 알려주었다.

다만 상법 제335조 제1항 단서는 주식의 양도를 전제로 하고, 이를 제한하는 방법으로써 이사회의 승인을 요구하도록 정관에 정할 수 있다는 취지이지 주식의 양도 그 자체를 금지할 수 있도록 정할 수 있다는 뜻은 아니다. 그래서 정관의 규정으로 주식의 양도를 제한할 때도 주식 양도를 전면적으로 금지하는 규정을 둘 수는 없으며,[14] 양도 제한이 있는 주식을 이사회의 승인을 얻지 않고 양도한 경우, 그 주식의 양도는 회사에 대해서는 효력이 없고 주주 사이의 그 양도 계약의 효력만 인정된다[15]고 설명했다.

---

13 상법 제335조(주식의 양도성)
　① 주식은 타인에게 양도할 수 있다. 다만, 회사는 정관으로 정하는 바에 따라 그 발행하는 주식의 양도에 관해 이사회의 승인을 받도록 할 수 있다.
　② 제1항 단서의 규정에 위반해 이사회의 승인을 얻지 아니한 주식의 양도는 회사에 대해 효력이 없다.
14 대법원 2000. 9. 26. 선고 99다48429 판결 [명의개서 절차이행]
15 대법원 2008. 7. 10. 선고 2007다14193 판결 [위약금]

만약 자본금 총액 10억 원 미만의 소규모 회사로서 이사회가 구성되지 않은 경우라면 이사회 대신 주주 총회의 승인을 받도록 할 수 있으며, 주주 총회가 아닌 특정 주주나 대표이사의 승인을 받게 하는 규정은 무효이고 특정 주식의 양도만 제한하는 것도 허용되지 않는다는 내용도 추가 설명했다.

회사 대표자는 설립 당시 법무사 사무실에서 작성해준 정관을 회사 금고에 보관만 하고 있어 그러한 내용이 있었는지 몰랐는데 천만다행이라며 안도했다. **타인과 동업 관계를 유지하고 있다면 경영권 안정 및 업무적 혼란 방지를 위해 회사 주식의 양도 제한을 검토해야 하며, 주식 양도의 제한은 정관에 정해두어야** 하고, 이를 새로 신설하거나 폐지하는 경우 정관 변경을 위한 주주 총회의 특별 결의를 거쳐야 한다.

정관에서 주식 양도 제한 규정을 두는 경우 주식 양도 제한 등기를 해야 한다.[16] 정관에 규정을 두었더라도 등기하지 않았다면 회사는 양도 제한 사실을 모르고 주식을 정당하게 매수한 사람을 주주로 인정해야 하기 때문이다. 주식 양도 제한에 관한 정관의 규정을 신설·폐지했으면 본점 소재지에서 2주 이내에 회사를 대표하는 사람이 그 등기를 신청해야 하며, 주식의 양도에 관해 이사회의 승인을 얻도록 한 때에는 그 규정을 기타사항란에 등기한다.

---

16 상법 제317조 2항 3의2호

주식의 양도 제한 사례

등기사항일부증명서(현재 유효사항)

등기번호	015XXX
등록번호	284111-015XXX

상 호	주식회사 ○○○○	. .
본 점	경기도	2020.04.20 변경 2020.04.24 등기

공고방법	서울특별시내에서 발행하는 일간 매일경제신문에 게재한다.	. .

1주의 금액	금 5,000 원	. .

발행할 주식의 총수	1,000,000 주	. .

발행주식의 총수와 그 종류 및 각각의 수		자본금의 액	변 경 연 월 일 등 기 연 월 일
발행주식의 총수 보통주식	20,000 주 20,000 주	금 100,000,000 원	2021.12.21 변경 2021.12.23 등기

목 적

1. 식품 제조 및 판매업
1. 식품 개발 및 식품사업 컨설팅업
1. 통신판매업
1. 전자상거래업
1. 프랜차이즈 가맹점업
1. 부동산 임대업   <2020.04.20 추가 2020.04.24 등기>
1. 위 각 호에 관련된 도,소매 및 무역업   <2020.04.20 추가 2020.04.24 등기>
1. 위 각 호에 관련된 부대사업 일체   <2020.04.20 추가 2020.04.24 등기>

기 타 사 항

1. 주식의 양도
   당 회사의 주식을 주주이외의 자에게 양도함에는 이사회의 승인을 얻어야 하고, 이사회의 승
   인을 얻지 아니한 주식의 양도는 회사에 대하여 효력이 없다. 단, 이사회를 구성하지 못하는
   경우에는 주주총회의 승인을 얻어야 한다.
   2021 년 12 월 20 일 변경   2021 년 12 월 23 일 등기

회사성립연월일	2016 년 03 월 04 일

등기기록의 개설 사유 및 연월일	
설립	
	2016 년 03 월 04 일 등기

-- 이 하 여 백 --

관할등기소 의정부지방법원 남양주지원 등기과 / 발행등기소 법원행정처 등기정보중앙관리소
수수료   700원 영수함

3. 주주 권한 강화를 위한 통제 장치를 정관에 마련하라

회사의 조직과 주주의 지분율을 변화시킬 수 있는 안건은 최고결정기구인 주주 총회에서 결의하고, 경영 실무와 직결되는 사항은 이사회에서 결의한다. 주주 총회 주요 안건으로는 정관의 변경, 이사·감사의 선임 및 해임, 보수의 결정, 주식 매수 선택권의 부여, 재무제표의 승인, 주식 배당, 자본의 감소, 주식의 분할, 회사의 해산 등이 있고, 이사회의 주요 안건으로는 대표이사의 선임, 신주 발행, 지점·사무소의 설치 및 폐쇄, 자회사의 설립, 자금의 차입, 중간 배당, 주식의 양도 승인, 전환 사채, 신주인수권부 사채 발행, 주식 매수 선택권 부여의 취소 등이 있다.

타인과 동업하거나 회사에 전문경영인을 두고 소유와 경영을 분리해 운영하는 경우라면 주주 권한 강화를 위한 내부통제 장치가 필수적이다. **대표이사의 선임, 신주 발행, 준비금의 자본금 전입, 전환 사채, 신주 인수권부 사채의 발행은 이사회의 주요 결의 사항이지만, 상법상 정관에 규정을 둘 때 이사회가 아닌 주주 총회의 결의 사항으로 할 수 있다.** 이러한 통제 장치 마련을 통해 주주의 권한을 강화해두어야 만에 하나 발생할 수 있는 리스크를 미리 예방할 수 있다.

즉 정관의 상대적 기재 사항은 기재가 빠지더라도 정관의 효력에는 영향이 없지만, 기재되면 구속력을 가지는 내용으로 주주로서 권한을 강화하고자 하는 경우 활용할 수 있다. 예를 들어 대표이사 선임을 이사회가 아닌 주주 총회에서 하도록 할 수 있고,[17] 회사 설립 후에 신주를 발행하는 경우 이사회가 아닌 주주 총회의 권한으로 할 수도 있다.[18] 정관 변경은 변경된 내용을 문서화하거나 등기할 때 효력이 생기는 것이 아니라 주주 총회의 결의만으로 효력이 발생하며, 상법 제433조 1항에 따라 주주 총회의 특별 결의에 의해야 한다. 정관의 절대적 기재 사항이 변경될 때는 변경 등기가 필수이나, 상대적 기재 사항은 정관 내용 변경 때 주주 총회를 개최해 의결하고, 주주 총회의사록만 작성하면 된다.

참고로 자본금 총액이 10억 원 미만인 주식회사는 소규모 주식회사로 규정해 회사 설립과 경영조직 및 운영에 관해 상법에 특례를 두고 있다. 먼저 회사 설립 때에는 정관에 대한 공증인의 인증이 면제[19]되고, 자본금 증명 서류인 주금 납입 절차가 간소화되어 금융기관의 주금 납입증명서 대신 잔액증명서로 대체할 수 있으며[20] 은행 인터넷뱅킹으로 발급도 가능하다.

또한 주주 총회에 관한 특례에 따라 주주의 동의가 있는 경우에는 소집통지 자체를 생략하고 간편하게 주주 총회를 개최할 수 있고, 서면에

---

17 상법 제389조(대표이사) ① 회사는 이사회의 결의로 회사를 대표할 이사를 선정해야 한다. 그러나 정관으로 주주 총회에서 이를 선정할 것을 정할 수 있다.
　② 전항의 경우에는 수인의 대표이사가 공동으로 회사를 대표할 것을 정할 수 있다.

18 상법 제416조(발행사항의 결정) 회사가 그 성립 후에 주식을 발행하는 경우에는 다음의 사항으로서 정관에 규정이 없는 것은 이사회가 결정한다. 다만 이 법에 다른 규정이 있거나 정관으로 주주 총회에서 결정하기로 정한 경우에는 그러하지 아니하다.

19 상법 제292조(정관의 효력발생) 정관은 공증인의 인증을 받음으로써 효력이 생긴다. 다만, 자본금 총액이 10억 원 미만인 회사를 제295조 제1항에 따라 발기설립(發起設立)하는 경우에는 제289조 제1항에 따라 각 발기인이 정관에 기명 날인 또는 서명함으로써 효력이 생긴다.

20 상법 제318조(납입금 보관자의 증명과 책임) ③ 자본금 총액이 10억 원 미만인 회사를 제295조 제1항에 따라 발기설립하는 경우에는 제1항의 증명서를 은행이나 그 밖의 금융기관의 잔고증명서로 대체할 수 있다.

의한 결의로 주주 총회 결의를 갈음할 수 있어 회의록만 작성하면 된다. 이사와 이사회에 대한 특례로 일반 주식회사의 이사는 원래 3명 이상이어야 하지만, 소규모 회사의 경우에는 1인 또는 2인의 이사를 둘 수 있고, 이 경우 3인 이상의 이사를 전제로 하는 이사회의 관련 조항은 적용이 배제된다.

　이사회가 없으므로 상법은 이사회의 권한 사항 중 일부를 주주 총회의 결의 사항으로 하고, 일부를 이사의 단독 결정에 의하도록 하고 있는데[21] 대체로 이사의 권한 남용이 우려되는 사항은 주주 총회의 권한으로 하고 있다. 이사가 2인인 회사에서 정관으로 그중 1인을 대표이사로 정한 경우에는 그 이사만이 회사를 대표하고 그렇게 정하지 않으면 각자가 회사를 대표하며 감사를 두지 않을 수 있다.

---

21 상법 383조(원수, 임기)

통합잔액증명서

安心서비스

기업은행 인터넷뱅킹
(https://mybank.ibk.co.kr)>Plus서비스>증명서원본
조회 메뉴에서 아래의 확인번호와 일련번호로 본
확인증의 원본여부와 유효성을 검증(발급일로부터
90일 이내) 할 수 있습니다.

확인번호 2P35-JE4W-3EEK-D279
일련번호 234807

발급번호(영업점용) : 202503101670757002
발급용도: 법인설립 및 증자용
예금주·위탁자 (Name of Depositor · Truster):

금융상품종류 (Type of Account)	저축예금		계좌/증권·채권 번호(회차) (Account/Registered Bond No.)	001-062000-XX-XXX	
금액/평가금액 (Amount / B/A)	KRW	₩0	미결제타점금액 (Unclean Checks & Bills)		₩0
관리점 (Unit)	계좌관리점 : 영업부				
잔고좌수 (Unit)					
제한사항 (Restrictions)	발급기준일자 압류 또는 질권 해당없음.				
금융상품종류 (Type of Account)			계좌/증권·채권 번호(회차) (Account/Registered Bond No.)		
금액/평가금액 (Amount / B/A)	KRW	이하 여백	미결제타점금액 (Unclean Checks & Bills)		
잔고좌수 (Unit)					
제한사항 (Restrictions)					
금융상품종류 (Type of Account)			계좌/증권·채권 번호(회차) (Account/Registered Bond No.)		
금액/평가금액 (Amount / B/A)	KRW		미결제타점금액 (Unclean Checks & Bills)		
잔고좌수 (Unit)					
제한사항 (Restrictions)					
금융상품종류 (Type of Account)			계좌/증권·채권 번호(회차) (Account/Registered Bond No.)		
금액/평가금액 (Amount / B/A)	KRW		미결제타점금액 (Unclean Checks & Bills)		
잔고좌수 (Unit)					
제한사항 (Restrictions)					
금융상품종류 (Type of Account)			계좌/증권·채권 번호(회차) (Account/Registered Bond No.)		
금액/평가금액 (Amount / B/A)	KRW		미결제타점금액 (Unclean Checks & Bills)		
잔고좌수 (Unit)					
제한사항 (Restrictions)					
금액합계 (Total Amount)	KRW	₩0	미결제 타점분 합계 (Total Amount of Uncleared Checks & Bills)		₩0
원본수익자 (Beneficiary of Principal)			이익수익자 (Beneficiary of Interest)		

귀하의 금융상품 잔액 또는 평가금액이 2025년 03월 10일 현재 위와 같음을 증명 합니다.
We hereby certify that we hold in your name the above amount(s) as of the close of business on_____

발급일(Date of Issue)   2025년 03월 10일

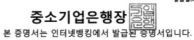

중소기업은행장

본 증명서는 인터넷뱅킹에서 발급된 증명서입니다.

주의 1. 미결제타점분은 교환결제전까지 인출이 안될 수 있습니다. You may not withdraw the uncleared checks & bills until the settlements for exchange are made.
2. 평가금액은 수익증권의 평가금액을 말하여, 기준가격의 등락에 따라 매일 변동될 수 있습니다. Balance of Account (B/A) refers to investment trust
balance and may vary according to the changes of daily Net Asset Value.

*발급기준일이 당일로 자동이체 포함 모든 입출금 거래가 제한, 계좌담보(담보제공 포함) 대출실행
불가: 또한 자기앞수표 또는 미결제타점금액 결제여부 확인이 필요할 수 있습니다.

일반 회사의 이사회 결의 사항

요건	결의 사항
이사 과반수의 출석과 출석 이사의 과반수 (상법 제391조)	• 신주 발행 • 대표이사의 선임 • 준비금의 자본금 전입 • 전환 사채, 신주 인수권부 사채의 발행 • 주식 양도를 제한하는 경우 양도의 승인 • 주식 매수 선택권의 부여 취소 • 이사의 경업 승인, 자기 거래의 승인 • 중간 배당, 사채의 발행, 배당금 지급 시기의 결정 등 • 중요한 자산의 처분 및 양도 • 지점의 설치, 이전, 폐지 • 지배인의 선임, 해임

이사회가 없는 소규모 회사의 주주 총회와 대표이사 결정 사항

주주 총회 결의 사항	대표이사 단독 결정 사항
• 주식 양도를 제한하는 경우 양도의 승인 • 주식 매수 선택권의 부여 취소 • 이사의 경업 및 자기 거래에 대한 승인 • 신주, 사채의 발행 결정 • 준비금의 자본 전입, 중간 배당	• 주주 총회 소집, 의결권 행사 방법 결정 • 중요한 재산의 처분 및 양도 • 대규모 재산의 차입 • 지점의 설치, 이전, 폐지 • 지배인의 선임, 해임

○ 회사의 헌법과 같은 정관 작성은 단순히 법인 설립만을 위한 것이 아니며, 대표자 경영을 뒷받침하고 절세(節稅)를 위한 장치로 활용할 수 있도록 설립 때부터 관심을 가져야 한다.

○ 회사 주식은 타인에게 자유롭게 양도할 수 있으나, 상법 제335조(주식의 양도성)에 의거 회사는 정관으로 주식의 양도에 관해 이사회의 승인을 받도록 제한할 수 있으니 동업 관계의 경우 양도 제한 수단으로 법인 등기부 등본에 등기하라.

○ 이사회 결의 사항인 대표이사의 선임, 수권 자본금 범위 내 신주 발행 등을 정관의 상대적 기재 사항을 통해 이사회가 아닌 주주 총회 결의 사항으로 변경해 주주 권한을 강화하는 통제 수단으로 활용하라.

소유 주식 지분별 권리 비교

4. 타인 지분 3%, 경영권 분쟁 위한 회계 장부 열람 가능하다

은행 영업점에서 법인 설립을 위한 잔액 증명서 발급 목적으로 방문하는 고객과 이야기를 나누다 보면, 동업 관계인데도 주식 지분율을 어떻게 하는 것이 유리한지 생각지 않고 오는 사람이 의외로 많다. 대부분 법무사 또는 세무사 사무실에서 이렇게 하라고 했다는 식이다.

회사 주식을 타인에게 양도 또는 증여하는 경우 매우 신중할 필요가 있는데도 일부 대표자들은 이를 쉽게 생각하는 경향이 있어, 주주가 갖게 되는 주주권과 소수 주주권에 대해 자세히 설명하고자 한다.

먼저 주식 지분율(持分率)은 '법인의 총자본금 중 내가 투자한 자금의 비중'을 뜻하며 주식회사를 운영할 때 주주들이 가진 주식의 비율이 곧 지분율이 된다. 주주들은 자신이 가진 지분율에 따라 의결권을 행사할 수 있는데, 이는 지분율이 높을수록 회사 경영에 대한 통제력이 크다는 의미다.

주식회사의 주주는 회사의 소유자로서 '주주권'을 갖게 되는데, 주주권의 종류에는 주주 총회 소집 청구권, 의결권, 총회결의의 하자에 관한 각종 소 제기권, 대표 소송 제기권 등이 있다. 과거에는 '단독 주주권'으로 단 1주의 주식을 가진 주주라도 이러한 모든 권리를 행사할 수 있었으나, 현재는 소액 투자자 모두가 주주권을 행사한다면 권리행사를 남발할 우려가 있고 회사의 운영 및 의사 결정에 어려움이 생길 수도 있어, 이를 보완하기 위해 발행 주식 총수의 일정한 비율 이상의 주식을 소유한 주주만이 특정 주주권을 행사할 수 있도록 '소수 주주권(少數株主權)'을 신설했다.

소수 주주권이란 주주권의 일종으로 소수 주주에게 인정되는 권리이다. 다수결의 원리가 적용되는 주식회사에서 회사 또는 주주의 이익 보호를 위해 소수 주주에게 인정한 특별한 권리라고 말할 수 있으며, 회사가 발행한 주식 총수의 일정 비율 이상의 주식을 가진 주주만이 행사할 수 있는 권리로 요건에 따라 발행 주식 총수의 1%, 3%, 10% 이상의 주식 수가 필요하다.

먼저 1% 이상의 소수 주주권은 위법 행위 유지 청구권과 대표 소송 제기권이 있다. 위법 행위 유지 청구권은 이사나 회사의 위법 행위로 손해가 발생할 염려가 있을 때 사전에 이들 행위의 유지(留止, 중지와 같은 의미)를 청구할 수 있는 권리다. 대표 소송 제기권은 발기인, 이사, 감사 또는 청산인의 회사에 대한 책임을 추궁하는 소로 이사가 잘못된 행동을 해서 회사에 손해를 끼쳤는데도 불구하고 회사가 아무런 조치도 취하지 않는다면, 주주가 대신 나서서 그 이사를 상대로 소송을 하는 1% 주주가 가진 권한이다.

소수 주주권의 핵심은 3% 확보 여부이다. 3%는 반드시 한 사람의 지분율일 필요는 없고 여러 사람이 공동으로 행사할 수 있으며 위임장을 주는 방식으로 충족할 수도 있다. 3% 이상의 소수 주주권은 임시 총회 소집 청구권, 주주 제안권, 집중 투표 청구권, 회계 장부 열람권, 회사의 업무, 재산 상태의 검사권, 이사, 감사, 청산인 해임 청구권이 있다. 각 청구권 및 제안권은 회사의 수용 의지에 따라 결정되나, **회사의 민감한 내용이 들어 있는 회계 장부를 열람할 수 있는 회계 장부 열람권은 가장 핵심적인 권한이다.**

세부적으로 살펴보면, 임시 총회 소집 청구권은 이사회에 회의의 목적 사항과 소집의 이유를 기재한 서면으로 임시 총회 소집을 청구할 수 있는 권리이고, 주주 제안권은 일정한 사항을 주주 총회의 목적 사항으로 할 것을 제안할 수 있는 권리다. 집중 투표 청구권은 2인 이상 이사의 선임을 목적으로 하는 총회의 소집이 있는 때 회사에 대해 집중 투표의 방법으로 이사를 선임할 것을 청구할 수 있는 권리로, 집중 투표권은 선임되는 이사의 수만큼 의결권을 부여하기에 이사 3명을 선임한다면 주당 3표를 받게 되고 이를 한 사람에게 몰아줄 수 있는 것이다.

소수 주주권 지분별 권리 비교

소수 주주권	내용
1% 이상	1% 이상의 소수 주주권은 위법 행위 유지 청구권과 대표 소송 제기권이 있다. 위법 행위 유지 청구권은 이사나 회사의 위법 행위로 손해가 발생할 염려가 있을 때 사전에 이들 행위의 유지(留止, 중지와 같은 의미)를 청구할 수 있는 권리이고, 대표 소송 제기권은 발기인, 이사, 감사 또는 청산인의 회사에 대한 책임을 추궁하는 소로 이사가 잘못된 행동을 해서 회사에 손해를 끼쳤는데 회사가 아무런 조치도 취하지 않는다면 주주가 대신 나서서 그 이사를 상대로 소송을 하는 1% 주주가 가진 권한이다.
3% 이상	소수 주주권의 핵심은 3% 확보 여부이다. 3%는 반드시 한 사람의 지분율일 필요는 없고 여러 사람이 공동으로 행사할 수 있으며 위임장을 주는 방식으로 충족할 수도 있다. 3% 이상의 소수 주주권은 임시 총회 소집 청구권, 주주 제안권, 집중 투표 청구권, 회계 장부 열람권, 회사의 업무, 재산 상태의 검사권, 이사, 감사, 청산인 해임 청구권이 있다. 각 청구권 및 제안권은 회사의 수용 의지에 따라 결정되나, 회사의 민감한 내용이 들어 있는 회계 장부를 열람할 수 있는 회계 장부 열람권은 가장 핵심적인 권한이다. 세부적으로 살펴보면, 임시 총회 소집 청구권은 이사회에 회의의 목적 사항과 소집의 이유를 기재한 서면으로 임시 총회 소집을 청구할 수 있는 권리이고, 주주 제안권은 일정한 사항을 주주 총회의 목적 사항으로 할 것을 제안할 수 있는 권리이며, 집중 투표 청구권은 2인 이상 이사의 선임을 목적으로 하는 총회의 소집이 있는 때 회사에 대해 집중 투표의 방법으로 이사를 선임할 것을 청구할 수 있는 권리로 집중 투표권은 선임되는 이사의 수만큼 의결권을 부여하기에 이사 3명을 선임한다면 주당 3표를 받게 되고 이를 한 사람에게 몰아줄 수 있는 것이다. 회계 장부 열람권은 회사의 재산 상태와 업무 상태 파악을 위해서 회사의 회계 장부와 서류의 열람 또는 등사를 청구할 수 있는 권리이며, 회사의 업무, 재산 상태의 검사권은 회사의 업무 집행에 관해 부정행위 또는 법령이나 정관에 위반한 중대한 사실이 있다고 의심할 만한 사유가 있는 때에는 회사의 업무와 재산 상태를 조사하게 하도록 법원에 검사인 선임을 청구할 수 있는 권리이다. 끝으로 이사, 감사, 청산인 해임 청구권은 부정행위 또는 법령이나 정관에 위반한 중대한 사실이 있는 이사 또는 감사의 해임이 주주 총회에서 부결된 때에는, 총회의 결의가 있는 날부터 1월 내에 이사(감사) 해임을 법원에 청구할 수 있다. 또는 청산인이 그 업무를 집행함에 현저하게 부적임하거나 중대한 임무 위반 행위가 있는 때에는 법원에 그 청산인의 해임을 청구할 수 있다.

10% 이상

10% 이상의 소수 주주권은 해산 판결 청구권, 회사 정리 개시 신청권이 있다. 해산 판결 청구권은 회사의 업무가 현저한 정돈(停頓) 상태를 계속해서 회복할 수 없는 손해가 생긴 때 또는 생길 염려가 있는 때나[22] 회사 재산의 관리 또는 처분의 현저한 실당(失當)[23]으로 인해 회사 존립을 위태롭게 한 때에는 회사의 해산을 법원에 청구할 수 있는 권리이며, 회사 정리 개시 신청권은 회사 채무가 회사 재산을 초과하거나 파산할 염려가 있는 때에는 법원에 회사 정리의 개시를 신청할 수 있다.

회계 장부 열람권은 회사의 재산 상태와 업무 상태 파악을 위해서 회사의 회계 장부와 서류의 열람 또는 등사를 청구할 수 있는 권리이다. 회사의 업무, 재산 상태의 검사권은 회사의 업무 집행에 관해 부정행위 또는 법령이나 정관에 위반한 중대한 사실이 있다고 의심할 만한 사유가 있는 때에, 회사의 업무와 재산 상태를 조사하게 하도록 법원에 검사인 선임을 청구할 수 있는 권리이다.

끝으로 이사, 감사, 청산인 해임 청구권은 부정행위 또는 법령이나 정관에 위반한 중대한 사실이 있는 이사 또는 감사의 해임이 주주 총회에서 부결된 때에는 총회의 결의가 있는 날부터 1월 내에 이사(감사) 해임을 법원에 청구할 수 있다. 또는 청산인이 그 업무를 집행하는 데 현저하게 부적임하거나 중대한 임무 위반 행위가 있는 때에는 법원에 그 청산인의 해임을 청구할 수 있다.

---

22 이사 간, 주주 간의 대립으로 회사의 목적 사업이 교착 상태에 빠지는 등 회사의 업무가 정체되어 회사를 정상적으로 운영하는 것이 현저히 곤란한 상태가 계속됨으로 말미암아 회사에 회복할 수 없는 손해가 생기거나 생길 염려가 있는 경우를 말함.

23 사리에 어그러지는 것

10% 이상의 소수 주주권은 해산 판결 청구권, 회사 정리 개시 신청권이 있다. 해산 판결 청구권은 회사의 업무가 현저한 정돈(停頓) 상태를 계속해서 회복할 수 없는 손해가 생긴 때 또는 생길 염려가 있는 때나, 회사 재산의 관리 또는 처분의 현저한 실당(失當)으로 인해 회사 존립을 위태롭게 한 때에 회사의 해산을 법원에 청구할 수 있는 권리이며, 회사 정리 개시 신청권은 회사 채무가 회사 재산을 초과하거나 파산할 염려가 있는 때에는 법원에 회사 정리의 개시를 신청할 수 있다.

상법상 주주권의 종류

구분	법조문
주주 총회 소집청구권	제366조(소수 주주에 의한 소집 청구) ① 발행 주식 총수의 100분의 3 이상에 해당하는 주식을 가진 주주는 회의의 목적 사항과 소집의 이유를 적은 서면 또는 전자문서를 이사회에 제출해 임시 총회의 소집을 청구할 수 있다. ② 제1항의 청구가 있은 후 지체 없이 총회 소집의 절차를 밟지 아니한 때에는 청구한 주주는 법원의 허가를 받아 총회를 소집할 수 있다. 이 경우 주주 총회의 의장은 법원이 이해관계인의 청구나 직권으로 선임할 수 있다. ③ 제1항 및 제2항의 규정에 의한 총회는 회사의 업무와 재산 상태를 조사하게 하기 위해 검사인을 선임할 수 있다.
의결권	제369조(의결권) ① 의결권은 1주마다 1개로 한다. ② 회사가 가진 자기 주식은 의결권이 없다. ③ 회사, 모회사 및 자회사 또는 자회사가 다른 회사의 발행 주식의 총수의 10분의 1을 초과하는 주식을 가지고 있는 경우 그 다른 회사가 가지고 있는 회사 또는 모회사의 주식은 의결권이 없다.

총회 결의의 하자에 관한 각종 소 제기권	제376조(결의 취소의 소) ① 총회의 소집 절차 또는 결의 방법이 법령 또는 정관에 위반하거나 현저하게 불공정한 때 또는 그 결의의 내용이 정관에 위반한 때에는 주주·이사 또는 감사는 결의의 날로부터 2월 내에 결의 취소의 소를 제기할 수 있다. ② 제186조 내지 제188조, 제190조 본문과 제191조의 규정은 제1항의 소에 준용한다.
대표 소송제기권	상법 제403조(주주의 대표 소송) ① 발행 주식의 총수의 100분의 1 이상에 해당하는 주식을 가진 주주는 회사에 대해 이사의 책임을 추궁할 소의 제기를 청구할 수 있다. ② 제1항의 청구는 그 이유를 기재한 서면으로 해야 한다. ③ 회사가 전 항의 청구를 받은 날로부터 30일 내에 소를 제기하지 아니한 때에는 제1항의 주주는 즉시 회사를 위해 소를 제기할 수 있다. ④ 제3항의 기간의 경과로 인해 회사에 회복할 수 없는 손해가 생길 염려가 있는 경우에는 전 항의 규정에 불구하고 제1항의 주주는 즉시 소를 제기할 수 있다. ⑤ 제3항과 제4항의 소를 제기한 주주의 보유 주식이 제소 후 발행 주식 총수의 100분의 1 미만으로 감소한 경우(발행 주식을 보유하지 아니하게 된 경우를 제외한다)에도 제소의 효력에는 영향이 없다. ⑥ 회사가 제1항의 청구에 따라 소를 제기하거나 주주가 제3항과 제4항의 소를 제기한 경우 당사자는 법원의 허가를 얻지 아니하고는 소의 취하, 청구의 포기·인락·화해를 할 수 없다. ⑦ 제176조 제3항, 제4항과 제186조의 규정은 본조의 소에 준용한다.

앞에 설명한 소수 주주의 권리를 생각할 때 주식을 타인에게 양도할 때는 매우 신중하게 판단해야 하며, 특히 발행 주식의 3% 이상의 주식을 가진 소수 주주는 상법 제466조[24]에 의거해 강력한 권한인 회계 장부 열

---

24 상법 제466조(주주의 회계 장부 열람권) ① 발행 주식의 총수의 100분의 3 이상에 해당하는 주식을 가진 주주는 이유를 붙인 서면으로 회계의 장부와 서류의 열람 또는 등사를 청구할 수 있다.
　② 회사는 제1항의 주주의 청구가 부당함을 증명하지 아니하면 이를 거부하지 못한다.

람권이 있으니 특히 유의해야 한다.

기업의 회계 장부에는 회사의 법인카드 사용 내용, 경영진의 급여, 타 기업과의 자금 거래 등 각종 민감한 내용이 들어 있다. 이 때문에 회계 장부를 확보하는 것은 이를 근거로 대표이사의 횡령 배임에 대한 본격적인 경영권 분쟁을 시작할 수 있어서, 회계 장부 열람권은 경영권 분쟁의 핵심 열쇠라고 할 수 있는 것이다.

회계 장부 열람권 행사를 위해 3% 이상의 주식을 보유한 주주는 청구 이유를 붙인 서면으로 회계 장부와 서류의 열람 등사를 청구할 수 있고, 회사는 주주의 청구가 부당함을 증명하지 아니하면 이를 거부할 수 없다. 최근 대법원은 상법 제466조 제1항에 따른 주주의 회계 장부 열람 등사권 행사와 관련해 기존 하급심 실무에서 요구됐던 '주주가 열람 등사의 청구 이유가 사실일지도 모른다는 합리적 의심이 들 정도로 제시해야 한다'는 법리를 배척하고, **회계 장부 열람 등사 청구 이유의 구체성과 관련해 주주가 합리적 의심이 들 정도로 제시할 필요가 없으며 청구 이유의 존재 여부에 관한 증명 책임은 회사가 부담한다는 점을 분명히 했다.**[25]

이는 주주가 상법상 인정되는 이사 해임 청구권, 위법 행위 유지 청구권, 대표 소송권 등 각종 권한을 행사하려면 회사의 업무나 재산 상태에 대해 정확한 지식과 적절한 정보를 가지고 있어야 하며, 이를 위해서는

---

25 대법원 2022. 5. 13. 선고 2019다270163 판결 : 청구 이유의 구체성과 관련해서 청구 이유가 사실일지도 모른다는 합리적 의심이 들 정도로 기재될 필요가 있는지 여부(소극), 2. 청구 이유 존부에 관한 증명 책임을 소수 주주가 부담하는지 여부(소극)

회사에 비치된 재무제표의 열람만으로는 충분한 정보를 얻기 어렵기 때문에 위와 같이 주주에게 재무제표의 기초를 이루는 회계 장부와 회계 서류까지 열람하거나 등사할 수 있는 권한을 인정한 것이다.

5. 지분 34%, 50%+1주, 67% 상황에 맞게 보유하라

기계 산업의 쌀이라고 불리는 부품 제조업을 영위하는 회사는 3대째 가업으로 이어지고 있고 해외의 거래 기업에서도 합작투자에 관심이 높은 비상장 우량회사다. 창업주는 고령으로 인해 사망했고 장남이 승계해 대표자로 재직 중이며 자녀가 후계자로 근무하며 경영수업 중이다.

회사의 고민은 창업주인 할아버지가 현 대표자인 장남에게 65%, 차남에게 35% 주식을 증여했는데, 창업주가 사망한 후 회사에 같이 근무하다 형제 간 불화로 인해 차남인 작은아버지가 주식 35%를 보유한 채 퇴사했고 현재까지도 사이가 좋지 않은 상황이다.

회사는 해외 거래 기업으로부터 기술력을 인정받아 지속 성장을 위해 회사의 영업에 중대한 영향을 미치는 다른 회사와의 영업 양·수도를 추진해야 하는데, 작은아버지의 반대로 상법상 주주 총회 특별 결의를 통과하지 못해 이러지도 저러지도 못하고 있는 안타까운 실정이다. 특별 결의를 위해서는 주주 의결권의 2/3인 67%의 찬성이 필요하나, 대표이사인 아버지가 보유 중인 주식은 65%로 결국 2%가 부족해 단독으로 특별 결의가 어렵기 때문이다.

회사를 성장시켜 가업 승계까지 생각하는 대표자는 동생에게 주식을 매도할 것을 수차 권유했으나, 동생의 반응은 차가웠다고 한다. 창업주인 할아버지가 이러한 부분까지 생각하고 주식을 증여했다면 좋았겠지만, 현재로서는 동생이 생각을 바꾸지 않는 이상 이 문제는 해결되지 않고 계속될 가능성이 크다.

과거에는 회사 설립 시 발행 주식의 50%를 넘게 소유하면 과점 주주에 해당해 법인[26]의 재산으로 법인이 납부할 국세·가산금에 충당해도 부족할 경우, 과점 주주에 그 부족한 금액에 대한 납세 의무를 지도록 하는 제도를 회피하기 위해 주식을 분산해 50% 이하로 소유하려는 경향도 있었다.[27]

여기서 2차 납세 의무가 주어지는 과점 주주란 주주 또는 유한 책임 사원 1명과 그의 특수 관계인으로서 발행 주식 총수 50%를 넘으면서 그 법인의 경영에 지배적인 영향력을 행사하는 사람을 말한다.

그렇다면 이 회사의 주식 비율은 어떻게 보유하는 게 좋을까? **주식 보유는 67%, 50%+1주, 34%를 기준으로 상황에 맞게 보유하는 게 가장 효과적이다.** 먼저 67%를 보유하는 경우 정관 변경, 이사 또는 감사의 해임 등의 중요한 의사 결정을 단독으로 결정할 수 있는 강력한 권한을 가

---

26 상장 법인 제외

27 과점 주주의 제2차 납세 의무는 주주 유한 책임 원칙에 위배되고 주주의 재산권 침해 우려가 크므로 법적 정당성이 갖춰진 상황에만 책임을 지워야 한다며, 과점 주주에게 제2차 납세 의무를 지우는 것이 정당화되는 경우는 법인이 불법적으로 과점 주주에게 이익을 분여하는 등 실질적인 불법 행위가 있어야 하고, 그 이익을 한도로 제2차 납세 의무를 지워야 한다는 한국경제연구원의 주장도 있다.

진다. 그러므로 동업 관계를 유지한다면 최소 67% 이상의 지분 확보를 권한다.

여건상 67% 지분 확보가 어렵다면 차선책으로 50% + 1주 이상의 지분으로 경영권 확보가 유리하며, 타 회사에 투자한다면 최소 34% 지분을 확보해 특별 결의 사항인 회사의 중요한 의사 결정 사항을 본인의 동의 없이 통과될 수 없도록 해야 한다.

법인의 경우 주주 전원으로 구성되는 주주 총회에서 회사의 가장 중요하고 기본적인 사항에 관한 의사 결정이 이루어진다. 주주 총회의 권한은 상법과 정관에서 정한 것에 따라 결의 사항을 크게 보통 결의 사항과 특별 결의 사항으로 나누어 볼 수 있다.

주주 총회의 결의는 보통 결의가 원칙이지만, 특히 중요한 사항에 대해서는 특별 결의에 의하도록 상법에서 정하고 있다. 보통 결의 사항으로는 이사 또는 감사의 선임, 이사, 감사의 보수 결정, 재무제표의 승인, 이익 배당, 주식 배당, 배당금 지급 시기의 결정, 자기 주식 취득 등이 있고 주주 총회에 출석한 주주 의결권의 1/2 이상, 발행 주식 총수의 1/4 이상의 두 조건이 동시에 충족되어야 한다.[28]

특별 결의 사항으로는 정관 변경, 이사 또는 감사의 해임, 주식 매수 선택권의 부여, 영업의 전부 또는 중요한 일부의 양도, 영업 전부의 임대 또는 경영 위임, 회사의 영업에 중대한 영향을 미치는 다른 회사와의 영

---

28 상법 제368조(총회의 결의 방법과 의결권의 행사) ① 총회의 결의는 이 법 또는 정관에 다른 정함이 있는 경우를 제외하고는 출석한 주주의 의결권의 과반수와 발행 주식 총수의 4분의 1 이상의 수로써 해야 한다.

업 전부 또는 일부의 양수, 주주 외의 자에 대한 전환 사채 및 신주 인수 권부 사채의 발행, 주식의 포괄적 교환 및 이전 등이 있고 특별 결의 사항 의 가결을 위해서는 주주 총회에 출석한 주주 의결권의 2/3 이상과 발행 주식 총수의 1/3 이상의 찬성 두 조건이 동시에 충족되어야 한다.[29]

주주 총회 보통 결의 사항 VS 특별 결의 사항

구 분	요건	보통 결의 사항
보통 결의	출석 주주 의결권의 과반수와 발행 주식 총수의 ¼ 이상 (상법 368조 ①항)	• 이사, 감사, 청산인의 선임, 보수 결정 • 주주 총회 의장의 선임 • 자기 주식 취득 결의, 지배 주주의 매도 청구권 • 결손 보전을 위한 자본금의 감소, 법정 준비금의 감소 • 재무제표의 승인, 이익의 배당, 주식 배당 • 검사인의 선임, 청산인의 해임, 청산 종료의 승인
특별 결의	출석 주주 의결권의 ⅔ 이상과 발행 주식 총수의 ⅓ 이상 (상법 제434조)	• 정관의 변경 • 영업의 전부 또는 중요한 일부의 양도, 영업 전부의 임대 또는 경영 위임 • 회사의 영업에 중대한 영향을 미치는 다른 회사와의 영업 전부 또는 일부의 양수 • 주식 매수 선택권의 부여 • 이사 또는 감사의 해임 • 자본금의 감소, 합병 및 분할, 임의 해산 • 주주 외의 자에 대한 전환 사채 및 신주 인수권부 사채의 발행 • 주식의 포괄적 교환, 주식의 포괄적 이전, 주식분할, 주식의 할인 발행

29 상법 제434조(정관 변경의 특별 결의) 제433조 제1항의 결의는 출석한 주주의 의결권의 3분의 2 이상의 수와 발행 주식 총수의 3분의 1 이상의 수로써 해야 한다.

주식 지분별 권리 비교

지분율	주주 권리	내용
3%	위법 행위 감시 및 통제	3%의 지분을 가진 주주는 주식회사의 회계 장부를 열람하거나 임시 주주 총회 소집을 청구할 수 있고, 상장회사의 주주는 그 수가 매우 많아서 0.1%의 지분만 가져도 회사 회계 장부를 열람할 수 있다.
34%	특별 결의 사항 통과 저지 가능	34% 지분을 가지면 상대방은 특별 결의 사항 단독 통과 가능 지분인 67%를 확보할 수 없고 최대 66%만 확보할 수 있어 특별 결의 사항 통과를 견제할 수 있다.
50% + 1주	보통 결의 사항 단독 통과 가능	이사 선임 및 보수 결정, 이익 배당, 재무제표 승인 등 보통 결의 사항은 단독으로 통과시킬 수 있어 안정적인 경영권을 유지할 수 있다.
67%	특별 결의 사항 단독 통과 가능	회사의 정관 변경, 사업의 양·수도, 회사의 합병 또는 분할, 이사 및 감사의 해임 등 회사에 중대한 영향력을 미치는 특별 결의 사항을 단독으로 처리할 수 있어 매우 안정적이고 확실한 경영권을 확보할 수 있다. 동업에서 결정적인 영향력을 미치고 싶다면 무조건 67% 이상의 지분율을 확보해야 한다.

6. 가족 법인, 주식 지분율이 절세 포인트다

은행과 거래 중인 자금력 있는 대표자들은 자녀를 포함한 가족 법인을 만들어 절세하는 방안에 대해 관심이 많다. 창업주의 병환으로 이른 나이에 가업을 승계받은 대표자는 상속 문제를 직접 경험해 고생한 까닭에 누구보다 철저한 준비가 필요하다는 점을 알고 있다고 했다.

대표자 본인이 승계받아 경영 중인 사업을 자녀가 성인이 되었을 때까지 지속 성장하기에는 한계가 있다고 판단하고, 자녀들에게는 가업 승계가 아닌 자녀가 좋아하는 일을 할 수 있도록 미리 준비하고 싶다며 필자에게 가족 법인 설립에 대해 문의했다.

지분을 가족 명의로 분산해 소유하는 가족 법인은 다양한 절세 효과를 기대할 수 있으며 최대 쟁점은 지분율을 어떻게 구성하느냐에 달려 있다. 가족 법인 창업의 주된 목적은 절세와 더불어 실질적으로는 상속 및 증여와 같은 승계의 수단으로 활용하고자 하기 때문이므로, 자녀들의 지분율을 높게 구성하는 것이 유리하다.

예를 들어 50억 원의 상가를 아들 40%, 딸 40%, 배우자 10%, 대표자 본인 10%의 지분을 가진 가족 법인명으로 구매할 때 자녀는 주식 지분에 대한 자금 출처만 있으면 된다. 즉 자본금을 5,000만 원으로 하면 아들과 딸은 각각 2,000만 원씩의 자금이 필요하다. 미성년자에 대한 증여는 2,000만 원까지 비과세되므로, 대표자는 각 2,000만 원씩을 증여해 법인을 설립한 후 은행에 부동산 구매를 위한 융자 상담을 신청하면, 은행은 지역에 따라 담보 인정 비율 차이는 있으나 수도권의 경우 부동산 구매 목적의 시설자금을 80% 수준으로 지원하고 있다.

앞의 경우 매매가 50억 원의 상가를 은행에서 40억 원 융자받으면 나머지 10억 원과 취득세 일반세율[30] 4.6% 적용할 때 2.3억 원 및 소유권 이전 비용 등 약 12.4억 원의 자금이 필요하게 되는데, 이 자금은 대표자가 법인에 가수금으로 대여하면 된다.

세법에서는 개인이 특수 관계에 있는 법인에 금전을 무상으로 또는 적정 이자율보다 낮은 이자율로 대여하는 경우, 그 금전을 차입하는 법인 주주의 증여 재산가액으로 하도록 하고 있다. 이때 기준이 되는 법정 이자율은 연 4.6%이며, 금전 차입으로 법인의 주주가 얻은 이익이 연간 1억 원 이상이어야 증여에 해당한다. 즉 1억 원 미만이면 증여에 해당하지 않아 자금력 있는 대표자가 가족 법인에 최대 21억 7,000만 원을 무상대여해도 주주가 얻는 이익이 9,900만 원[31]으로 증여에 해당하지 않는다.

정리하자면 대표자가 가족 법인을 창업해 자금을 일부 무상 대여하고 부동산을 매입해 발생한 소득을 자녀인 주주가 활용할 수 있으며, 향후 부동산 시세가 상승했을 경우 매매를 통해 시세 차익으로 대표자의 대여금을 상환하는 자금으로 이용할 수 있다. 다만 대여금 규모와 주주 지분 비율에 따라 증여 재산가액이 달라지는 점과, 2015년부터 증여세 완전포괄주의[32] 도입으로 실질에 따라 증여세를 과세하고 있는 점에 주의해야 한다.

참고로, 부모와 자식 간 주식 비율을 어떻게 했으면 좋을지 문의하는 경우가 있다. 대부분 자녀의 주식 비율을 높게 하고 부모의 주식 비율을 낮게 하려고 하는데 구체적으로 주식 비율을 어떻게 하면 좋을지 문의하

---

30 법인이 수도권 과밀억제권역(서울 전 지역, 인천 일부, 경기 13개 시 등)에서 설립 5년 이내에 권역 내 부동산을 취득하면 취득세가 9.4%로 중과됨.
31 2,170,000,000원 × 4.6% = 99,820,000원
32 상속세 및 증여세법 제4조(증여세 과세 대상) 6호

는 것이다. 사안에 따라 다르겠지만, 자녀가 2명인 경우 각각 40%씩 그리고 부모가 각각 10%씩을 보유하기를 추천한다. 부모의 지분을 각각 10%씩 보유하도록 하는 이유는 시간이 흘러 부모가 소유하고 있는 20% 주식이 캐스팅보트(Casting vote) 역할을 해 결정권(決定權)을 가질 수 있기 때문이다.

상속세 및 증여세법 제45조의5 (특정 법인과의 거래를 통한 이익의 증여 의제)

① 지배 주주와 그 친족(이하 이 조에서 "지배 주주 등"이라 한다)이 직접 또는 간접으로 보유하는 주식 보유 비율이 100분의 30 이상인 법인(이하 이 조 및 제68조에서 "특정 법인"이라 한다)이 지배 주주의 특수 관계인과 다음 각 호에 따른 거래를 하는 경우에는 거래한 날을 증여일로 해 그 특정 법인의 이익에 특정 법인의 지배 주주 등이 직접 또는 간접으로 보유하는 주식 보유 비율을 곱해 계산한 금액을 그 특정 법인의 지배 주주 등이 증여받은 것으로 본다. 〈개정 2023. 12. 31.〉

1. 재산 또는 용역을 무상으로 제공받는 것
2. 재산 또는 용역을 통상적인 거래 관행에 비추어 볼 때 현저히 낮은 대가로 양도·제공받는 것
3. 재산 또는 용역을 통상적인 거래 관행에 비추어 볼 때 현저히 높은 대가로 양노·제공하는 것
4. 그 밖에 제1호부터 제3호까지의 거래와 유사한 거래로서 대통령령으로 정하는 것

② 제1항에 따른 증여세액이 지배 주주 등이 직접 증여받은 경우의 증여세 상당액에서 특정 법인이 부담한 법인세 상당액을 차감한 금액을 초과하는 경우 그 초과액은 없는 것으로 본다.

○ 주식 지분 3%는 회계 장부 열람권이 있어 대표이사의 횡령 배임에 대한 경영권 분쟁의 핵심 열쇠라고 할 수 있으니, 타인 또는 직원에게 주식을 주는 경우 신중한 판단이 필요하다.

○ 주식 지분은 34%, 50% + 1주, 67% 권리에 큰 의미가 있다. 34%를 보유하면 상대방 단독의 특별 결의를 방어할 수 있고, 50%+1주는 경영권이 확보되며, 67%는 단독으로 특별 결의 요건을 통과시킬 수 있다.

○ 가족 법인을 창업해 절세 효과와 더불어 승계의 수단으로 활용할 수 있는데, 이 경우 지분율을 어떻게 구성하느냐가 중요하다. 다만 금전 차입으로 법인의 주주가 얻은 이익이 연간 1억 원 이상이면 증여에 해당하니 주의해야 한다.

CHAPTER 3

특수 관계인과 거래 시 주의사항

7. 금전 대차 거래는 객관적 증거가 중요하다

도심에서 큰 주유소를 운영 중인 대표자는 아들이 주유소 인접 토지에 셀프세차장을 오픈해 주유소와 시너지를 내고 싶다며 사업 자금 5억원을 요청하고 있다. 그런데 2년 전에 이른바 꼬마빌딩을 증여한 적이 있어 추가로 자금 대여 시 증여 문제로 괜히 긁어 부스럼이 될까 봐 부담스럽고, 그렇다고 현금이 충분히 있는데 은행에서 대출받아 이자 내는 것도 싫다는 생각으로 상담을 요청했다.

이에 필자는 조세특례제한법에 있는 창업 자금 증여세 과세 특례 제도에 대해 설명했다. 이 제도는 창업 활성화를 통해 투자와 고용을 창출하고 경제활력을 도모하기 위해 중소기업 창업 자금에 대해서는 50억 원(10명 이상 신규 고용하는 경우 100억 원)을 한도로 5억 원을 공제하고, 10%의

저율로 증여세를 과세한 후 증여자가 사망하면 증여 시기와 관계없이 상속세 과세 가액에 가산해 상속세로 정산한다.

적용 요건은 수증자가 18세 이상 거주자인 자녀이고, 증여자는 60세 이상인 수증자의 부모로서 양도소득세 과세 대상이 아닌 재산인 현금과 예금, 소액 주주 상장 주식, 국공채나 회사채와 같은 채권 등을 증여하고, 수증자는 증여받은 날부터 2년 이내에 광업, 제조업, 수도, 하수 및 폐기물 처리, 원료재생업, 건설업, 통신판매업, 물류산업, 음식점업, 정보통신업 등 창업 중소기업에 해당하는 업종[33]을 창업하면 된다. 이후 증여세 신고 기한까지 과세 표준 신고서와 함께 '창업 자금 특례 신청 및 사용 내용서'를 납세지 관할 세무서장에게 제출해야 하며, 신고 기한까지 신청하지 않으면 과세 특례를 적용받을 수 없다.

---

33 조세특례제한법 제6조(창업 중소기업 등에 대한 세액 감면)

창업 자금 특례 신청 및 사용 내역서

■ 조세특례제한법 시행 규칙 〔별지 제11호의6 서식〕

<table>
<tr><td rowspan="2">창업 자금</td><td>〔 〕 특례신청서</td></tr>
<tr><td>〔 〕 사용내역서</td></tr>
</table>

※ 〔 〕에는 해당되는 곳에 √표를 합니다.

1. 기 본 사 항

<table>
<tr><td rowspan="3">수 증 자</td><td>①성 명</td><td></td><td colspan="2">②주민등록번호</td></tr>
<tr><td colspan="4">③주 소 (☎)</td></tr>
<tr><td>④증여자와의 관계</td><td></td><td colspan="2">⑤전자우편주소</td></tr>
<tr><td rowspan="2">증 여 자</td><td>⑥성 명</td><td></td><td colspan="2">⑦주민등록번호</td></tr>
<tr><td colspan="4">⑧주 소 (☎)</td></tr>
</table>

2. 신 청 내 용 (※증여받은 날부터 1년 이내에 창업해야 합니다)

⑨ 수증일	⑩ 재 산 종 류	⑪ 증여 재산가액	⑫비 고

3. 사 용 내 역

<table>
<tr><td colspan="3">증여받은 재산내역</td><td colspan="4">사 용 내 역</td></tr>
<tr><td>⑬수증일</td><td>⑭재산 종류</td><td>⑮가액</td><td>⑯사용일자</td><td>⑰사용용도 및 내역</td><td>⑱사용금액</td><td>⑲비 고</td></tr>
<tr><td></td><td></td><td></td><td></td><td></td><td></td><td></td></tr>
<tr><td></td><td></td><td></td><td></td><td></td><td></td><td></td></tr>
<tr><td></td><td></td><td></td><td></td><td></td><td></td><td></td></tr>
</table>

「조세특례제한법 시행령」 제27조의5 제10항에 따라 위와 같이 창업 자금 ([ ]특례신청서, [ ]사용내역서)를 제출합니다.

년 월 일

제출자 (서명 또는 인)

세 무 서 장 귀하

작성방법

1. 창업 자금에 대한 증여세 과세 특례를 신청하는 경우에는 "1. 기본사항"과 "2. 신청내용"만을 적습니다.

2. 창업 자금 사용내역을 제출하는 경우에는 "1. 기본사항"과 "3. 사용내역"만을 적습니다.

3. "⑪ 증여 재산가액"란은 증여일 현 「상속세 및 증여세법」에 따라 평가한 가액을 적습니다.

4. "⑰ 사용용도 및 내역"란은 증여 재산의 사용용도(예 : 임차보증금, 기계장치 등)를 적고, 사용 관련 증명서류(예 : 취득자산 명세, 대금지급 증빙, 주식 및 채권의 매각내역 등)를 별지에 첨부합니다.

5. "⑲ 비고"란은 취득자산 등의 거래상대방 상호와 사업자 등록번호를 적습니다.

6. 창업을 통하여 10명 이상을 신규 고용한 경우에는 부표1 신규고용명세서를 제출합니다.

창업 자금 증여세 과세 특례를 적용받았다 하더라도 수증자가 증여일 이후에 정당한 사유 없이 2년 이내 창업하지 않거나, 창업 자금을 증여받은 후 4년 이내 해당 목적에 사용하지 않는 경우, 증여받은 후 10년 이내 창업 자금을 해당 사업용도 외 다른 용도로 사용하는 경우 등은 사후 의무 요건을 이행하지 않은 상황에 해당해 증여세가 부과된다는 것을 설명했다. 그러자 사후 관리 등 내용이 복잡하고, 증여는 증여일부터 10년이 지나면 끝나는 것으로 알고 있는데, 증여 시기와 관계없이 상속세 과세액에 가산되는 점 등이 부담스럽다며 다른 방안을 요청했다.

국세기본법 시행령[34]에서는 6촌 이내의 혈족, 4촌 이내의 인척, 배우자(사실상 혼인 관계 포함), 친생자로서 다른 사람에게 친양자, 입양된 자 및 그 배우자, 직계 비속을 '특수 관계인'이라 말한다. 즉 부모와 자식 역시 특수 관계인으로서 원칙적으로 금전 대여는 증여로 추정하게 된다. 그러므로 증여가 아닌 금전 대차 관계라는 것을 주장하려면 이를 입증할 수 있도록 사전에 철저한 자료 준비가 필요한 것이다.

해당 사례의 경우 아들은 부친 주유소에 재직하며 후계자 수업 중으로 근로 소득이 있고, 2년 전 증여받은 꼬마빌딩에서 임대 수익도 발생하고 있어 소득 증빙이 명확하니 차용증, 정기적 이자 지급, 원금 상환 기록 등 객관적 증거 마련 방법을 안내했다.

차용증 작성은 차용 일자, 차용금액, 상환 시기, 상환 방법, 이자 상환 방법, 이자율 등을 구체적으로 명시하고 공증이나 확정 일자를 받아 세무 조사 때 급하게 작성한 차용증이 아님을 소명하고, 은행 계좌를 통한 정기적인 이자 수령 및 정기적인 원금 상환, 이자 지급 원천 징수 신고 납부, 이자 소득 지급 명세서 제출 등 객관적 증거를 마련하도록 했다.

또한 상속세 및 증여세법 제41조의4 금전 무상 대출 등에 따른 이익의 증여에 따르면, 금전을 무상으로 또는 적정 이자율인 4.6%보다 낮은 이자율로 빌린 경우 해당 이익에 대해 증여로 보고 있어 이 점도 설명했다.

먼저 차용증에 차용금액 5억 원, 이자율을 4.6%가 아닌 2.6%로 작

---

34 국세기본법 시행령 제1조의2(특수 관계인의 범위)

성하도록 안내했다. 차용금액 5억 원에 세법상 이자율을 4.6%로 적용하면 연간 이자가 2,300만 원인데 이 중 이자 비용 1,000만 원까지는 증여로 보지 않기에[35] 2,300만 원에서 1,000만 원을 차감한 1,300만 원을 이자로 받아야 한다. 그러므로 5억 원에 대한 차용이율을 2.6%로 적용하면 연간 1,300만 원의 이자가 산출되어, 매월 110만 원 정도의 이자를 받으면 된다. 이때 대여자는 이자수익에 대해 종합소득세 신고 납부 의무가 발생하는 데에 주의해야 한다.

참고로 차용증 등 증빙 자료 유무에 따라 상반된 결과를 보인 내용을 소개하면 다음과 같다. 먼저 공직 후보자에 대한 검증 자리인 국회 인사청문회 단골 메뉴 중 하나인 부모·자식 간 자금 증여 문제가 차용증이 있어 소명된 경우와, 증빙 자료 없이 가족끼리 오간 5,000만 원의 금전 거래에 증여세가 과세된다고 판단한 서울행정법원 사건이다.

2023년 12월 국회 인사청문회를 앞둔 헌법재판관 후보자가 차남에게 1억 7,000만 원을 대여해주면서 세법상 적정이율인 4.6%보다 매우 낮은 0.6% 금리로 빌려준 문제를 두고 "치밀한 절세 꼼수"라며 비판한 국회의원의 발언 내용이 기사화되었다.

내용인즉, 후보자는 2021년 결혼을 앞둔 차남에게 5,000만 원을 증여하고 1억 7,000만 원을 대여했다. 1억 7,000만 원에 대해서는 2023년 말까지 연 0.6%의 이율로 매달 이자를 지급하겠다는 내용의 차용증을 작

---

35 상속세 및 증여세법 시행령 제31조의4(금전 무상 대출 등에 따른 이익의 계산방법 등) ② 법 제41조의4 제1항 각 호 외의 부분 단서에서 "대통령령으로 정하는 기준금액"이란 1,000만 원을 말한다.

성했다. 후보자는 차남이 지난달까지 매달 6만 5,000원~10만 원의 이자를 후보자에게 이체한 내용도 제출했다.

후보자는 차남과의 대여 계약이 불법 증여에 해당하지 않는다는 입장이다. 상속 및 증여세법 시행 규칙에 따라 연이자 소득액이 1,000만 원 이하인 금전 대여는 증여로 간주하지 않기 때문이다. 후보자는 "차남에게 대여한 금액에 적정 이자율을 적용했을 때의 이자 소득액은 1,000만 원 이하로, 증여 재산으로 간주하지 않는다"라며 "이자를 받지 않더라도 증여세 문제는 발생하지 않지만, 차용을 명확히 하자는 취지에서 연 0.6%의 이자를 정기적으로 받았다"라고 밝혔다.

하지만 가족에게 빌려줬다가 받은 돈이라고 주장해도 증빙 서류 등을 통해 변제금이라는 점을 증명할 수 없다면 증여세 대상이라는 법원 판결이 나왔다. 2024년 7월 서울행정법원은 원고인 A씨가 세무서장을 상대로 낸 증여세 부과 처분 취소 청구 소송에서 원고 패소 판결했다.[36]

보도기사에 따르면, 누나인 B씨는 사망하기 전인 2018년 5,000만 원을 남동생 A씨의 계좌로 이체했다. 관할 세무서는 2022년 A씨가 누나인 B씨로부터 5,000만 원을 증여받았다며 증여세 635만 원을 결정·고지했다. 이에 A씨는 '대여한 돈을 변제받은 것'이라고 주장하며 증여세 부과가 부당하다고 행정소송을 냈다.

A씨는 2018년 2월 누나인 B씨에게 5,000만 원을 현금으로 빌려줬으

---

36 서울행정법원 2023구합2524

며 B씨가 이 중 4,900만 원을 계좌에 넣었다가 같은 달 27일 5,000만 원을 변제금으로 돌려준 것이라고 했다. B씨의 계좌에는 4,900만 원이 현금으로 입금됐다가 A씨에게 5,000만 원이 나간 기록이 있다.

그러나 재판부는 A씨가 제출한 증거만으로는 주장을 받아들일 수 없다고 봤다. 재판부는 '원고가 적지 않은 액수의 돈을 현금으로 전달하면서 대여에 관한 계약서나 차용증, 영수증 등 객관적인 증빙 자료를 전혀 남기지 않았다는 것은 둘의 관계를 고려해도 일반적이지 않다'며 판결 이유를 밝혔다.

그러면서 'B씨가 4,900만 원을 계좌에 그대로 보관하다가 2주도 되지 않아 A씨에게 돌려줬는데, 원고는 B씨가 돈을 빌린 경위나 동기에 관해 구체적으로 설명도 못 하고 있다'고 설명했다.

재판부는 '과세 관청에 의해 증여자로 인정된 사람의 예금이 인출되어 납세자 명의의 예금 계좌 등으로 계좌 이체된 사실이 밝혀진 이상 그 예금은 납세자에게 증여된 것으로 추정된다'며 '예금의 인출과 납세자 명의로의 예금 등이 증여가 아닌 다른 목적으로 행해진 것이라는 등 특별한 사정의 증명 책임은 납세자에게 있다'고 밝혔다.

결론적으로 차용금액 2억 1,700만 원까지는 이자액이 1,000만 원 미만이기에 금전 무상 대출 등에 따른 이익의 증여에 해당하지 않으며, 특수 관계인 간 증여가 아닌 금전 대차 관계를 주장하려면 차용증, 정기적 이자 지급, 원금 상환 기록 등 객관적 증거가 꼭 필요하다.

금전 소비 대차 계약서

대여인   성   명 :
              주민등록번호 :
              주   소 :

차용인   성   명 :
              주민등록번호 :
              주   소 :

제1조 [목적]

대여인(이하 "갑")과 차용인(이하 "을")이 금전 소비 대차 계약을 체결함에 있어 제반 조건을 정함에 그 목적이 있다.

제2조 [대여금 및 대여 조건]

① "갑"은 2025년   월   일 "을"에게 금 5억 원(₩500,000,000)을 대여하고, "을"은 차용한다.

② 제1항의 대여금에 대한 이자는 연 2.60%로 하며, "을"은 월할 계산해 매월 22일에 "갑"에게 지급한다.

③ 변제기는 2034년 6월 30일로 하되, 대여금에 대한 할부금은 매월 4,200,000원씩 변제하기로 한다.

④ "을"은 언제든지 전부 또는 일부를 변제할 수 있다. 변제기는 양 당사자의 합의에 따라 연장할 수 있다.

제3조 [계약의 해제]

"을"이 제2조 제2항에서 정한 이자에 대하 3회분 이상 미지급할 경우, "갑"은 10일 이상의 기간을 정해 이행을 최고하고, "을"이 이를 이행하지 않음 시 계약을 해제할 수 있다.

"갑"과 "을" 은 위와 같은 내용의 계약에 대해 합의했음을 확인하고 본 계약서를 2부 작성해 각 1부씩 보관하기로 한다.

2025.   .   .

대여인   (인)
차용인   (인)

8. 공동 사업 출자금 대출 이자는 필요 경비로 인정되지 않는다

평소 절세에 관심이 많고 자금 관리도 철저한 한 대표자가 융자 상담을 요청했다. 경매로 나온 공장이 몇 차례 유찰되어 본인과 자녀 공동 명의(본인 20%, 자녀 80% 지분)로 취득하고자 하는데, 경매 입찰 전에 대출금이 얼마까지 가능한지 문의하는 내용이었다.

그는 고율인 증여세 절세를 위해 자금이 없는 자녀 명의로 대출받아 자금 출처 및 공장 소유 지분을 높게 하고, 소유권 취득 후 별도의 가족 법인에 임대로 주어 자녀는 법인으로부터 임대료를 받아 대출금 이자와 할부금을 납부하고, 가족 법인의 주주인 가족에게는 사업 수익금을 배당금으로 지급하는 방안을 계획하고 있었다.

때마침 원하는 지역에 경매로 나온 공장을 자녀와 공동 명의로 취득하려는데 통상 은행에서 사업장 취득 목적의 시설자금의 경우 매매대금의 80% 수준에서 대출을 지원하고 있었다. 이에 대표자 본인은 자기 자금으로 20% 부담하고 자녀는 돈이 없으니 은행에서 80%를 대출받아 잔금을 지급하면, 증여세 부담도 없고 자녀의 자금 출처도 명확해 절세 측면에서 유리하다고 판단한 듯 보였다.

이에 필자는 자녀가 성인이고 추정 임대료가 임대업 이자상환 비율(Rent To Interest ratio, RTI) 기준을 충족해 대출을 진행하는 데 문제는 없어 보이나, 이 경우 자녀 명의 대출은 공동 사업자의 출자 행위로 보아 이자 비용으로 경비 처리가 안 될 가능성이 크다고 대표자에게 설명했다. 대표자는 과거에도 다른 자녀에게 같은 방식으로 대출받아 상환한 적이 있는데 그런 말을 들은 적이 없다며 의문을 제기했다.

그래서 추가로 대출금 이자 비용이 필요 경비로 인정되는지는 은행과 무관한 내용이나, **공동 사업의 경우에는 각자 지분에 따른 출자금을 부담 해야 하는데, 자녀 명의 대출금이 자녀가 부담해야 할 출자금 형태로 인 정되면 필요 경비에 포함되지 않을 수 있다는** 내용을 자세히 언급했다.

임대업 이자상환비율이란?

임대업 이자상환비율(Rent To Interest, RTI)은 은행연합회의 '개인 사업자대출 여신 심사 모범규준'에서 정한 부동산 임대업 용도로 대출을 받는 경우 차주의 부채상환 능력을 판 단하기 위해 산정하는 연간 이자비용 대비 연간 임대 소득 비율을 말한다. 즉, 임대업 이 자상환비율은 '연간 임대 소득'을 '해당 임대업 대출의 연간 이자비용'과 '해당 임대물건 에 대한 기존대출의 연간 이자비용'을 합산한 금액으로 나누어 산출하며 원칙적으로 임대 사업 대상인 개별 임대물건 기준으로 산정한다. 은행은 부동산 임대업 신규 대출 취급 시 RTI를 산출해 심사에 활용하며 RTI 기준은 주택 임대업 대출의 경우 1.25배 이상(단, 투기 지역·투기과열지구 내 주택의 경우 1.5배 이상), 비주택 임대업 대출의 경우 1.5배 이상으 로 하되, 전국은행연합회 여신전문위원회가 RTI 제도의 시행 경과를 보고 적절한 취급 기 준을 정할 수 있다.[37] 단, 다음 각 호의 어느 하나에 해당하는 경우 RTI를 산출하지 않을 수 있다.

1. 1억 원 이하의 소액 대출
2. 상속, 채권 보전을 위한 경매 참가 등 불가피하게 채무를 인수하게 되는 경우
3. 그 밖에 은행이 불가피한 사정이 있다고 판단해 별도로 정한 경우

---

37 은행연합회 '개인 사업자대출 여신 심사 모범규준' 제7조(RTI의 활용)

조세심판원은 공동 사업에 출자하기 위한 차입금의 지급 이자는 해당 공동 사업자의 필요 경비에 산입할 수 없고, 출자를 위한 차입금 외에 해당 공동 사업을 위한 차입금의 지급 이자는 필요 경비에 산입할 수 있다면서 이에 해당하는지는 공동 사업 구성원 간에 정한 동업 계약의 내용·출자금의 실제 사용 내용 등에 따라 판단한다고 했다.[38]

대법원 판례도 2인의 공동 사업자 중 1인은 자기 자본으로 마련한 적극 재산을 출자하는데, 다른 1인은 출자 비율에 따른 적극 재산을 출자하면서 그 출자금의 마련을 위해 개인적인 대출을 받았고 그 손익 분배 비율은 출자된 적극 재산의 비율만으로 정해진 경우, 그 대출금의 이자는 공동 사업장 구성원이 함께 부담할 것이 아니고 이는 출자금의 마련 내지 출자 지분의 인수를 위한 개인 채무에 불과하므로 대출금의 이자를 공동 사업의 필요 경비로 볼 수 없다고 판시했다.[39]

또한 소득세법 제27조에서는 사업 소득금액을 계산할 때 필요 경비에 산입할 금액은 해당 과세 기간의 총수입 금액에 대응하는 비용으로서 일반적으로 용인되는 통상적인 것의 합계액으로 정의하고 있으며, 같은 법 제55조에서도 총수입 금액을 얻기 위해 직접 사용된 부채에 대한 지급 이자를 사업소득의 필요 경비 계산 시 인정된다고 명시하고 있다.

다만 지급 이자로서 필요 경비로 인정된 판례를 보면 원고들은 자본

---

38 조세심판원 2022. 10. 6. 조심2022서6790
39 대법원 2015. 4. 9. 선고 2014두47983

금 성격의 3,000만 원을 각 50% 비율로 출자하기로 하고, 그 이상 소요되는 사업비는 원고들로 구성된 조합이 은행의 대출금 등으로 충당하기로 약정했고 위와 같은 법률관계가 가장 행위에 해당한다거나 조세 회피 행위로 효력을 부인할 수 없다면 과세 관청으로서는 이를 존중해야 하므로 원고들의 출자 의무의 범위는 위 3,000만 원으로 한정한 것으로 보아야 하고, 그 이후 차용한 대출금은 사업을 영위하기 위해 직접 사용된 부채에 대한 지급 이자로 필요 경비에 해당한다고 판시[40]하고 있다.

따라서 먼저 출자 의무를 이행한 조합을 구성하고 그 이후 소요되는 사업비를 대출금으로 차용한다는 동업 계약서를 작성한 다음, 대출 이자를 공동 사업자가 함께 분담해 총수입 금액에서 먼저 공제하고 나머지를 이익 분배의 대상으로 삼았다면 그 이자는 공동 사업의 필요 경비로 삼을 수 있다.

동업 계약서에는 사업의 목적과 내용, 동업자별 출자 지분, 사업의 손익에 따른 분배 방법, 사업을 그만둘 때 잔여 재산 분배는 어떻게 할 것인지 등의 내용이 들어 있어야 하니 자녀와 공동 사업을 계획하고 있다면 반드시 해당 내용을 이해하고 준비해야 한다.

---

[40] 대법원 2011. 10. 13. 선고 2011두15466 판결

공동 사업 계약서

_____ 사업에 관해 쌍방 합의하에 상호 신의와 성실에 따라 다음과 같이 공동 사업 계약서를 체결한다.

- 다 음 -

제1조【목적】
본 계약은 _____ 를 공동으로 운영함에 있어 "갑", "을" 간의 권리, 의무에 관한 기본적 사항을 규정함을 목적으로 한다.

제2조【사업 지분율】
본 사업의 지분은 "갑"과 "을"은 __ : __ 로 하는 것을 원칙으로 하며, 제세공과금 등 각종 세금을 최우선 집행하는 것으로 한다.

제3조【사업 수익금 지급】
본 사업의 수익금 중 "갑"과 "을" 지분에 해당하는 수익금은 사업에 따른 수익금의 회수부터 "갑"과 "을" 지분에 따라 사업 정산 시까지 안분하기로 한다.

제4조【사업 수익금 지급 시기】
본 사업의 수익금 지급 시기는 매월 말일로 하되 상호협의하에 변경 가능하기로 한다.

제5조【수익금 관리】
본 사업에 관련해 예상 수익금 관리는 원칙적으로 "갑"과 "을"이 공동관리하는 것을 원칙으로 하며, 사안에 따라 쌍방 협의하에 결정하기로 한다.

제6조【세금 등】

본 사업과 관련해 발생하는 세금은 원칙적으로 "갑"과 "을"이 정한 사업 지분별로 하는 것을 원칙으로 하며, 사안에 따라 쌍방 협의하에 결정하기로 한다.

제7조【공동 사업의 폐업】

본 사업을 폐업할때는 수익과 지출은 상호 협의하에 하되 원칙적으로 사업 지분별로 나누기로 한다.

제8조【기타】

본 계약에 명시되지 않은 사항은 추후 사업을 진행하면서 "갑"과 "을"이 협의해 처리하는 것으로 한다.

제9조【관할 법원】

본 계약의 소송에 관련한 법원은 "갑"의 관할 법원으로 하기로 한다.

본 약정을 증명하기 위해 각각 1부씩 보관하기로 한다.

2025년   월   일

- 갑 -

성   명 :   (인)

주민등록번호 :

주   소 :

- 을 -

성   명 :   (인)

주민등록번호 :

주   소 :

9. 부모 담보물 매각 자금으로 자녀대출 상환 시 증여 이슈에 주의하라

개인 사업자로 제조업을 영위하던 대표자는 1980년대 초반 서울 인근에 조성하던 국가산업단지 내 토지를 분양받아 공장을 신축한 후 오랜 기간 자가 사업을 영위했고, 고령으로 인해 자녀가 설립한 신설 법인에 해당 공장을 임대주고 본인은 고문 역할을 수행했다. 자녀의 신설 법인은 필요한 사업 자금 조달을 위해 부모 소유의 공장을 은행에 담보로 제공한 후 여러 차례 운영자금을 조달했으며, 이 중에는 자녀 개인 명의 대출의 담보로 공장이 제공되기도 했다.

그러나 코로나19로 인해 사업은 어려움이 계속되었고 엎친 데 덮친 격으로 대출 금리까지 급격히 상승하자, 늘어나는 이자 부담으로 인해 결국 담보로 제공된 사업장을 매각해 대출금을 상환하기로 했다.

다행히 부동산 위치와 매매 조건이 좋아 매수자가 나타났고 일부 조건을 조정한 후 매매 계약을 체결했다. 매수자는 계약금을 지급한 후 부동산 매매 잔금은 은행 대출받아 지급할 계획으로 부동산에 설정된 근저당권 말소를 위해 상환할 대출 금액을 문의해왔다.

본 건의 경우 자녀가 대주주인 법인의 대출금에 담보 제공된 부분과 개인 명의 대출금에 담보 제공된 부분에 대해 부모가 부동산 매각 대금으로 대출금을 대신 상환하면 증여 이슈가 발생한다. 법인의 경우 계속된 사업 부진으로 적자가 누적되어 폐업 예정이어서 계속 기업으로 존속 가치가 의문시되는 상황이기에, 부모가 대출금의 담보 제공자로서 법인의 대출금을 대신 상환했다고 하더라도 대주주인 자녀가 이익을 봤다고 보기는 어려워 증여 이슈는 없을 것으로 보이나, 자녀 명의 개인 대출금을 대신 상환하는 경우는 증여에 해당해 증여세를 부담해야 한다.

그러므로 담보 제공된 부모 부동산을 매각하고 근저당권 말소를 위해 부동산 매각 대금으로 자녀 명의 금융기관 대출을 상환해야 할 때는, 담보물을 교체하는 방법으로 자녀 명의 대출을 계속 유지하거나 자녀의 자금으로 대출금을 상환해야 하는 점을 주의해야 한다.

참고로 자녀가 금전이 아닌 부모 명의 부동산을 무상으로 금융기관에 담보로 제공하고 대출받으면, 상속 및 증여세법에서는 기본적으로 타인의 부동산을 무상으로 이용해 금전을 차입해서 이익을 얻은 경우로 보아 증여 재산가액에 해당하는 것으로 보고 있다.[41] 다만 타인의 부동산을 무상으로 담보로 이용해 얻은 이익이 1년간 1,000만 원 미만이면, 증여 재산가액으로 보지 않는다.[42]

이와 별개로, 부모 소유의 부동산을 은행에 담보 제공하는 경우가 아닌 자녀에게 무상으로 사용하게 하는 경우에는, 타인의 부동산(동거 주택은 제외)을 무상으로 사용해서 1억 원 이상의 이익을 얻으면 그 이익에 상당하는 금액을 부동산 무상 사용자의 증여 재산가액으로 하도록 하고 있

---

41 상속세 및 증여세법 제37조(부동산 무상 사용에 따른 이익의 증여)
42 상속세 및 증여세법 시행령 제27조(부동산 무상 사용에 따른 이익의 계산방법 등) ⑥ 법 제37조 제2항 단서에서 "대통령령으로 정하는 기준금액"이란 1,000만 원을 말한다.

다. 즉, 자녀가 부모 소유 부동산을 무상으로 사용해 얻은 이익이 5년간 1억 원 이상이면 증여세가 과세된다. 여기서 부동산 무상 사용 기간은 5년 단위로 계산하며 부동산 가액이 약 13억 원을 초과하면 증여세를 과세한다. 다만 특수 관계인이 아닌 자 간의 거래면 거래의 관행상 정당한 사유가 없는 때에만 적용한다.

예를 들어 세법상 부동산 가격이 15억 원인 타인 소유 부동산을 무상으로 사용하는 경우 각 연도의 무상 사용 이익은 3,000만 원(15억 원 × 2%)이고, 5년간 무상 사용 이익은 1.5억 원(3,000만 원 × 5년)이 된다. 이때 증여세 과세 대상이 되는 부동산 무상 사용 이익은 부동산 가액 15억 × 2%[43] × 3.79079[44] = 113,723,700원으로, 무상 사용 이익이 1억 원 이상이면 증여세가 과세되기 때문에 전체 금액에 대해 증여세가 과세된다는 점에 주의해야 한다.

---

43 1년간 부동산 사용료를 감안한 재정부령이 정하는 율
44 5년간 연 10%의 이자율로 할인한 값

○ 특수 관계인과 금전 대차 거래는 객관적 증거가 중요하므로 차용 일자, 차용금액, 상환 시기 등이 구체적으로 명시된 차용증을 작성하고 은행 계좌를 통한 정기적인 이자 지급 및 원금 상환 기록을 남겨야 한다.

○ 개인 기업 형태의 공동 사업의 경우에는 각자 부담하는 출자금을 먼저 낸 후 사업과 관련된 대출금을 차용해야 사업을 영위하기 위해 사용된 대출 이자로 인정되어 필요 경비로 처리할 수 있으니, 이러한 내용의 공동 사업계약서를 반드시 작성해야 한다.

○ 자녀가 은행에서 부모 소유의 부동산을 담보로 제공하고 대출받은 후 사정 때문에 담보로 제공한 부동산을 처분한 매각 대금으로 대출금을 상환하면 증여 이슈가 발생하니, 담보물 교체 또는 자녀 자금으로 대출금을 상환해야 한다.

은행 사업용 통장 개설 시
금융 거래 목적 확인 서류를 제출해야 한다

창업을 위해서는 관할 세무서에 사업자 등록을 완료하고 사업자 등록 증이 나오면 은행에 사업자 통장을 개설해야 한다. 과거와 달리 최근에는 사회적 문제인 보이스피싱을 예방하고 대포통장 개설을 방지할 목적으로, 모든 금융기관 공통으로 금융 거래 목적 확인을 위한 서류 제출을 요구하고 있다.

은행마다 다소 차이는 있으나 설립된 지 2년 이상 된 사업자에게는 부가가치세 과세 표준증명원, 재무제표 등의 증빙 자료를 요구하고 있으며, 설립 2년 미만의 사업자에게는 물품 공급 계약서, 세금계산서 등 매출 관련 서류, 또는 사업장 실태 조사를 위한 임대차 계약서, 사업장 홈페이지, 집기 구매 영수증 등의 서류를 요구한다. 실태 조사는 사업장 주소에 금융기관 조사자가 방문해 정상 영업 여부를 확인하고 적합으로 판정된 때에만 통장을 개설해준다.

만약 거래 목적이 확인되지 않으면 계좌 개설이 거절되거나, 출금 한도가 제한된 한도 계좌로 개설될 수 있다. 금융 거래 한도 계좌는 2024년 5월 2일부터 창구 출금은 300만 원, ATM기 및 전자금융 출금은 각각 100만 원으로 제한되며 1일 인출 이체 한도는 최대 500만 원이다.

통장 개설을 위한 필요 서류는 개인 사업자의 경우 사업자 등록증 원본(국세청 홈택스에서 발급한 사업자 등록증명원 원본 가능), 대표자 신분증, 통장에 사용할 도장(또는 서명), 사업장 임대차 계약서 등이 있고, 법인 사업자의 경우에는 사업자 등록증 원본, 법인 등기사항전부증명서(구(舊) 법인 등기부 등본, 발급일로부터 3개월 이내 분), 법인 인감증명서(발급일로부터 3개월 이내 분), 법인 인감, 통장에 사용할 인감, 대표자 실명 증표, 실제 소유자 확인을 위한 주주 명부 또는 주식 등 변동 상황 명세서를 제출해야 한다.

통장 개설은 되도록 사업장 인근에 있는 은행에서 하는 것이 유리하며, 은행은 입출금이 자유로운 예금 계좌가 전기통신 금융 사기 목적으로 악용되는 것을 방지하기 위해 최근 20영업일 내 계좌 개설 이력이 있으면 새로운 입출금계좌의 개설을 제한하고 있다.

사업자 통장을 개설한 후, 법인을 제외한 개인 사업사 중 복식 부기 의무자는 국세청 홈택스를 통해 사업용 계좌를 신고해야 한다. 사업용 계좌란 사업자가 거래 투명성을 확보하기 위해 개인 계좌와 분리해 사용하는 계좌로, 사업과 관련된 거래대금을 받거나 지급하는 경우 직원 인건비 또는 임차료 등을 지급하는 경우 등에 사용해야 하며, 사업용 계좌를 미사용하거나 미신고 시 가산세 부과 및 세액 감면이 배제될 수 있으니 유의해야 한다.

개인 사업자 중 복식 부기 의무자

업종 구분	수입 금액 기준
가 : 농업·임업 및 어업, 광업, 도매 및 소매업(상품중개업을 제외한다), 소득세법 시행령 제122조 제1항에 따른 부동산 매매업, 그 밖에 '나' 및 '다'에 해당하지 않은 사업	3억 원 이상
나 : 제조업, 숙박 및 음식점업, 전기·가스·증기 및 공기조절 공급업, 수도·하수·폐기물 처리·원료재생업, 건설업(비주거용 건물 건설업은 제외), 부동산 개발 및 공급업(주거용 건물 개발 및 공급업에 한정), 운수업 및 창고업, 정보통신업, 금융 및 보험업, 상품중개업, 욕탕업(1억 5,000만 원에 미달하면 간편장부대상)	1억 5,000만 원 이상
다 : 소득세법 제45조 제2항에 따른 부동산 임대업, 부동산업('가'에 해당하는 부동산 매매업 제외), 전문·과학 및 기술서비스업, 사업시설 관리·사업 지원 및 임대서비스업, 교육서비스업, 보건업 및 사회복지 서비스업, 예술·스포츠 및 여가 관련 서비스업, 협회 및 단체, 수리 및 기타 개인서비스업, 가구 내 고용활동	7,500만 원 이상
전문직 사업자 • 부가가치세 간이과세 배제 대상 사업서비스(변호사, 심판변론인, 변리사, 법무사, 공인회계사, 세무사, 경영지도사, 기술지도사, 감정 평가사, 손해사정인, 통관업, 기술사, 건축사, 도선사, 측량사, 공인노무사) • 의료·보건용역을 제공하는 자 (의사, 치과의사, 한의사, 수의사, 약사, 한약사)	수입 금액 무관

※ 법인 사업자는 수입 금액과 무관하게 복식 부기 의무자임

은행 신용대출 거래 시 금리인하요구권을 활용하라

은행에서 신용대출을 받고 신용 상태의 개선이 있는 경우 은행법 제 30조의2에 의거 은행에 금리 인하를 요구할 수 있는 법상 권리가 있다. 가계 대출 차주의 경우 소득 증가(취업·승진·전문자격 취득 등), 재산 증가(자산 증가·부채 감소) 등 개인의 재무 상태가 개선된 것으로 판단되는 경우나 신용평가회사의 개인신용 평점이 상승했을 때 금리 인하를 요구할 수 있다.

기업 대출 차주의 경우에는 자산·이익 증가, 부채 감소 등 재무 상태의 개선이 확인되는 경우, 회사채(개인 사업자는 개인신용평점) 등급 상승, 특허권 취득, 거래 중인 은행과 타 금융기관의 금융 거래 개선 등 신용도가 상승했다고 판단되는 경우, 추가 담보 제공, 부수 거래 실적, 수신 평잔, 연체 일수 등 차주가 신용 상태가 개선되었다고 판난될 때 금리 인하 신청 사유에 해당한다.

금리 인하 요구 수용 여부는 은행이 자체 평가하는 내부 신용 등급 개선 여부가 큰 영향을 미치며, 일반적으로 은행은 대출·신용카드 등 신용 거래 내용, 연체 금액·기간 등의 신용도 판단 정보, 연 소득(매출액)·금융자산 내용 등의 신용 거래 능력 등을 종합적으로 고려해 내부 신용 등급을 평가하고 있다.

은행은 금리 인하 신청 접수 후 심사를 거쳐 10영업일 이내(서류 제출 완료 기준)에 SMS, 유선, 내용증명 우편 등의 방법으로 결과를 안내해준다.

은행법 제30조의2(금리 인하 요구)

① 은행과 신용 공여 계약을 체결한 자는 재산 증가나 신용 등급 또는 개인신용평점 상승 등 신용 상태 개선이 나타났다고 인정되는 경우 은행에 금리 인하를 요구할 수 있다.

② 은행은 신용 공여 계약을 체결하려는 자에게 제1항에 따라 금리 인하를 요구할 수 있음을 알려야 한다.

③ 그 밖에 금리 인하 요구의 요건 및 절차에 관한 구체적 사항은 대통령령으로 정한다.

은행법 시행령 제18조의4(금리 인하 요구)

제18조의4(금리 인하 요구) ① 은행과 신용 공여 계약을 체결한 자는 법 제30조의2 제1항에 따라 다음 각 호의 어느 하나에 해당하는 경우 은행에 금리 인하를 요구할 수 있다.

1. 개인이 신용 공여 계약을 체결한 경우 : 취업, 승진, 재산 증가 또는 개인신용평점 상승 등 신용 상태의 개선이 나타났다고 인정되는 경우

2. 개인이 아닌 자(개인 사업자를 포함한다)가 신용 공여 계약을 체결한 경우 : 재무상태 개선, 신용 등급 또는 개인신용평점 상승 등 신용 상태의 개선이 나타났다

고 인정되는 경우

② 제1항에 따라 금리 인하 요구를 받은 은행은 해당 요구의 수용 여부를 판단할 때 신용 상태의 개선이 금리 산정에 영향을 미치는지 여부 등 금융위원회가 정해 고시하는 사항을 고려할 수 있다.

③ 은행은 제1항에 따른 금리 인하 요구를 받은 날부터 10영업일 이내(금리 인하 요구자에게 자료의 보완을 요구하는 날부터 자료가 제출되는 날까지의 기간은 포함하지 않는다)에 해당 요구의 수용 여부 및 그 사유를 금리 인하 요구자에게 전화, 서면, 문자 메시지, 전자우편, 팩스 또는 그 밖에 이와 유사한 방법으로 알려야 한다.

④ 제1항부터 제3항까지에서 규정한 사항 외에 금리 인하 요구의 요건 및 절차 등에 관해 필요한 사항은 금융위원회가 정해 고시한다.

「금리인하요구권」안내 확인서

- **금리인하요구권이란**
  - 신용상태의 개선이 있는 경우 고객이 은행에 금리(이자) 인하를 요구할 수 있는 법상 권리(은행법 제30조의2)
- **대 상**
  - 차주의 신용상태가 금리에 영향을 주지 않는, 아래 대출 등을 제외한 모든 대출 상품

금리인하요구 대상이 아닌 대출	정책자금대출(온렌딩대출 외), 집단대출, 상품에서 별도로 정한 금리를 적용받는 대출, 어음 또는 매출채권 발행인의 신용도에 따라 금리가 결정되는 대출, 보증서 및 예금을 전액 담보로 하는 대출

※ 금리인하 대상 상품 예시 : IBK파워신용대출(거래우수고객군), i-ONE소상공인대출 등 차주의 신용상태가 금리에 영향을 주는 대출
※ 개별 대출약정 내용에 따라 달라질 수 있으니 자세한 사항은 영업점으로 문의하시기 바랍니다.

- **신청사유**

  ■ **가계대출**

소득·재산 증가	· 소득 증가(취업·승진·이직·전문자격 취득 등), 재산 증가(자산 증가·부채 감소) 등 개인의 재무 상태가 개선된 것으로 판단되는 경우 ☞ 소득이나 재산의 증가는 대출감소, 연체해소, 금융자산 증가에 영향을 주어 은행 내부신용등급이 개선될 수 있습니다.
신용도 상승	· 신용평가회사의 개인신용평점이 상승하는 경우 ☞ 은행은 CB사의 신용평점 산출에 활용된 정보를 신용평가 시 주로 활용하므로, CB사 신용평점 상승이 있는 경우 은행 내부신용등급도 개선될 수 있습니다.

  ■ **기업대출**

재무상태 개선	· 자산·이익 증가, 부채 감소 등 재무상태의 개선이 확인되는 경우 ☞ 은행은 신용평가 시 재무제표 항목을 활용하므로 새로운 재무제표 결산 시 평가항목의 개선이 있는 경우, 은행 내부신용등급이 개선될 수 있습니다.
신용도 상승	· 회사채(개인사업자는 개인신용평점) 등급 상승, 특허권 취득, 당행과 타금융기관의 금융거래 개선 등 신용도가 상승하였다고 판단되는 경우 ☞ 은행은 당행 및 타금융기관의 여신거래현황과 연체이력 등을 내부신용등급 산출 시 활용하므로, 신용도가 상승할 경우 은행 내부신용등급이 개선될 수 있습니다.

  ■ **공통**

기 타	· 추가담보제공, 부수거래실적, 수신평잔, 연체일수 등 차주가 신용상태 개선으로 판단하는 사항 ☞ 추가담보제공, 당행 부수거래실적 등을 내부신용등급 산출 시 활용하므로, 신용상태가 개선될 경우 은행 내부신용등급이 개선될 수 있습니다.

※ 금리인하요구 수용여부는 은행이 자체 평가하는 내부신용등급 개선 여부가 큰 영향을 미치며, 일반적으로 은행은 대출·신용카드 등 신용거래내역, 연체금액·기간 등의 신용도 판단정보, 연소득(매출액)·금융자산 내역 등의 신용거래 능력 등을 종합적으로 고려하여 내부신용등급을 평가하고 있습니다.

- **신청방법 및 결과통지**
  - 신청방법 : 영업점 방문 또는 은행 홈페이지, 모바일앱 등을 통해 신청하실 수 있으며 신청사유 증명을 위한 별도의 증빙서류 제출이 필요합니다. (제출방법 별도 안내)
  - 결과통지 : 「은행법 시행령 제18조의4」에 따라 금리인하 신청 접수 후 심사를 거쳐 5영업일 이내(서류 제출 완료 기준)에 SMS, 유선, 내용증명 우편 등의 방법으로 결과를 안내해 드리며, 필요시 '거래조건변경·추가약정서' 작성이 요구될 수 있습니다.
- **유의사항**
  - 은행은 심사에 필요한 자료의 제출을 요구할 수 있으며, 신용상태의 개선이 금리 산정에 영향을 주지 않는 경우 금리인하요구가 거절될 수 있습니다.
  - 신용상태의 개선이 발생한 경우 신청횟수, 신청시점에 관계없이 금리인하요구가 가능합니다.

금리인하요구권에 대하여 충분히 설명듣고, 이해하였음을 확인합니다.

20   년   월   일

본 인 :   (인)

출처 : IBK기업은행

대출금이 있는 사업자 폐업은 사전에 은행과 협의하라

은행에서 대출받아 상가를 매입하고 중국 음식점을 창업해 운영하던 대표자는 그동안 잘되던 장사가 매출이 감소하고 인건비마저 상승하자 폐업을 결심하고 관할 세무서에 폐업 신고했다.

은행에서 대출 만기 도래 시점에 기간 연장을 심사하다 보니 폐업 정보가 검색되어 대표자에게 문의했고, 대표자는 상황이 어려워져 폐업 신고를 했다는 것이다. 이에 필자가 **사업자 자격으로 돈을 빌린 차주는 원칙적으로 폐업하면 대출금을 모두 상환해야 한다**는 내용을 설명하자 그런 내용이 있느냐며 당황스러워했다. 장사를 접고 프리랜서로 직장생활하고 있어 대출 이자를 내는 데 문제가 없으니 대출금 기간 연장만 해달라는 요청이나, 은행에서는 수용하기 어려운 조건이다. 사업자 자격을 잃는 순간 대출의 자격마저 잃게 되는 까닭이다.

부득이하게 사업자 등록증을 되살리려 알아보니, 음식업으로 영업 허가를 위해서는 소방서 허가부터 다시 받아야 하고, 이후에 세무서에 폐업 취소 신청해야 하는 복잡한 문제가 얽혀 있어 이러지도 저러지도 못하는 상황이 발생한 것이다. 사업자의 휴·폐업 정보는 은행에서 조회할 수 있고 이를 기업 여신 심사에 활용하고 있다. 대표자는 자가 사업장에서 음식점을 운영하다 폐업하고 타인에게 상가를 임대할 계획도 있었으니, 사업자 폐업 전에 은행과 사전에 상의했다면 음식점업이 아닌 임대 사업자로 대출을 변경할 수도 있었다. 그러나 이미 폐업된 상태에서 다시 원점으로 되돌리기는 사실상 어려움이 있었다.

이렇게 은행에서 근무하다 보면 만약 사전에 상의했으면 어렵지 않게 문제를 해결할 수 있었을 텐데, 그렇지 않아 문제를 키워오는 경우를 많이 보았다. 소매업을 영위하던 한 대표자는 코로나19로 지역 신용보증재단(이하 '지역 신보') 소상공인 보증 지원을 통해 대출받았는데, 상황이 여의찮아 폐업을 고민하다 폐업했다고 하면 대출금을 은행에 일시에 상환해야 한다는 이야기를 주위에서 듣고 전전긍긍한 상태에서 대출금 만기 연장을 제때 못 해 대출금이 연체되었다.

은행에서 연락하자 대출을 갚으라고 할까 봐 미리 상의하지 못했다고 사정을 털어놨고, 이에 필자는 은행에서는 지역 신보에서 보증 지원받은 소상공인이 폐업 후에도 지속적인 금융지원이 가능하도록 보증 대상에 '개인'을 추가해 일명 브릿지론으로 대출 변경이 가능하다고 안내해줬다. 결국 미리 상의했으면 하지 않았을 연체 기록만 남은 것이다.

참고로 사업자 등록이 폐업되면 금융기관에서 사업자 통장을 정지시키거나 해지시켜달라는 국민신문고를 통해 접수된 국민 의견이 있다. 이에 대해, 금융위원회는 사업자 등록이 말소되더라도 물품 대금 및 각종 경비 납부 등 다양한 채권·채무가 연관되어 있다는 점과 은행이 사업자의 정확한 의사나 세부 거래관계에 대한 고려 없이 계좌를 정지 또는 해지시키면 다른 선의 이해관계자의 이익을 침해할 우려가 있고, 은행이 일방적으로 개인정보를 열람하고 계좌를 해지하는 것은 개인정보 보호 및 사적 자치 측면에서 신중히 접근할 필요가 있다며, 원칙적으로 계좌의 정지 또는 해지는 계좌를 개설한 사업자의 신청을 토대로 이루어지는 것이 바람직하다는 의견을 회신했다. 이에 은행에서는 예금 계좌에 대해서는 사업자 폐업 후에도 자유롭게 사용할 수 있도록 하고 있다.

PART 02

Scale-up

·

돈을 벌어주는

절세 방법

창업 단계를 벗어나 성장 단계에 있는 대표자와 함께 이야기를 나눠보면 공통된 의견 중의 하나가 창업 초기에는 몸은 힘들었지만, 직원 수가 적어 관리도 수월했고 업무 진행 상황도 한눈에 다 파악되었는데, 기업이 성장하다 보니 신경을 써야 할 일만 많고 정신이 없다는 것이다.

고객들도 다양해지고 영업 수주도 많아져 매출액 규모는 커지는데, 조직적으로 일한 경험이 부족하고 각 부서 간의 업무 프로세스가 정립되지 않아 우왕좌왕하는 경우가 많아 책임 회피를 하는 경향도 발생하며, 내부적으로는 창업 초기에 입사한 일명 창업 공신들과 성장기에 입사한 직원 간 불화도 발생해 고민스럽다는 내용이다.

필자가 근무 중인 은행에서 고객과의 동반성장 목적으로 지원하는 경영 컨설팅 분야에는 경영전략, 경영관리, 인사조직, 생산관리 분야로 나뉘어 있는데, 성장 단계에 있는 기업들은 이 중 인사조직 분야의 조직진단 및 조직설계, 평가제도 수립 및 승진 및 보상과의 연계에 대한 요청이 많았다.

조직진단 및 설계를 통해 효율적인 조직구조 및 업무 분담, 적정 인력 산출, 객관적인 성과를 측정할 수 있는 지표를 설정해 성과평가제도를 수립하고 이를 승진 및 보상과 연계해달라는 것이다.

백화점에 입점해 고급구두 제조 및 판매업을 영위하는 한 대표자는

100여 명의 직원이 전국 백화점에 분산되어 근무하는 관계로 이들에 대한 성과평가제도 수립을 요청했는데, 복잡하지 않게 객관적이고 간편하게 해달라는 것이 주요 내용이었다.

이에 필자 은행의 공인회계사와 경영 컨설턴트가 방문해 해당 회사 제품을 원가 분석했고, 판매 이익이 큰 기준으로 제품군을 크게 5개로 분류해 원가 및 이윤을 대표자에게 설명했다. 대표자는 본인이 생각하는 제품별 이윤과 실지 분석 내용에 차이가 크다며 본인이 잘못 생각하고 있었다는 점에 놀라워했다.

실제로 컨설팅 현장에서 보면, 대표자가 생각하는 제품별 원가 마진과 전문가가 자료에 근거해 분석한 원가 분석에 따른 제품별 마진에 차이가 크다는 것을 자주 느꼈다. 대표자는 A란 제품의 이윤이 가장 좋다고 느끼고 있었으나 실질로는 손해였고, 마진이 적다는 B 제품이 오히려 이윤이 좋은 효자 상품이었다.

앞의 회사의 경우 5개로 분류된 제품군 중 판매 이익이 좋은 순으로 제품 상자에 스티커를 5개, 4개, 3개, 2개, 1개를 붙이도록 했다. 백화점에서 근무 중인 판매사원에게 스티커 5개가 붙은 제품을 팔면 5점, 4개 붙은 제품을 팔면 4점씩으로 판매실적을 매월 평가해 승진 및 보상과 연결하겠다는 내용을 공지하도록 한 후, 매월 판매실적을 기준으로 성과평가제도로 활용하도록 했다. 판매사원들이 제품의 원가는 알지 못하지만, 가중치가 높은 스티커 5개가 붙은 제품 위주로 우선 판매하다 보니 회사의 이익도 덩달아 좋아지는 효과가 생겨 대표자가 만족스러워했다.

대표자들의 또 하나의 고민거리는 재무 관리 문제이다. 대부분 기장을 맡기는 세무사 사무실이 있으나, 사업 운영과 관련한 수입과 지출 기록 등 세금 신고 목적의 거래 관계이다 보니 재무 관리 관점에서 대응하는 부분에 아쉬움이 있다.

교통 시스템 제조업을 영위하는 한 대표자는 오랜 기간 쌓여온 가지급금에 대해 4.6%의 인정 이자도 내야 하고 상환 부담이 있어, 이번에 퇴직금으로 한꺼번에 정리하고자 거래하는 세무사와 상의했더니 별 문제가 없다는 답변을 듣고 은행에 방문했다.

필자가 자료를 살펴보니, 회사는 설비 투자 등으로 적잖은 대출금이 있는 상태였고 퇴직연금제도는 도입하지 않고 있었다. 정리하고자 하는 가지급금 규모가 회사 이익금의 2배 이상으로, 대표자 계획처럼 퇴직금으로 일시에 정리하면 회사는 결손이 발생해 신용 등급이 크게 하락할 것이고 이에 따라 회사의 신용 대출 금리는 상승하며 추가 대출에도 제한이 있을 텐데, 그래도 괜찮겠느냐고 질문했다. 그러자 세무사와 상의해보겠다고 한 후, 그 부분까지는 생각지 못했다며 일시에 정리하지 않고 장기적인 상환 형태로 하겠다는 답변을 보내왔다.

조세제도는 기업운영과 밀접한 관계가 있다. 특히 대표자 입장에서는 관심을 가진 만큼 세무 리스크를 줄일 수 있고 절세를 할 수 있기에, 세법은 복잡하다는 선입견을 버리고 조세제도에 관한 관심과 절세 노력이 중요하다.

조세제도는 국가 또는 지방자치단체가 재정 수입을 조달할 목적으로 법률에 규정된 과세요건을 충족한 국민에게 직접적인 반대급부 없이 부과·징수하는 조세를 규율하는 규범의 총체라고 정의한다.

현행 조세체계는 국세(14개) 및 지방세(11개)로 분류되어 있고 대한민국 헌법 제38조에서는 모든 국민이 법률이 정하는 바에 의해 납세의 의무를 지고 있다는 것을 규정하고 있으며, 조세의 종목과 세율은 법률로만 정할 수 있는데 이를 조세법률주의라고 한다.

납세자에 있어서 조세는 반대급부가 없는 국가로의 강제적인 이전이므로 세금에 대한 인식은 부정적이다. 결국 납세자는 세금 부담을 줄이기 위해 노력하는데 탈세와 절세는 '납세자가 자기의 세금 부담을 줄이고자 하는 목적에서 행해진다' 라는 점에서 목표가 동일하나, 합법적인 방법에 따르면 절세고 불법적인 방법에 따르면 탈세다.

즉 절세는 세법에서 인정되고 있는 적법하고 합리적인 수단에 의해 세금을 적게 내는 것을 말하며, 세법에서 보장되는 각종 소득 공제 및 세액 공제, 세액의 감면 등 조세특례 제도를 잘 활용해야 합법적으로 세금을 줄일 수 있다.

골프에서 '드라이버는 쇼, 퍼팅은 돈'이라는 격언이 있다. 호쾌한 드라이버는 보기엔 시원하지만 내기에서 이겨 돈을 따려면 퍼팅을 잘해야 한다는 의미이다. 기업경영에서도 이윤 창출 못지않게 적법하고 합리적인 절세가 중요하며, 이를 위해서 대표자는 조세(租稅)의 감면 또는 중과(重課) 등 조세특례와 이의 제한에 관한 사항을 규정한 조세특례제한법에 관심을 가져야 한다. 이 법은 퍼팅과 같이 돈을 벌어주는 세법이기 때문이다.

기업의 성장 단계에서는 매출 증가에 따른 법인 전환 방법, 대출 금리와 직결되는 기업의 신용 등급 향상 전략, 적법한 기업의 절세 전략, 그리고 양도소득세를 매수인에게 전가하는 방법, 부동산을 취득할 때 취득세가 중과되니 주의해야 하는 경우, 금융 거래 중 의심 거래와 고액 현금 거래가 법집행기관에 보고되는 내용에 대한 이해가 필요하다.

> CHAPTER 1

기업의 법인 전환

10. 자산과 권리 보유 상황에 맞게 법인 전환하라

설립 절차가 비교적 쉽고 간단해 개인 사업자로 창업한 후 매출과 이익이 증가하면 국세청의 세무조사 대상에 선정될까 부담스럽고, 소득세율은 6~45%지만 법인세율은 9~24%로 낮아 법인으로 전환하는 것이 세무상 유리해 보여 외부의 투자 유치나 상속·증여 등을 위한 사전준비도 수월하다는 판단 하에 법인 전환을 고민하게 된다.

샌드위치 도시락을 생산해 편의점에 납품하던 한 대표자는 매출 증가에 따라 개인 사업자의 법인 전환을 추진하면서, 법인 전환이 복잡하고 비용이 많이 든다는 주위의 조언에 따라 사업장은 대표자 개인 명의로 그대로 둔 상태에서 임대업으로 변경했고, 자본금 5,000만 원의 신규 법인을 설립해 기존 사업장 임차계약 후 해당 사업을 지속했다.

대표자는 생산 제품이 인기가 있어 수요가 증가하자 원자재 확보 및 생산설비 증설을 위한 자금 조달을 위해 융자 상담을 요청했다. 필자가 회사의 자료를 심사해보니 법인 전환 절차가 제대로 이루어지지 않아 기존 개인 기업의 영업 실적을 인정받지 못해 신설 법인의 신용 등급이 낮게 평가되었고, 이에 따라 운영자금 및 신규 설비 투자를 위한 융자 진행이 어렵게 되었다.

평소 현장에서 만난 대표자와 상담해보면 법인 전환을 검토하는 과정에서 거래하는 세무사 또는 법무사 사무실에서 회사가 자산이나 권리를 보유하고 있는데도 상황에 맞게 현물 출자에 의한 법인 전환 또는 사업 양·수도 방식에 의한 법인 전환을 진행한 경우는 많지 않았다. 오히려 복잡하다는 이유로 대부분 신설 법인 설립 후 개인 사업자를 단순 폐업하는 경우가 많았다.

이러한 방법으로 단순 법인 전환하면 은행 또는 신용보증기관에서 개인 기업의 사업 영위 기간 및 영업 실적을 인정받지 못해 자금 조달에 어려움이 있을 수 있고, 개인사업용 부동산에 대해 조세특례제한법 제32조에서 정한 양도소득세 이월과세, 취득세 감면 등 조세 지원도 받을 수 없다. 게다가 향후 가업 승계 시 임대부동산에 해당해 사업용 사산으로 인정받지 못해 과도한 세금을 부담해야 하는 문제가 발생한다.

개인 기업 VS 법인 기업

구분	개인 기업	법인 기업
세율	• 1,400만 원 이하 : 6% • 1,400만 원 초과 5,000만 원 이하 : 15% • 5,000만 원 초과 8,800만 원 이하 : 24% • 8,800만 원 초과 1억 5,000만 원 이하 : 35% • 1.5억 원 초과 3억 원 이하 : 38% • 3억 원 초과 5억 원 이하 : 40% • 5억 원 초과 10억 원 이하 : 42% • 10억 원 초과 : 45%	• 2억 원 이하 : 9% • 2억 원 초과 200억 원 이하 : 19% • 200억 원 초과 3,000억 원 이하 : 21% • 3,000억 초과 : 24%
장점	• 소득에 대한 별도의 배분 절차 불필요(기업의 소득 = 회사 대표 소득) • 기업 활동이 자유롭고 신속한 의사결정 용이 • 일정 규모 이하의 사업 관리 용이	• 동일 규모의 개인 기업에 비해 세무조사 선정 가능성 낮음 • 대표이사 급여 및 퇴직금의 세무상 비용 처리 가능 • 성실신고확인제 대상이 아님 • 관리 체계를 갖출 경우 장기적 회사 성장에 유리함 • 기업의 이미지, 대외신용도 제고(영업, 금융기관 측면) • 우수 인력 확보, 자금 조달의 원활화 및 다양화 가능
단점	• 규모가 커지는 경우 세 부담이 급격히 증가함 • 성실신고확인제 대상 • 경영 전반에 체계적인 관리가 되지 않아 회사 성장에 한계 • 대표자 급여 및 퇴직금의 세무상 비용 처리 불가능 • 대표자는 개인 기업 채무에 대해 무한책임을 짐	• 법인세가 과세된 소득을 별도의 배분 절차를 거쳐야만 기업주에게 귀속 가능 (급여, 상여, 배당 등) • 세무 관리를 부실하게 할 경우 추징세액이 과다해짐 • 체계적인 자금 관리, 경영 관리 및 조직 관리가 필요
가업 승계 측면	• 증여세과세 특례 적용 불가 • 기업을 나누어서 증여하는 것이 현실적으로 불가능	• 가업 승계 주식에 대한 증여세 과세 특례 적용 가능 • 기업의 소유권인 지분을 나누어서 증여 가능 • 사전 증여 및 주식 가치 감소 등 절세 전략 사용 가능

11. 조세 지원이 되는 법인 전환, 적법한 절차를 지켜야 한다

개인 기업의 법인 전환 방법은 출자 형태와 조세 지원 여부, 법인의 신설 여부를 기준으로 그 유형을 구분할 수 있으며, 법인 전환 방식에는 양도소득세 이월과세 등 조세 지원이 되는 방식으로 현물 출자에 의한 방식, 세금 감면 사업 양·수도 방식이 있고, 조세 지원이 되지 않은 일반 사업 양·수도 방식이 있다.

조세 지원이 되는 양도소득세 이월과세란, 개인 기업이 소유하고 있는 부동산을 법인으로 전환하는 경우 양도소득세를 내야 하나, 일정 요건을 충족하는 경우 법인 전환 시점에서 과세하지 않고 법인에서 해당 부동산을 양도하는 때에 낼 수 있는 제도를 양도소득세 이월과세라고 한다. 이는 조세특례제한법 제32조 법인 전환에 대한 양도소득세의 이월과세의 법률에 따라 거주자가 사업용 고정자산을 현물 출자하거나 사업 양도·양수의 방법에 따라 법인(소비성 서비스업을 경영하는 법인은 제외한다)으로 전환하는 경우 그 사업용 고정자산에 대해서는 이월과세를 적용받을 수 있도록 규정하고 있다.

예를 들어 개인 기업이 5억 원에 취득한 사업장이 현재 50억 원으로 감정 평가되어 현물 출자 방식으로 법인 전환했고 10년 후에 100억 원에 매각한다면, 법인이 법인 전환 시점의 양도 차익 45억 원에 대해 양도소득세로, 매각할 때 양도 차익 50억 원에 대해 법인세를 납부하게 된다. 즉 개인이 내야 할 양도소득세를 과세하지 않고 법인이 해당 사업장을 매각할 때 법인세로 낼 수 있게 지원해주는 것이다.

법인 전환 방식에 대해 구체적으로 살펴보면, **첫째 현물 출자에 의한 법인 전환은 개인 기업의 대표자가 개인의 사업용 자산 및 부채를 포괄적으로 현물 출자해 법인을 설립하는 방법**이다. 현물 출자란 금전이 아닌 재산으로 출자하는 것으로, 요건으로는 국내 거주자로 개인 사업자는 법인 설립 시 반드시 발기인으로 참여해야 하며 순자산 가액 이상을 출자해 상법 제299조의2에 의한 현물 출자 증명을 위해 감정인의 감정을 받아 감정 결과를 법원에 보고해야 한다. 요건이 충족되면 양도소득세를 이월 과세받을 수 있고, 취득세 감면, 부가세 면제 등 조세 혜택이 있다.

둘째, 세금 감면 사업 양·수도 방식에 의한 법인 전환 방법이다. 개인 기업의 대표자가 설립 법인의 발기인이 되어 먼저 개인 기업의 순자산 가액 이상의 자본금으로 법인을 설립한 후, 동 법인이 개인 기업의 사업용 자산 및 부채를 포괄적으로 인수해 법인 전환하는 방법이다. **현물 출자 방식과 달리 법인을 먼저 설립 후 개인사업자와 법인 간 사업을 양도·양수하는 방식으로 진행되기 때문에, 현물 출자방식에 비해 비교적 절차가 간단하며 소요 기간도 짧다.** 현물 출자방식과 같이 조세특례제한법상 세금 감면 효과를 적용받을 수 있기 때문에 현금 유동성이 풍부하다면 사업 양·수도 방식이 유리하다.

셋째, 중소기업 간의 통합 방식이다. 개인 사업자의 자산을 기존 법인에 승계하는 등 중소기업 간의 통합으로 인해 소멸하는 중소기업이, 사업용 고정자산을 통합으로 설립된 법인 또는 통합 후 존속하는 법인에 양도

현물출자에 의한 법인 전환 방식

개인 기업의 사업과 관련된 모든 자산과 부채를 포괄적으로 현물 출자하여 법인 설립

개인 기업 → 법인 기업

(양도소득세 이월과세, 취득세 감면, 부가세 면제 등 조세혜택)

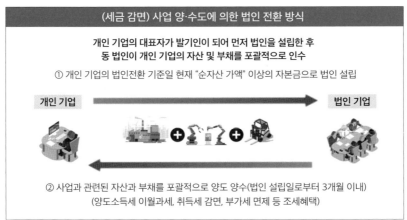

(세금 감면) 사업 양·수도에 의한 법인 전환 방식

개인 기업의 대표자가 발기인이 되어 먼저 법인을 설립한 후
동 법인이 개인 기업의 자산 및 부채를 포괄적으로 인수

① 개인 기업의 법인전환 기준일 현재 "순자산 가액" 이상의 자본금으로 법인 설립

개인 기업 → 법인 기업

② 사업과 관련된 자산과 부채를 포괄적으로 양도 양수(법인 설립일로부터 3개월 이내)
(양도소득세 이월과세, 취득세 감면, 부가세 면제 등 조세혜택)

하는 경우, 그 사업용 고정자산에 대해서는 양도소득세 이월과세를 적용
받을 수 있다.[45]

　다만 양도소득세 이월과세는 해당 사업용 고정자산이 주택 또는 주택
을 취득할 수 있는 권리인 경우는 제외하며 호텔업 및 여관업, 주점업, 그
밖에 오락·유흥 등을 목적으로 하는 소비성 서비스업도 지원 대상에서

---

45 조세특례제한법 제31조(중소기업 간의 통합에 대한 양도소득세의 이월과세 등)

제외된다.

끝으로 가장 간단한 일반 사업 양·수도 방식이 있다. 먼저 법인을 설립하고 설립된 법인과 기존 개인 기업이 사업 양·수도 계약을 체결한 후 개인 기업의 자산과 부채 중 일부를 법인에게 이전하는 방법이다. 조세 지원혜택이 없어 개인 사업자 소유의 부동산이 있는 경우 양도소득세, 취득세가 과세되니 부동산이 없는 경우 사업 양·수도 방식이 유리할 수 있다.

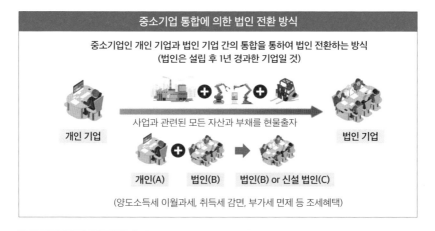

중소기업 통합에 의한 법인 전환 방식

중소기업인 개인 기업과 법인 기업 간의 통합을 통하여 법인 전환하는 방식
(법인은 설립 후 1년 경과한 기업일 것)

사업과 관련된 모든 자산과 부채를 현물출자

개인 기업　　　　　　　　　　　　　　　　　　　　　　　법인 기업

개인(A)　　　법인(B)　　　법인(B) or 신설 법인(C)

(양도소득세 이월과세, 취득세 감면, 부가세 면제 등 조세혜택)

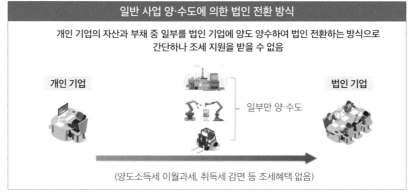

일반 사업 양·수도에 의한 법인 전환 방식

개인 기업의 자산과 부채 중 일부를 법인 기업에 양도 양수하여 법인 전환하는 방식으로
간단하나 조세 지원을 받을 수 없음

개인 기업　　　　　　　　　　　　　　　　　　　　　　　법인 기업

일부만 양·수도

(양도소득세 이월과세, 취득세 감면 등 조세혜택 없음)

법인 전환 유형

법인 전환 방식	조세 지원	장 점	단 점
현물 출자에 의한 방식	○	현물(자산/부채)로 출자하므로 현금 부담이 적음	법인 설립 때까지 비교적 많은 시간이 소요되고, 감정평가사에 의한 자산 감정, 공인회계사에 의 한 회계 감사, 법원 승인 절차 필요
세 감면 사업 양·수도 방식	○	현물 출자보다 간편한 절차	설립 시 순자산 가액 이상의 현금이 필요하므로 일시적인 자금 마련의 부담이 존재
중소기업 통합방식	○	조세 지원 가능	법인 전환 시 개인 기업의 과거 가업 영위 기간이 단절되고 통합일로부터 가업영위 기간을 기산함
일반 사업 양·수도 방식	X	부동산 양도에 따른 조세 지원은 없으나 가장 쉽고 간편한 방법임	기존 기업의 영위 기간이 단절되며, 법인 전환에 따른 세금과 비용을 모두 부담

세 감면 사업 양·수도 방식의 법인 전환 일정 및 절차

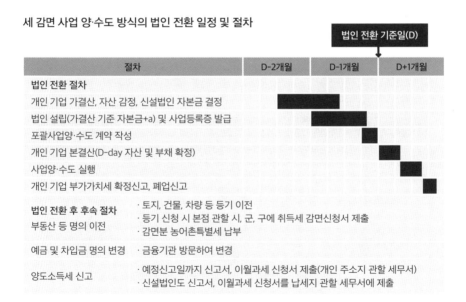

절차	D-2개월	D-1개월	D+1개월
법인 전환 절차			
개인 기업 가결산, 자산 감정, 신설법인 자본금 결정			
법인 설립(가결산 기준 자본금+a) 및 사업등록증 발급			
포괄사업양·수도 계약 작성			
개인 기업 본결산(D-day 자산 및 부채 확정)			
사업양·수도 실행			
개인 기업 부가가치세 확정신고, 폐업신고			

법인 전환 후 후속 절차	
부동산 등 명의 이전	· 토지, 건물, 차량 등 등기 이전 · 등기 신청 시 본점 관할 시, 군, 구에 취득세 감면신청서 제출 · 감면분 농어촌특별세 납부
예금 및 차입금 명의 변경	· 금융기관 방문하여 변경
양도소득세 신고	· 예정신고일까지 신고서, 이월과세 신청서 제출(개인 주소지 관할 세무서) · 신설법인도 신고서, 이월과세 신청서를 납세지 관할 세무서에 제출

현물 출자 방식의 법인 전환 일정 및 절차

구분	절차	D-2주	D-1주	D+1월	D+2월
법인 전환 절차	법인 설립 준비(발기인 구성, 상호 결정 등)	■			
	개인 및 법인 간 현물출자계약서 작성		■		
	법인 사업자등록 신청		■		
	개인 기업 자산의 감정		■		
	개인 기업 결산	■	■		
	공인회계사의 회계감사			■	
	개인 기업 부가가치세 확정신고 + 폐업신고			■	
	현물출자가액과 신설법인 자본금 결정			■	
	주식회사 실체 구성			■	
	정관의 작성 및 공증			■	
	검사인 조사(감사보고서, 감정평가서)				■
	법인 설립 등기				■
	세무서에 법인등기부등본 등 미비 서류 제출				■
법인 전환 후 후속 절차	부동산 등 명의 이전 — 토지, 건물, 차량 등 등기 이전				
	등기 신청 시 본점관할 시, 군, 구에 취득세 및 등록세 감면 신청서 제출				
	감면분 농어촌특별세 납부서 교부받아 납부				
	현물출자 시 국민주택채권 매입 면제신청서 제출				
	예금 및 차입금 명의 변경 — 금융기관에 방문하여 변경				
	양도소득세 신고 — 예정신고일까지 신고서, 이월과세 신청서 제출(개인 주소지 관할 세무서)				
	신설법인도 신고서, 이월과세 신청서를 납세지 관할 세무서에 제출				

<small>법인 전환 기준일(D)</small>

출처: IBK컨설팅

사업의 포괄 양도 · 양수 계약서

(갑) 상 호 :
　　대 표 :
　　주 소 :

(을) 상 호 :
　　대 표 :
　　주 소 :

"갑"이 운영하고 있는 ○○사업에 관한 일체의 권리와 의무를 "을"이 포괄적으로 양도 · 양수함에 대해 다음과 같이 계약을 체결한다.

제1조 【목적】 본 계약은 "갑"이 운영하고 있는 위 사업에 관한 일체의 권리와 의무를 "을"이 포괄적으로 양수함으로써 부가가치세법에 의한 사업양도를 함에 그 목적이 있다.

제2조 【사업 승계】 사업 양도 · 양수일 현재 "갑"과 거래 중인 모든 거래처는 "을"이 인수해 계속거래를 보장하며, "갑"이 기왕에 발생한 계약이 사업 양수일 이후 해지될 경우에는 "을"의 책임 하에 인수 · 처리하도록 한다.

제3조 【양도 · 양수 자산 · 부채 및 기준일】 "을"은 20○○년 ○월 ○일을 양도 · 양수 기준일로 해 동일 현재의 "갑"의 장부상 자산총액과 부채총액을 인수하기로 한다.

제4조 【양도 · 양수가액】 양도 · 양수가액은 제3조의 자산총액에서 부채총액을 차감한 잔액으로 한다.

제5조【양도·양수대금의 지급】양도·양수대금은 제4조에서 정한 방법에 의한 방법에 의해 계산된 금액을 지급하되, 구체적인 지급 방법과 지급 기일은 "갑"과 "을"이 별도로 약정한 증여 계약에 의해 "갑"이 "을"에게 증여하기로 한다.

제6조【협조 의무】"갑"은 "을"이 사업을 양수함에 따른 제반절차를 수행하는 데 적극 협조해야 한다.

제7조【기타】본 계약내용 이외에도 사업 양도·양수에 관해 협정할 사항이 발생한 경우에는 "갑"은 "을"쌍방 협의에 의해 정하기로 한다.

이상의 계약내용에 대해 "갑"은 "을"은 성실히 이행할 것을 약속하며 후일을 증명하기 위해 본 계약서 2통을 작상하고 각 1통씩 보관하기로 한다.

2025년 월 일

갑 :　　　　(인)
을 :　　　　(인)

12. 법인 전환 후 사후 관리 위반 시 양도소득세가 과세된다

어느 날 한 통의 전화가 사무실로 걸려 왔다. 전화를 받으니 대표자는 거래 중인 은행 영업점에서 전화번호를 알려줘 연락했다며 자신을 소개한 후 내용을 설명했다. 본인은 약 3년 전 매출이 증가해 조세 지원을 받는 방법으로 개인 사업자를 법인 전환했고 자녀가 회사에 입사하자 책임감 있게 일하라는 의미로 본인 주식 100% 중 60%를 증여했는데, 얼마 전 세무서로부터 약 7억 원의 세금을 납부하라는 통지가 와서 놀란 마음에 전화했다는 것이었다.

조세특례제한법 제32조 '법인 전환에 대한 양도소득세의 이월과세' ⑤항에서는 조세 지원이 되는 법인 전환 후 5년 이내에 ㉠ 승계받은 사업을 폐지하는 경우[46] ㉡ 법인 전환으로 취득한 주식 또는 출자 지분의 100분의 50 이상을 처분하는 경우[47]에는 양도소득세를 이월과세받은 거주자가 2개월 이내에 이월과세액을 양도소득세로 납부하도록 하고 있다.

---

46 해당 법인이 현물 출자 또는 사업 양도·양수 방법으로 취득한 사업용 고정자산의 2분의 1 이상을 처분하거나 사업에 사용하지 않은 경우
47 주식 또는 출자 지분의 유상 이전, 무상 이전, 유상 감자 및 무상 감자를 포함

법인 전환에 대한 양도소득세의 이월과세 사후 관리 예외 조항

㉠ 승계받은 사업을 폐지하는 경우로 보지 않는 경우(조세특례제한법시행령 29조⑥)

1. 전환법인이 파산하여 승계받은 자산을 처분한 경우

2. 전환법인이 「법인세법」 제44조 제2항에 따른 합병, 같은 법 제46조 제2항에 따른 분할, 같은 법 제47조 제1항에 따른 물적분할, 같은 법 제47조의2 제1항에 따른 현물 출자의 방법으로 자산을 처분한 경우

4. 전환법인이 「채무자 회생 및 파산에 관한 법률」에 따른 회생절차에 따라 법원의 허가를 받아 승계받은 자산을 처분한 경우

㉡ 법인 전환으로 취득한 주식 또는 출자지분의 100분의 50 이상을 처분하는 경우로 보지 않는 경우(조세특례제한법시행령 29조⑦)

1. 법 제32조 제1항을 적용받은 거주자(이하 이 조에서 "해당 거주자"라 한다)가 사망하거나 파산하여 주식 또는 출자지분을 처분하는 경우

2. 해당 거주자가 「법인세법」 제44조 제2항에 따른 합병이나 같은 법 제46조 제2항에 따른 분할의 방법으로 주식 또는 출자지분을 처분하는 경우

3. 해당 거주자가 법 제38조에 따른 주식의 포괄적 교환·이전 또는 법 제38조의2에 따른 주식의 현물 출자의 방법으로 과세 특례를 적용받으면서 주식 또는 출자지분을 처분하는 경우

4. 해당 거주자가 「채무자 회생 및 파산에 관한 법률」에 따른 회생절차에 따라 법원의 허가를 받아 주식 또는 출자지분을 처분하는 경우

5. 해당 거주자가 법령상 의무를 이행하기 위해 주식 또는 출자지분을 처분하는 경우

6. 해당 거주자가 가업의 승계를 목적으로 해당 가업의 주식 또는 출자지분을 증여하는 경우로서 수증자가 법 제30조의6에 따른 증여세 과세 특례를 적용받은 경우

해당 대표자의 경우처럼 법인 전환 후 많이 실수하는 점은 양도소득세 이월과세를 적용받은 거주자가 법인설립일로부터 **5년 이내에 법인 전환에 따라 취득한 주식 또는 출자 지분의 100분의 50 이상을 자녀에게 증여하는 경우인데, 법인 전환 이월과세 사후 관리 규정이 적용되어 개인이 양도소득세를 내야 하니 특별히 주의해야** 한다.

그렇다면 법인 전환 후 5년이 지난 후에 주식 100%를 타인에게 양도하고, 이후에 법인이 이월과세받은 부동산을 제삼자에게 양도했다면 부동산 양도 시 과거 이월 과세한 세액에 대해서 납부 의무자는 누구일까? 법인이 양도했으므로 법인이 이월과세액을 부담해야 할지 또는 주식을 양도한 과거 주주가 이월과세액을 신청했으므로 양도 시점에 과거 주주가 부담해야 하는지 문의한 국세청 상담 사례의 경우, **5년이 경과한 경우에는 법인이 납세 의무자가 될 것이라고 답변했다.**

국세청 상담 사례

제 목	법인 전환에 따른 양도소득세 이월과세 납부 의무자 문의
답변일	2023 .8. 31

질문

1.【사실관계】개인 사업자는 2015년에 법인 전환이라면서 부동산에 대한 양도소득세를 이월과세 신청했습니다. 법인 전환 후 개인 사업자는 100% 주주가 되었으며 2022년에 주식 100%를 타인에게 양도했습니다. 그 이후 법인은 2023년에 이월과세를 적용받은 부동산을 양도했습니다. 최초 법인 전환 후 부동산 양도는 5년이 경과된 상황입니다.

2.【질의사항】부동산 양도 시 과거 이월과세된 세액에 대해서 납부의무자는 누구인가요? 갑설) 법인이 양도했으므로 법인이 이월과세액을 부담한다. 을설) 주식을 양도한 과거 주주가 이월과세액을 신청했으므로 양도 시점에 과거 주주가 부담한다.

안녕하십니까? 항상 국세 행정에 대한 관심과 협조에 감사드리며, 답변내용이 도움이 되시기 바랍니다.

귀 상담의 경우, 아래 조세특례제한법 제32조(법인 전환에 대한 양도소득세의 이월과세) 제5항에서, 법인의 설립 등기일부터 5년 이내에 다음 사유가 발생하는 경우에는 거주자가 사유 발생일이 속하는 달의 말일부터 2개월 이내에 제1항에 따른 이월과세액을 양도소득세로 납부해야 한다고 규정하고 있으므로,

- 제1항을 적용받은 거주자가 법인 전환으로 취득한 주식 또는 출자 지분의 100분의 50 이상을 처분하는 경우

5년이 경과한 경우에는 법인이 납세 의무자가 될 것으로 보입니다.

출처 : 국세청 홈택스

핵심 정리

○ 기업의 성장에 따라 개인 기업을 법인 전환할 때에는 부동산 보유 등 자산이나 권리 보유 상황에 맞게 법인 전환해야 개인 기업의 사업 영위 기간 및 영업 실적을 인정받을 수 있으니 주의해야 한다.

○ 개인 기업의 법인 전환 방법에는 현물 출자에 의한 법인 전환, 사업 양·수도에 의한 법인 전환, 중소기업 통합에 의한 법인 전환, 일반 법인 전환의 방법이 있으니 조세 지원 여부 등 장단점을 잘 이해하고 진행해야 한다.

○ 법인 전환에 따라 양도소득세 이월과세를 적용받은 후 5년 이내에 승계받은 사업을 폐지하거나, 법인 전환으로 취득한 주식 또는 출자 지분의 100분의 50 이상을 처분할 때는 2개월 이내에 이월과세액을 양도소득세로 내야 하니 주의해야 한다.

기업 신용 등급 향상 전략

13. 기업 신용 등급, 대출 금리와 직결된다

기업 신용평가란 기업의 신용 능력을 평가하기 위해 재무 및 비재무적 요소를 분석, 평가해 그 기업의 부실 위험도와 신용 상태를 신용 등급으로 기호화해 나타내는 것을 말한다. 금융기관에서는 금융감독원으로부터 승인받은 기업 신용평가 모형 시스템(Credit Rating System)을 외부감사 기업, 비외감 일반기업, 소기업 등으로 기업 규모에 따라 구분해 모든 기업을 대상으로 평가하고 예금, 신용카드 등 제반 거래 정보까지 반영해 여신 심사 등 의사 결정 과정에 기업의 신용도 및 신용 거래 능력을 판단하는 지표로 활용하고 있다.

특히 최근에는 심사자의 자의적 해석 여지가 큰 비재무 평가 부분을 대폭 정량화해 평가의 객관성 및 변별력을 높였고, ESG(환경·사회·지배구조) 경영 관련 평가 항목을 신설해 더욱 정교한 신용평가 체계를 구축해 대출 금리에 적용하는 등 기업 여신 업무 전반에 활용하고 있다.

생활용품 제조업을 영위하던 대표자는 부동산 경매 입찰 경험이 많고 대학에서 특강 시간에 실전 경매 강의도 요청받는 베테랑이었다. 특히 일반 매각 물건이 아닌 유치권 신고 물건 등 특수 조건이 부여되어 일반이 쉽게 참여하지 못하는 복잡한 경매 사건이 주요 관심사였다.

어느 날, 대표자가 제약회사로 사용하던 부동산을 낙찰받았다며 경락자금대출을 문의해왔다. 내용을 들어보니 유치권 신고 등으로 감정가 대비 몇 차례 유찰이 진행된 물건으로 최초 감정가는 100억 원 이상이었으나, 30억 원대로 낙찰을 받았다는 것이다. 해당 회사의 재무 자료를 살펴보니 그간 회사가 대출이 없는 무차입 경영을 해서인지 재무제표 상태가 엉망이었다. 회사는 절세를 목적으로 최근 3년간 영업 적자를 나타내 자본잠식 상태였고 이에 따른 회사의 신용 등급은 대출을 취급할 수 없는 수준이어서 경락자금 대출은 부결되었고, 대표자는 자금을 마련하느라 큰 어려움을 겪었다.

대표자에게 회사의 재무제표가 왜 이렇게 되었냐고 문의하니 본인도 크게 신경을 안 쓰고 있었는데, 지금 설명을 듣고 자료를 보니 이해할 수 없다는 것이다. 문제는 **회사의 신용평가는 1년 단위로만 작성하기에** 현 시점에서 자본금을 증자해 자기자본을 확충한다고 하더라도, 내년에나 반영할 수 있으니 평소 거래하는 세무사 사무실 또는 회계법인과 협의해 재무제표 관리를 통한 신용 등급 향상 노력이 중요하다.

회사의 신용 등급 체계

신용 등급	등급 정의
AAA	상거래를 위한 신용능력이 최우량급이며, 환경변화에 충분한 대처가 가능한 기업
AA	상거래를 위한 신용능력이 우량하며, 환경변화에 적절한 대처가 가능한 기업
A	상거래를 위한 신용능력이 양호하며, 환경변화에 대한 대처 능력이 제한적인 기업
BBB	상거래를 위한 신용능력이 양호하나, 경제여건 및 환경악화에 따라 거래안정성 저하 가능성이 있는 기업
BB	상거래를 위한 신용능력이 보통이며, 경제여건 및 환경악화 시에는 거래안정성 저하가 우려되는 기업
B	상거래를 위한 신용능력이 보통이며, 경제여건 및 환경악화 시에는 거래안정성 저하 가능성이 높은 기업
CCC	상거래를 위한 신용능력이 보통 이하이며, 거래안정성 저하가 예상되어 주의를 요하는 기업
CC	상거래를 위한 신용능력이 매우 낮으며, 거래의 안정성이 낮은 기업
C	상거래를 위한 신용능력이 최하위 수준이며, 거래위험 발생 가능성이 매우 높은 기업
D	현재 신용위험이 실제 발생했거나, 신용위험에 준하는 상태에 처해 있는 기업

14. 회계 처리 변경만으로도 기업 신용 등급이 향상된다

기업 신용 등급 향상을 위해서는 자본 증자, 대출 및 신용카드 연체 예방 등 다양한 노력이 필요하나, 일부는 단순히 회계 처리 방법만 변경해도 재무구조 개선 효과를 얻을 수 있다.

자산 재평가[48]를 통해 자산을 현실에 적합한 가액으로 그 장부가액을 증액해서 재무구조를 개선할 수 있는 것이다. 자산을 재평가하며 부채비율이 감소하고 자본 증자의 효과로 신용등급이 상승하여 대출금리 등을 좋은 조건으로 대출받을 수 있다.[49]

자산 재평가에 따른 회계 처리 및 효과

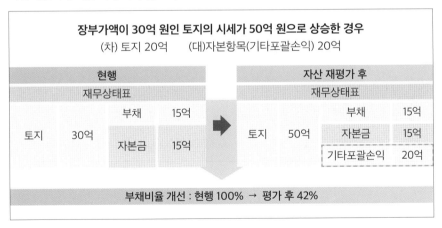

---

48 자산 재평가는 유형자산의 그룹별(토지, 건물 등)로 평가할 수 있으며, 같은 그룹 내에서 일부만 평가할 수는 없다. 예를 들어 토지 10필지 중 5필지만 평가할 수는 없고 10필지 전부를 평가해야 한다.
49 자산 재평가 이익은 자본 항목인 '기타포괄 손익'으로 처리되어 세금에 영향을 미치지 않는다.

원재료 매입가격이 지속해서 상승하는 경우 재고자산 평가 방법 변경을 통해 안정성 지표, 부채 상환능력 지표 개선 효과를 볼 수 있다. 재료비, 노무비 등 원가 상승 시 선입선출이 유리하고, 원가 하락 때 후입선출이 유리하다. 실행이 쉽고, 자금 부담이 없는 장점이 있다.

공장에서 건축물 개량, 증축, 승강기나 냉난방 시설 등 대규모 수선이 발생하는 경우 유형자산 자본적 지출을 통해 해당 비용을 자산화할 수 있다. 연구개발 활동으로 인한 비용이 많은 경우 개발비 인식을 통해 자산 인식을 극대화할 수 있다.

주주 차입금 출자 전환은 회사의 주주, 대표이사 등으로부터 가수금으로 차입한 것을 자본으로 전환하며 자본 확충, 부채 감소의 효과가 있어 단시간 내에 재무 상황 개선이 불투명한 회사의 재무안정성을 높이는 데 유리하다.

주주 또는 임원에 대한 가지급금이 있는 경우 년도 말 시점에 상환하도록 해 현금을 확보하는 것이 유리하다. 과다한 가지급금은 비재무적인 평가지표에도 악영향을 미치므로 여유자금이 있으면 상환하는 것이 좋다.

참고로 회사에서 신용평가 목적의 재무제표를 은행에 제출하면, 은행에서는 회사에서 제출한 재무제표 오류를 체크하게 되고 자체적으로 수정 분개를 하게 되는데, 대표적인 수정 사항은 다음과 같다.

먼저 재무제표상 차입금 합계가 은행연합회 차입금 정보와 불일치할 때는 누락된 차입금을 찾아 수정 분개한다. 재무제표상에서 차입금으로 합산되는 계정은 유동부채 중 단기사채, 단기차입금, 유동화 채무, 유동성장기부채가 있고 비유동부채 중에는 장기사채, 장기차입금, 금융리스 부채, 유동화 채무가 있다. 이들의 합계가 은행연합회 기업 여신 정보와 불일치하는 경우 은행은 해당 계정을 수정 분개한다.

단기차입금을 누락한 경우

구 분	차 변	대 변
법 인	주주 임원 단기대여금	단기차입금
개 인	자본금	단기차입금

장기차입금을 누락한 경우

구 분	차 변	대 변
법 인	주주 임원 장기대여금	장기차입금
개 인	자본금	장기차입금

예금과 차입금을 상계한 경우

구 분	차 변	대 변
법인/개인	예금	단기차입금

금융리스를 누락한 경우

구 분	차 변	대 변
법인/개인	금융리스 자산	금융리스 부채

법인세 차감 전 이익이 있는데도 법인세 비용을 미계상한 경우, 세무 조정계산서 책자 등에서 과세 표준액을 파악하고 이에 따른 법인세 비용을 파악해 수정한다.

법인세 비용 미계상한 경우

구 분	차 변	대 변
법인	계속사업 손익법인세 비용 (손익계산서)	미지급 법인세

또한 현금의 유입 또는 지출은 있었으나, 정당 계정과목을 확정할 수 없을 때 임시로 사용하는 부채 또는 자산계정으로 결산하는 시점에서는 거래 내용을 파악해 정당한 계정과목으로 분류해야 하는 가수금, 가지급금은 다음과 같이 수정한다.

가수금 계정 계상
- 대표이사나 임원이 회사 운영을 위해 내놓은 개인 자금을 가수금 처리한 경우

구 분	차 변	대 변
법 인	가수금	주주, 임원, 종업원 단기대여금
개 인	가수금	자본금

가지급금 계정 계상
- 대표이사나 임원이 회사 자금을 사용하고 가지급금 처리한 경우

구 분	차 변	대 변
법 인	주주, 임원, 종업원 단기대여금	기지급금
개 인	자본금	가지급금

특히 재무제표 계정 간 일치 여부도 확인하는데, 당연히 일치해야 할 항목이 불일치하는 경우 제출된 재무제표의 신뢰성에 의심을 두게 되니 계정 간 일치 여부를 꼭 확인하기를 바란다.

재무상태표	손익계산서	제조원가명세서
기말 상품 재고	기말 상품 재고	
기말재공품 재고		기말재공품 재고
기말 제품 재고	기말 제품 재고	

15. 가지급금 정리는 장기적인 상환 형태가 가장 안전하다

가지급금이란 특수 관계자에게 당해 법인의 업무와 관련이 없는 자금의 대여액을 말한다. 세법에서는 자금을 금융기관에 예치하면 이자 소득이 발생해 법인의 소득이 증가하는데도 대표이사 등이 무상으로 유용해 법인에 손실을 초래한다고 보고, 가지급금을 엄격히 보고 있다.

먼저 신용평가 때 재무적 문제점으로는 가지급금은 기업 평가 때 실질 자산으로 보지 않고 인정 이자는 실질 수익에서 차감하며, 회계 시스템이 취약하거나 대표이사의 사적 자금 사용이 있는 것으로 부정적인 이미지를 줄 수 있다.

또한 세무상 문제점으로는 4.6%의 인정 이자를 법인의 수익으로 계산해 법인세 부담이 커지고, 법인이 금융기관으로부터 차입한 대출금 지급 이자는 비용 처리가 가능하다. 다만 총지급 이자 중에서 가지급금 해당액만큼은 비용 처리가 안 돼 법인세가 늘어나게 되며, 특수 관계인에게 해당 법인의 업무와 관련 없이 지급한 가지급금은 가업 승계와 관련해 사업 무관 자산에 해당해 가업 상속 공제 대상에서 제외된다.[50]

또한 가지급금 인정 이자를 대표이사가 1년 내 입금하지 않으면 법인세법상 대표자 상여 처분으로 대표자의 소득금액에 합산해 소득세를 더 부담해야 하며, 가지급금 잔액이 있는 상태에서 법인이 폐업하게 되면 가지급금 잔액은 대표자에 대한 인정상여로 처분되어 소득세 추징 가능성이 커지니, 가지급금을 지속해서 줄이기 위해 노력해야 한다.

필자가 현장에서 만난 대표자 중에는 그럴듯한 이름으로 중소기업 컨설팅 전문가라며 접근한 사람들이 제시한 가지급금 정리 방법대로 했다가 세무조사를 받고 세금을 추징당하는 일도 부지기수였다.

이들의 대표적 컨설팅 사례를 살펴보면, 대표자의 가지급금 정리를 위해 배우자 간 증여공제가 6억 원까지 가능한 점을 활용해 배우자에게 대표자 소유 법인주식 6억 원을 증여하도록 하고, 배우자는 증여받은 주식을 법인에 양도한 후 법인으로부터 양도 대금으로 6억 원을 받아 대표자에게 다시 지급해 가지급금을 상환하도록 했다가 국세청 기획조사에서 대표자가 직접 법인에 주식을 양도한 것으로 보고 소득세를 부과했고, 납세자의 조세 불복에도 이러한 거래가 조세 회피 목적에서 비롯되었다고 봄이 타당하다는 조세심판원이 판단한 사례가 있다.

이는 기업에서 발생한 이익을 주주에게 배당하지 않고, 법인의 자본을 줄이는 방식인 이익소각을 이용한 제도로 상법상 절차, 자금의 흐름 등 제반 조건을 충족하면 증여세와 양도소득세를 절세할 수 있어 효과적

---

50 2020. 10. 15. 서면-2020-법령해석재산-2768

이다. 즉 부부끼리는 10년간 6억 원까지 증여세가 부과되지 않기 때문에 6억 원 상당의 법인 주식을 배우자에게 증여하면 증여세가 0원이고, 배우자가 해당 주식을 법인에 매각해 이익 소각하면 양도가액과 취득가액이 같아서 양도소득세도 0원이므로, 6억 원을 증여세 및 양도소득세 부담 없이 법인에서 인출할 수 있다는 것이다.

대법원 판례에서도 납세 의무자는 경제활동을 할 때 동일한 경제적 목적을 달성하기 위해 여러 가지 법률관계 중 하나를 선택할 수 있고, 과세 관청으로서는 특별한 사정이 없는 한 당사자들이 선택한 법률관계를 존중해야 하며, 부부 간 증여에 대해 6억 원 범위에서 증여세를 부담하지 않고 증여 당시 가액을 취득가액으로 봄으로써, 의제 배당 소득이 없게 된다는 사정이 있다며 이러한 주식 증여 행위를 부인하는 것은 입법 태도

조세심판원 2020. 9. 15. 조심 2020부1593

쟁점 주식의 실제 소유자를 청구인으로 보아 쟁점 배당 소득을 소득금액에 합산해 종합소득세를 과세한 처분의 당부

○ 실질적으로 청구인은 본인 소유의 쟁점 주식을 쟁점 법인에 양도하고 그 대가를 지급받은 것이고, 배우자에 대한 쟁점 주식의 증여, 쟁점 법인의 쟁점 주식 양수 및 소각 등 쟁점 주식과 관련해 청구인이 선택한 법적 형식은 조세 회피의 목적에서 비롯되었다고 봄이 타당하다 할 것이므로, 처분청이 쟁점 주식의 실제 소유자를 청구인으로 보아 쟁점 배당 소득을 청구인의 종합소득금액에 합산해 청구인에게 종합소득세를 과세한 이 건 처분은 달리 잘못이 없는 것으로 판단

와도 맞지 않아 부당하다고 판결했다.[51] 여기서 중요한 점은 주식의 매각 대금이 수증자(배우자)에게 귀속되었을 때 한정되며, 다시 주식을 증여한 대표자에게 대금을 지급할 때는 실질과세 원칙에 따라 과세될 수 있으니 주의해야 한다.

또한 특허권의 양·수도는 국세청의 대표적인 기획조사 항목으로 특허권이 법인의 수익 창출에 기여했는지 여부, 법인의 인적·물적 자원을 활용해 발명한 것인지를 검토해 특허권의 소유권을 엄격히 심사해도 특허권을 단순히 대표자 개인 명의로 출원 및 등록했다고 해서, 개인의 지적재

조세심판원 2022. 6. 9. 조심2022구0050

쟁점 특허권의 실질적 소유권이 청구 법인에게 있는 것으로 보아 관련 감가상각비를 손금 부인하고 해당 양수 대금을 상여로 소득금액 변동 통지한 처분의 당부

○ 쟁점 특허권의 출원자인 ○○○이 비록 청구 법인의 주된 업무와 관련된 분야를 전공했다고는 하나 관련 분야에 종사한 사실이 전혀 없이 청구 법인에 입사한 지 3개월여 만인 쟁점 특허권을 출원했다는 청구 주장을 사회 통념상 받아들이기 어려운 점, 청구 법인은 ○○○이 쟁점 특허권을 청구 법인의 도움 없이 독립적으로 발명한 것임을 주장하며 발명 노트를 제출했으나, 해당 발명 노트를 ○○○이 작성했음을 인정한다 하더라도 발명 노트 작성 사실만을 가지고 쟁점 특허권이 ○○○ 단독으로 개발된 것이라 단정하기 어려운 점 등에 비추어 청구 주장을 받아들이기 어렵다고 판단

---

51 대법원 2024. 9. 12. 선고 2024두24659 판결. 수원고등법원 판결(2023누14332, 2024년 4월 5일)을 대법원이 심리불속행으로 기각하며 원심이 확정

산권으로 판단하고 특허권을 외부 평가기관의 평가를 받아 법인에 양도한 후 그 대가로 법인으로부터 매각 대금을 받았다가, 대표자 개인이 아닌 법인 소유의 특허권으로 간주해 법인세 및 소득세가 부과된 사례가 있다.

결국 이러한 행위의 최종 책임은 기업과 대표자에게 있게 되고 세무 리스크를 감당하지 못한 기업은 그동안 소중히 키운 회사를 폐업해야 하는 상황에 이르기도 하니, 대표자 급여 인상분만큼 매년 분할해 상환하거나, 매년 일정 금액을 주주 배당금으로 받아 장기적으로 상환하는 형태가 가지급금 정리 방안으로는 가장 안전한 방법이다.

핵심 정리

○ 기업의 신용 등급은 회사의 부실 위험도와 신용 상태를 신용 등급으로 기호화해 나타낸 것으로 대출 한도, 대출 금리와 직결되며 대부분 1년에 한 번만 평가하기에 평상시 재무 관리를 통한 신용 등급 향상 노력이 중요하다.

○ 기업의 신용 등급 향상을 위해서는 자본 증자, 연체 예방 등 노력이 중요하나, 일부는 회계 처리 변경만으로도 개선 효과를 얻을 수 있으니 자산 재평가, 재고자산 평가 방법 변경, 주주 차입금 출자 전환 등의 내용을 숙지해야 한다.

○ 가지급금은 대표이사의 사적 자금 사용이 있는 것으로 부정적인 이미지를 줄 수 있고 4.6%의 인정 이자를 부담해야 하며, 가업 승계와 관련해 사업 무관 자산에 해당해 가업 상속 공제 대상에서 제외되니 장기적인 상환 형태로 정리가 필요하다.

CHAPTER 3

기업의 절세 전략

16. 강력한 절세 효과, 퇴직연금제도를 도입하라

오랜 기간 부동산 개발 및 시행업을 영위하던 한 법인의 대표자는 지방 신도시 중심가에 법인명으로 택지를 분양받아 상업용 부동산을 신축해 임대 중이다. 자금 여유가 있어 수입된 임대료는 관리직원의 인건비와 대출 이자로만 지출되고, 대부분의 이익금은 사내 유보금으로 계속 적립 중이었는데 10여 간 쌓인 유보금이 상당한 금액이었다.

대표자는 고령이고 보유 중인 상업용 부동산이 향후 교통 호재로 지가 상승까지 기대할 수 있어 공시 지가가 낮은 현시점에 자녀에게 양도하고자, 부동산 감정 평가액 기준으로 매매할 때 자녀 앞으로 대출이 얼마나 가능한지와 기존에 적립된 잉여금과 이번 부동산 양도 차익으로 쌓이는 사내 유보금이 상당할 텐데, 필자에게 이를 어떻게 처리하면 좋을지 문의해왔다.

과거 사내 유보금이 많은 개인 유사 법인에 대해 유보 소득을 배당으로 간주해 개인에게 소득세를 과세하려고 했던 내용을 알고 있는 대표자는, 해당 제도가 말이 안 되는 제도로 시행이 안 되고 무산된 게 다행이라며 유보금에 대해 민감한 반응이었다.

내용인즉, 정부는 2022년부터 최대 주주 및 그 특수 관계자가 80% 이상 지분을 보유하는 법인을 개인 유사 법인으로 보고 유보 소득[52]에 대해 과세하는 내용을 발표했었다. 이는 법인의 형태로 설립되었으나, 1인 또는 소수의 주주에 의해 지배되어 실질적으로 개인과 유사한 개인 유사 법인이 소득세 최고세율은 45%에 달하지만, 법인세 최고세율은 그보다 월등히 낮은 24% 수준이다. 이 때문에 개인 사업자들은 세금을 줄이기 위해 법인을 설립하는 경우가 흔히 있다는 이유로, 개인 유사 법인 과세 제도의 입법을 추진하다가 중소기업들의 반발에 부딪혀 국회 논의 과정에서 보류되어 무산되었다.

대표자는 회사 재직기간이 길고 퇴직금을 중간 정산한 적이 없다는 점과 회사는 조달청 나라장터를 통한 관 공사에 입찰하는 영업활동을 영위하기에 회사의 신용 등급도 좋아야 한다는 점을 감안해, **대표자 입장에서는 세율이 낮은 분류과세가 적용되고 법인의 입장에서는 100% 필요 경비로 인정되는 퇴직연금제도로** 처리하는 방안을 제시했다.

---

[52] 배당 가능한 소득의 50% 및 자기자본의 10%를 초과하는 유보 소득을 보유하는 경우 배당으로 간주해 소득세를 부과함.

먼저 대표자 개인이 부담하는 종합소득세는 근로 소득, 이자 소득, 배당 소득, 사업 소득, 연금 소득, 기타 소득 6가지를 모두 합한 종합소득금액에 실제로 세금이 부과되는 금액 기준인 과세 표준에 세율을 적용해 소득세를 부과하기에 소득금액이 커질수록 높은 세율의 누진세율이 적용된다.

그러나 퇴직 소득은 종합소득금액에 포함되지 않고 분류과세된다. 따라서 대표자가 어떤 소득으로 받느냐에 따라 종합소득과세 표준에 포함되어 누진세율이 적용될 수도 있고, 분류과세가 적용되어 소득별로 정해진 세금만 내면 납세 의무가 종료되어 동일 소득이라도 세금 공제 후 실수령액에서 큰 차이가 발생한다.

일반적으로 근로 소득, 배당 소득, 퇴직 소득의 소득세를 비교하면 근로 소득세, 배당 소득세, 퇴직 소득세 순으로 적어진다. 퇴직 소득세의 세 부담이 적은 이유는 오랜 기간 형성한 소득인 만큼 세금 부담이 커지는 것을 방지하기 위해 근속연수공제, 환산급여 공제 등이 적용되기 때문이다.

대표자의 경우, 현재까지 발생한 거액의 미지급 퇴직금을 당해연도 퇴직 급여로 한꺼번에 처리하면 큰 금액의 손실이 발생해 회사의 신용평가에 매우 불리하므로, 전년도까지의 퇴직 급여는 (차변) 미처분이익잉여금 / (대변) 퇴직 급여 충당부채, 당해연도 발생하는 최근 1년 치 퇴직 급여는 (차변) 판매비와 관리비의 퇴직 급여 / (대변) 퇴직 급여 충당부채로 계상해서 대표자는 배당 소득보다 매우 낮은 세율로 향후 퇴직금을 받을 수 있고, 자녀에게 증여 또는 가업 상속 시 회사의 비상장 주식 평가에도 매우 긍정적인 영향이 있다.

퇴직 급여 회계 처리 방안

구 분	차 변	대 변
전년도까지 누적 퇴직 급여	미처분이익잉여금	퇴직 급여 충당부채
최근 1년 발생분	판매비와 관리비의 퇴직 급여	

17. 임원 퇴직금 지급 규정, 일관된 기준을 마련하라

회사가 성장기에 들어서면 이익도 증가해 이에 따른 절세방안을 찾게 되는데 이때 적용할 수 있는 대표적인 제도가 퇴직연금 제도이다. 1953년 임의 제도로 도입된 퇴직금 제도는 이후 급속한 인구 고령화, 외환위기 이후 비정규직의 증가 등 급변하는 사회·경제적 여건 속에서 퇴직금 제도의 개선을 요구하는 목소리가 높아지면서 2005년 12월 퇴직연금 제도로 시행되었다.

먼저 직원의 퇴직금은 근로자 퇴직 급여 보장법에 따라 법적으로 보장되어 있어서 회사 내부의 규정과 무관하게 반드시 지급해야 한다. 그러나 근로자 퇴직 급여 보장법은 근로자를 대상으로 하는 법이므로 사용자인 임원에게는 적용되지 않아 임원에게는 법적으로 반드시 퇴직금을 지급해야 할 의무가 없어 임원의 퇴직금은 정관에 명시되어야 하며, 일반적으로 정관에서는 주주 총회 결의를 거친 임원 퇴직금 규정에 따라 지급하도록 하고 있다.

임원의 퇴직금은 정관에 퇴직금(퇴직위로금 등을 포함)으로 지급할 금액이 정해진 경우에는 정관에 정해진 금액을 한도액으로 하며, 정관에 정해진 금액에는 임원의 퇴직금을 계산할 수 있는 기준이 정관에 기재된 경우와 정관에서 위임된 퇴직 급여 지급 규정이 따로 있는 때에는 해당 규정[53]에 의한다.

현장의 중소기업을 방문해보면 대표자 대부분은 임원 퇴직금 지급 규정이 있어야 한다는 내용은 알고 있으나, 퇴직금 지급 배수가 3배, 5배다 정도만 관심이 있고 구체적인 내용은 파악하지 못하고 있는 경우가 많았다.

대부분 외부 컨설팅을 받아 임원 퇴직금 지급 규정을 작성했다는 경우가 많았고, 인터넷으로 내려받은 샘플에 회사명만 추가해 작성한 예도 있었다. 그렇다 보니 위임 범위가 불명확하고 특정 임원 퇴직 때 임의로 변경한다거나, 임원의 적용 범위가 규정되어 있지 않아 등기이사가 아닌 전무이사, 상무이사로 불리는 사람들도 임원 퇴직금 지급 규정에 따라 퇴직금을 3배수 혹은 5배수로 지급해줄 것을 주장해 다툼이 생기는 일도 있으니 회사의 규정에 문제는 없는지 반드시 확인해보아야 한다.

특히 법인이 임원에게 퇴직금을 지급하면서 정관에 퇴직금 지급 규정에 대한 구체적인 위임사항을 규정하지 않고 '별도의 퇴직금 지급 규정에 의한다'라고만 규정해 특정 임원의 퇴직 때 임의로 동 규정을 변경해 지급할 수 있는 경우에는, 정관에서 위임된 퇴직 급여 지급 규정에 따라 지급한 것으로 보지 아니하므로 정관에서 퇴직 급여 지급 규정에 위임할 때는

---

53 법인세법 시행령 제44조(퇴직 급여의 손금불산입), 제44조의2(퇴직보험료 등의 손금불산입)

구체적인 위임의 범위를 정해야 하며 다음과 같은 내용에 주의해야 한다.

첫째, 적용 범위를 명확히 할 필요가 있다. '이 규정에서 임원이란 주주 총회의 결의로 선임된 이사, 감사로서 등기된 자에 한하며 임원에 준하는 대우를 받더라도 별도의 계약으로 근무하는 자는 그 별도의 계약에 의하며 본 규정의 적용을 받지 아니한다'라고 명시하며 불필요한 분쟁을 예방할 필요가 있다.

둘째, 특정인을 위한 제도가 아닌 임원 퇴직 때마다 계속·반복적으로 적용해온 규정이어야 한다. 임원에게 지급하는 퇴직금이 정당하게 지급한 퇴직금인지는 특정 임원의 퇴직을 앞두고 당해 임원만을 위한 퇴직금 지급 규정인지, 아니면 당해 임원의 퇴직 전·후에도 계속·반복적으로 적용해온 퇴직금 지급 규정인지, 다른 사용인에 비해 지나치게 많이 지급되는 퇴직금인지 등 제반 상황에 따라 사실 판단하는 것이다. 따라서 정관에서 위임된 퇴직금 지급 규정은 당해 위임에 의한 임원 퇴직금 지급 규정의 의결내용 등이 정당하고 특정 임원의 퇴직 때마다 퇴직금을 임의로 지급할 수 없는 일반적이고 구체적인 기준을 말한다.

셋째, 관련 서류를 꼼꼼히 작성해야 한다. 인터넷에서 내려받은 샘플이나, 타 회사에서 사용 중인 규정에 회사명만 추가해 사용하는 것은 본인 몸에 맞지 않는 옷을 입고 있는 것과 다를 바 없다. 따라서 기본적으로 회사에서 가지고 있어야 할 ① 임원 보수 및 상여금 지급 규정 ② 임원 퇴직금 지급 규정 ③ 임원 유족보상금 지급 규정을 참고해 작성하기를 바란다.

임시 주주 총회 의사록

서기 2025년 ○월○일 오전 10시 00분 본점 회의실에서 임시 주주 총회를 개최하다.

총 주주수 ○명   주식총수   00,000주
출석 주주수 ○명   출석 주식수 00,000주

대표이사 홍길동은 의장석에 등단하여 위와 같이 법정 정족수를 충족하므로 본 임시 주주 총회가 적법하게 성립됨을 알리고 개회를 선언하다.
이에 다음의 의안을 부의하고 그 심의를 구하다.

제1호 의안 : 임원 보수 등 관련 정관 변경에 대한 건
의장은 임원 보수 및 퇴직금에 대한 정관 규정을 경영상 목적 및 세법에 맞는 정관 규정으로 변경할 필요성을 설명하고 정관을 다음과 같이 변경하는 것에 대한 찬성 여부를 물은 바 전원이 이의 없이 찬성하여 해당 정관을 다음과 같이 변경할 것을 승인 의결하다.

변경 전	변경 후
제36조(보수와 퇴직금) 임원의 보수 또는 퇴직한 임원의 퇴직금은 주주 총회의 결의로 정한다.	제36조(임원의 보수와 퇴직금) ① 이사와 감사이 보수는 주주 총회의 결의를 거친 임원 보수 및 상여금 지급 규정에 의한다. ② 이사와 감사의 퇴직금은 주주 총회의 결의를 거친 임원 퇴직금 지급 규정에 의한다. ③ 이사와 감사의 유족보상금은 주주 총회의 결의를 거친 임원 유족보상금 지급 규정에 의한다.

제2호 의안 : 임원 보수 및 상여금 지급 규정에 대한 건

의장은 제1호 의안에 의해 변경된 정관 제36조 제1항에 따른 임원 보수 및 상여금 지급 규정을 만들 필요성을 설명하고, 별첨 임원 보수 및 상여금 지급 규정 제정에 대한 찬성 여부를 물은 바, 전원 이의 없이 찬성해 승인 의결하다.

별첨 : 임원 보수 및 상여금 지급 규정

제3호 의안 : 임원 퇴직금 지급 규정에 대한 건

의장은 제1호 의안에 의해 변경된 정관 제36조 제2항에 따른 임원 퇴직금 지급 규정을 만들 필요성을 설명하고, 별첨 임원 퇴직금 지급 규정 제정에 대한 찬성 여부를 물은 바, 전원 이의 없이 찬성해 승인 의결하다.

별첨 : 임원 퇴직금 지급 규정

제4호 의안 : 임원 유족보상금 지급 규정에 대한 건

의장은 제1호 의안에 의해 변경된 정관 제36조 제3항에 따른 임원 유족보상금 지급 규정을 만들 필요성을 설명하고, 별첨 임원 유족보상금 지급 규정 제정에 대한 찬성 여부를 물은 바, 전원 이의 없이 찬성해 승인 의결하다.

별첨 : 임원 유족보상금 지급 규정

이상으로써 금일 총회의 목적인 의안 전부를 심의종료하였으므로 의장은 폐회를 선언하다. 종료시간은 오전 11시 00분

위 의사의 경과요령과 결의를 명확하게 하기 위하여 이 의사록을 작성하고 의장과 출석한 이사가 아래에 기명 날인하다.

2025년 월 일

주식회사 ○ ○ ○ ○

대표이사
이 사
이 사

임원 보수 및 상여금 지급 규정

제1조【목적】

이 규정은 "주식회사 ○○○○"의 임원들의 보수 및 상여금에 관한 사항을 규정함을 목적으로 한다.

제2조【적용 범위】

① 이 규정에서 임원이라 함은 주주 총회의 결의에 의하여 선임된 이사, 감사로서 등기된 자에 한한다.

② 임원에 준하는 대우를 받더라도 별도의 계약에 의하여 근무하는 자는 그 별도의 계약에 의하며 본 규정의 적용을 받지 아니한다.

제3조【보수의 종류】

① 당사 임원의 급여는 매년 1월 1일부터 12월 31일까지를 그 대상 기간으로 하며 정기급여와 상여금으로 구성된다.

② 임원 정기급여는 제4조의 임원 급여 지급 규정에서 정한 바에 따른다.

③ 임원 상여금은 제5조의 임원 상여금 지급 규정에서 정한 바에 따른다.

④ 임원 퇴직금은 위 급여 및 상여금과 별도이며, 별도의 임원 퇴직금 지급 규정에 의한다.

제4조【임원 급여 지급 규정】

임원의 직위별 연 급여총액 한도는 아래의 임원 급여 지급 기준표에 정하는 직위별 한도액 범위 내에서 이사회의 결의로 정한다.

직 위	급여 한도액
대표이사	300,000,000원
이사 / 감사	200,000,000원

제5조【임원 상여금 지급 규정】

　① 임원의 상여금은 기본 상여금과 성과상여금으로 구분하여 지급한다.

　② 기본상여금은 아래의 직위별 기본상여금 한도액을 한도로 하여 지급하고,
　　성과상여금은 전년 대비 회사의 이익금 증가액의 30% 범위 내에서 아래의
　　직위별 임원 성과상여금 한도액을 한도로 하여 지급한다.

직 위	기본상여금 한도액	성과상여금 한도액
대표이사	정기급여의 100%	정기급여의 200%
이사 / 감사	정기급여의 100%	정기급여의 200%

제6조【개정】

　본 규정의 개정은 주주 총회에서 의결한다.

부 칙

제1조【시행일】 이 규정은 20 년 월 일부터 시행한다.

제2조【적용 범위】 이 규정은 본 규정 시행일 이전에 선임된 임원에게도 소급 적용
한다. 단, 본 규정 시행일 이전에 퇴임한 임원은 제외한다.

임원 퇴직금 지급 규정

제1조【목적】

이 규정은 "주식회사 ○○○"의 임원에 대한 퇴직금 지급에 관한 사항을 정함을 목적으로 한다.

제2조【적용 범위】

① 이 규정에서 임원이라 함은 주주 총회의 결의에 의해 선임된 이사, 감사로서 등기된 자에 한한다.

② 임원에 준하는 대우를 받더라도 별도의 계약에 의해 근무하는 자는 그 별도의 계약에 의하며 본 규정의 적용을 받지 아니한다.

제3조【지급 조건】

이 규정에 의한 퇴직금은 근속기간 만 1년 이상의 임원이 퇴직할 경우에 지급한다.

제4조【지급 사유】

임원에 대한 퇴직금은 다음 각 호에 해당하는 사유가 발생했을 때 지급한다.

1. 임기 만료에 따른 퇴임
2. 사임 또는 해임
3. 재임 중 사망

제5조【퇴직금의 산정】

① 임원의 퇴직금 산정 기준은 다음과 같다.

퇴직 전 3년간(근속연수가 3년에 미달하는 경우에는 해당 근속 기간) 급여 총액의 연평균환산액 × 1/10 × 근속연수 × 지급률로 한다.

② 임원 퇴직금의 지급률은 다음과 같다.

직 책	임원 퇴직금 지급률
대표이사	3 배
이 사	2 배
감 사	1 배

③ 임원 본인의 귀책 사유로 인해 주주 총회에서 해임 결의되거나 또는 법원의 해임 판결을 받아 퇴임하는 경우에는 근속연수가 5년 이상이더라도 지급률을 1배로 하여 퇴직금을 지급한다.

④ 근속연수 계산 시 6월 이상 1년 미만의 단수는 1년으로 하고, 6월 미만의 단수는 1년분의 지급률의 2분의 1을 적용한다.

⑤ 임원이 각 직위를 연임했을 경우에는 연임한 총 재직연수를 근속연수로 합산해서 계산한다.

제6조【지급의 방법】

① 퇴직금은 현금 지급을 원칙으로 한다. 단 퇴직자의 동의가 있는 경우에는 유가증권, 보험증서 등으로 대체할 수 있다. 이때 현금 이외의 자산 평가는 상속세 및 증여세법에 의한다.

② 임원 퇴직금은 청구일로부터 2개월 이내에 지급한다. 단, 제1항 단서에 의해 보험증서 등으로 지급하는 경우에는 해당 보험의 지급 시기에 의한다.

제7조【사망자의 퇴직금 지급】

① 사망으로 인해 퇴직한 자의 퇴직금은 유족(민법상 법정 상속인을 의미한다. 이하 같다)에게 지급한다.

② 제1항의 경우에 유족에게 본 지급 규정에 의한 금액 외에 임원 유족보상금 지급 규정에 의해 사망위로금을 지급한다.

제8조【규정의 개정】

본 규정의 개정은 주주 총회에서 의결한다.

부 칙

제1조【시행일】 이 규정은 20 년 월 일부터 시행한다.
제2조【적용 범위】 이 규정은 본 규정 시행 이전에 선임된 임원에게도 소급 적용한다. 단, 본 규정 시행일 이전에 퇴임한 임원은 제외한다.

임원 유족보상금 지급 규정

제1조【목적】

이 규정은 "주식회사 ○○○"의 임원에 대해 유족보상금 지급에 관한 사항을 정함을 목적으로 한다.

제2조【적용 범위】

① 이 규정에서 임원이라 함은 주주 총회의 결의에 의하여 선임된 이사, 감사로서 등기된 자에 한한다.
② 임원에 준하는 대우를 받더라도 별도의 계약에 의해 근무하는 자는 그 별도의 계약에 의하며 본 규정의 적용을 받지 아니한다.

제3조【유족보상금의 산정】

① 임원이 당 회사에 만 1년 이상 재임 기간 중에 사망한 경우에 그 유족에게 유족보상금을 지급한다. 단, 회사는 사망한 임원의 재임 기간이 1년 미만이라도 이사회의 결의에 의해 유족보상금을 지급할 수 있다.
② 유족보상금의 지급금액은 다음과 같다.

구 분	지급금액
대표이사, 이사, 감사	산업재해보상보험법에 따른 평균임금의 1,300일분

제4조【유족보상금 지급 방법】

① 유족보상금은 현금 지급을 원칙으로 한다. 단 퇴직자의 생전 요구가 있었거나 또는 유족의 요구 또는 동의가 있는 경우에는 유가증권, 보험증서 등 현물로 지급할 수 있다. 이때 현금 이외의 자산 평가는 상속세 및 증여세법에 의한다.

② 유족보상금은 청구일로부터 2개월 이내에 지급해야 한다. 단, 제1항 단서에 의하여 보험증서 등으로 지급하는 경우에는 해당 보험의 지급 시기에 의한다.

제5조【유족보상금 수급권자 범위/순위】

유족보상금은 민법상 법정 상속인에게 법정 상속순위에 따라 지급한다.

제6조【장의비】

임원유족보상금 지급 사유 발생 시 1,000만 원의 장의비를 유족에게 지급한다.

제7조【규정의 개정】

본 규정의 개정은 주주 총회에서 의결한다.

부 칙

제1조【시행일】이 규정은 20 년 월 일부터 시행한다.
제2조【적용 범위】이 규정은 본 규정 시행일 이후 지급 사유가 발생한 임원에게 적용한다.

그렇다면 3배수, 5배수로 설정하더라도 임원 퇴직금 규정만 적법하게 설정되어 있다면 문제가 없을까? 우선 회사로서는 정해진 근거에 따라 퇴직금을 지급하는 것이므로 비용 처리가 가능하다.

그러나 퇴직금을 받는 임원 입장에서는 다르다. 소득세법에서는 임원의 퇴직금 한도를 규정하고 있으며 2012년 1월 1일부터 2019년 12월 31일까지는 3배수로 인정했으나, 세법 개정으로 2020년부터 현재까지는 2배수까지만 인정하고 있다. 이 한도를 초과하는 소득은 퇴직 소득이 아닌 근로 소득으로 간주해 더 높은 세율이 적용되게 된다. 예를 들어 소득세법상 퇴직금 한도가 5억 원인 임원이 퇴직금으로 6억 원을 받게 되면, 5억 원은 세율이 낮은 퇴직 소득으로 계산되고 초과하는 1억 원은 근로 소득으로 분류되어 보다 높은 세율의 세금을 납부해야 한다.

결국 회사 입장에서는 퇴직연금에 사외 적립한 금액만큼 퇴직 급여 충당부채가 감소하므로, 부채비율이 감소하며 퇴직연금에 납입한 금액은 전액 손금산입되어 법인세 절감 효과가 있으니 퇴직연금제도를 적극적으로 도입해 운영할 것을 권한다.[54]

---

54 퇴직연금제도를 운영하지 않고 사내 충당금으로 계상하면 과거 일정 부분 손비 인정되던 부분이 2016년 이후에는 전혀 인정되지 않는다. (인정 추이 : 2013년 퇴직금 추계액의 15% → 2014년 퇴직금 추계액의 10% → 2015년 퇴직금 추계액의 5% → 이후 손비 인정 없음)

◈ **정관에서 위임된 퇴직 급여 지급 규정** (서면 2팀-1455, 2004. 7. 13.)

정관에서 위임된 퇴직금 지급 규정은 당해 위임에 의한 임원 퇴직금 지급 규정의 의결 내용 등이 정당하고, 특정 임원의 퇴직 시마다 퇴직금을 임의로 지급할 수 없는 일반적이고 구체적인 기준을 말하는 것으로, 당해 지급 규정의 내용에 따라 임원 퇴직 시마다 계속·반복적으로 적용해온 규정이라야 할 것으로, 만약 정관에 퇴직금 지급 규정에 대한 구체적인 위임 사항을 정하지 아니하고 "별도의 퇴직금 지급 규정에 의한다"라고만 규정하면서 특정 임원의 퇴직 시마다 임의로 동 규정을 변경·지급할 수 있는 경우에는 법인세법상 손금으로 용인할 수 있는 적정한 퇴직금 지급 규정이라 할 수는 없는 것임.

◈ **임원이 퇴직하기 전에 규정을 개정한 경우** (서이46012-11540, 2003. 8. 25.)

1. 법인의 퇴직 급여 지급 규정이 불특정 다수를 대상으로 지급 배율을 정하지 아니하고 개인별로 지급 배율을 정하는 경우에는 법인세법시행령 제44조 제4항에서 규정하는 정관에서 위임된 퇴직 급여 지급 규정으로 볼 수 없는 것이며, 특수관계자인 특정 임원에게만 정당한 사유 없이 지급 배율을 차별적으로 높게 정하는 경우에는 법인세법 제52조의 부당행위 계산 부인 규정이 적용되는 것이고,
2. 임원이 퇴직하기 전에 규정을 개정한 경우에는 당해 규정의 개정 전까지의 근속 기간에 대해도 개정된 규정을 적용할 수 있는 것임.

◈ **임원을 수익자로 하는 저축성 보험 퇴직보험 해당 여부**(서면2팀-2,000, 2004. 9. 23)

법인이 임원의 퇴직금을 지급할 목적으로 당해 임원을 수익자로 해 가입한 저축성 보험은 법인세법시행령 제44조의2 제2항에서 규정하는 퇴직보험의 범위에 해당하지 아니하는 것으로, 당해 법인이 불입한 보험료는 기본통칙 19-19…8 단서 규정에 의해 각 사업연도 소득금액 계산에 있어서 손금에 산입하지 아니하는 것임.

18. 비상장 주식 절세 전략, 순손익 가치 관리가 핵심이다

여성용 신발과 핸드백을 생산하는 대표자는 가깝게 지내는 지인에게 법인 신설 시에 대한 조언을 들었다. 법인의 재산에 대해 체납 처분을 해도 징수할 금액에 부족한 경우에는 그 법인을 실질적으로 지배하고 있는 과점 주주에게 제2차적으로 그 부족액에 대해 납부 책임을 지게 한다는 과점 주주의 2차 납세 의무 제도를 듣고 부담을 느꼈다. 이에 지인들에게 발기인으로 참여해달라고 부탁하고 본인과 지인들의 지분을 30%대로 해 과점 주주에 해당하지 않도록 창업했다.

창업 후 회사 제품이 홈쇼핑과 백화점에서 인기를 얻어 회사는 크게 성장했고 이익도 증가했다. 창업 후 회사의 성장에만 주력했던 대표자는 지인들이 소유한 주식 지분을 가져와 성인이 된 자녀들에게 주고자 거래 중인 세무사 사무실에 회사의 주식 가치를 알아봤더니, 1주당 가치가 19만 원이라는 이야기를 듣고 망연자실했다.

지인들이 소유하고 있는 주식을 양도 또는 증여 형태로 찾아오자면 세금 부담이 너무 큰 상태였다. 창업 시에는 1주당 5,000원이던 주식이 40배 가까이 상승한 상태에서 주식을 정리하기에 어려움이 발생한 것이다.

한국거래소에서 거래되는 유가증권시장 상장 법인의 주식과 코스닥 시장 상장 법인의 주식 외의 주식을 비상장 주식이라 하는데, 비상장 법인의 주주가 주식을 양도하는 경우 양도가액은 시가로 해야 한다. 매매사례가액 등 시가가 없는 경우에는 상속세 및 증여세법[55]에서 정한 보충적 평가 방법으로 1주당 가치를 평가한다. 보충적 평가 방법이란, 순손익 가치[56]와 순자산 가치[57]를 3 : 2으로 가중평균해 계산해 구한다. 즉, 1주당 비상장 주식 평가액 = 〔(1주당 순손익 가치 × 3) + (1주당 순자산 가치 × 2)〕 ÷ 5와 순자산 가치의 80% 평가액 중 큰 금액으로 계산한다.

과거에는 비상장 주식의 경우 순손익 가치와 순자산 가치를 3 : 2로 가중 평균한 금액으로 평가하도록 했으나, 과세당국은 이러한 가중평균 방식이 순손익 가치가 낮은 법인의 주식을 과소평가하게 되는 문제점이 있다고 보고, **2019년 4월부터 가중평균 방식에 의한 평가액이 순자산 가치의 80%에 미달하면 순자산 가치의 80%에 해당하는 금액으로 평가하도록 개정해 순자산 가치의 80%로 하한액을 신설했다.**[58]

예를 들어 회사의 순손익 가치와 순자산 가치를 3 : 2로 가중평균해 보충적 방법으로 산출된 금액이 10만 원이고, 회사의 순자산 가치의 80%로 산출한 금액이 20만 원이라면 회사의 1주당 평가액은 20만 원이 하한액이 되어, 절세를 위해 순손익액을 줄이더라도 순자산 가치가 감소하지 않는 한 1주당 평가액은 20만 원으로 변하지 않는다.

반대로 회사의 순자산 가치의 80% 평가액이 10만 원이고, 순손익 가치와 순자산 가치를 3 : 2로 가중평균해 계산한 금액이 20만 원으로 높게

---

55 상속세 및 증여세법 제63조 제1항 및 같은 법 시행령 제54조
56 해당 법인이 해체하거나 청산하지 아니하고 계속사업을 영위한다는 가정 하에 기업의 과거 수익가치가 향후에도 계속될 경우 해당 법인의 가치를 의미한다. 1주당 순손익 가치는 1주당 최근 3년간의 순손익액의 가중평균액을 순손익 가치환원율인 10%로 나누어 계산한다.
57 법인의 자산총액에서 부채를 차감한 순자산가액
58 상속세 및 증여세법 시행령 제54조 제1항

평가되었다면, 절세 전략을 통해 순손익 가치를 감소시켜 1주당 평가액을 하한액인 순자산 가치의 80% 평가액인 10만 원까지 낮출 수 있어 낮은 가격으로 자녀에게 주식을 증여할 수도 있으니 유리하다.

증여세 신고 기한을 증여일이 속하는 달의 말일부터 3개월인 점을 고려한 비상장 주식 절세 전략은 다음과 같다. 1주당 순손익 가치의 계산 방법은 최근 1년의 순손익 가치의 가중치는 3이고, 최근 2년의 순손익 가치 가중치는 2, 최근 3년의 순손익 가치 가중치는 1로 해 각각 곱해 계산한 후 가중치의 합인 6으로 나누어 1주당 순손익 가치를 계산한다.

즉 2024년 12월 결산 법인의 경우 2025년 3월 말까지 법인세를 내야 2024년도 순손익 실적을 이용할 수 있어, 실무적으로는 2025년 4월이 되어야 2024년 실적을 이용할 수 있고 그전에는 2023년 실적을 사용해 평가하게 된다. 결론적으로 절세를 위해 1주당 평가액을 낮게 하려면 2024년과 2023년 순손익 실적을 비교해 낮은 연도의 실적을 이용해야 1주당 가치가 낮아질 것이다. 어떻게 하면 될까?

통상 12월 결산 법인은 이듬해 법인세 신고 기한 전월인 2월쯤 되면 임시결산이 완료되어 세무 조정된 이익 결과를 개략적으로 알 수 있다. 이는 1주당 순손익 가치를 산출할 때 가장 비중이 큰 최근 연도 실적에 따라 1주당 평가액도 변하게 되므로, 확정된 2023년 이익을 적용하는 것이 유리한지 미확정된 2024년 이익을 적용하는 유리한지 판단할 수 있어 중요하다. 이익이 적은 연도를 적용하는 것이 증여에 유리하기 때문이다.

만약 2025년 2월에 1주당 평가액을 산출한다면 2024년 기준 결산이

미확정된 시기이기에 2023년 이익을 기준으로 { (2023년 이익 × 3) + (2022년 이익 × 2) + (2021년 이익 × 1) } ÷ 6 ÷ 10으로 계산하게 되고, 2025년 4월에 1주당 평가액을 산출한다면 2024년 기준 결산이 확정되어 2024년 이익을 기준으로 { (2024년 이익 × 3) + (2023년 이익 × 2) + (2022년 이익 × 1) } ÷ 6 ÷ 10으로 계산하게 된다.

결론적으로, 법인세를 내기 전인 2025년 2월에 임시결산 이익 결과를 보고 2024년도가 아닌 2023년 이익 실적을 반영하는 것이 유리하다고 판단되면 증여계약서 작성일을 소급해 2024년 12월로 작성하고, 2024년 이익 실적을 반영하는 것이 유리하다면 증여계약서를 2025년 4월 이후에 작성하면 된다. 이는 증여세 신고 기한은 증여일이 속하는 달의 말일부터 3개월이기 때문에, 2024년 12월에 증여계약서를 작성했다고 하더라도 신고 기한은 2025년 3월이 되기에 답을 보고 문제를 푸는 것처럼 손쉽게 절세 전략으로 활용할 수 있다.

앞서 설명한 내용 중 회사의 순손익 가치를 획기적으로 줄일 수 있는 가장 강력한 제도는 퇴직연금 제도이다. 퇴직연금의 사외 적립액은 전액 손비 인정을 받을 수 있기 때문이다. 그렇다면 퇴직 급여 추계액보다 많은 금액을 퇴직연금으로 선납해 비용으로 처리하면 순손익 가치가 크게 하락해 비상장 주식 평가에 유리할 텐데 선납된 금액의 손금산입이 가능할까? 정답은 가능하다. 국세청에서는 **임원의 확정기여형 퇴직연금을 퇴직 급여 추계액보다 더 많이 불입한 경우 불입한 퇴직연금 전액의 손금산입 가능하다고 해석하고 있으니 적극적으로 활용할 필요가 있다.**

비상장 주식 보충적 평가 방법

$$\text{1주당 평가액} = \frac{\boxed{\text{1주당 순손익 가치}} \times 3 + \boxed{\text{1주당 순자산 가치}} \times 2}{5}$$

1주당 순손익 가치
[(3년 전 주당 순손익) × 1 + (2년 전 주당 순손익) × 2 + (1년 전 주당 순손익)×3] ÷ 6 ÷ 10% 단, 평가기준일 3년 내 합병·분할한 경우 등에는 1주당 추정이익으로 할 수 있음

1주당 순자산 가치
평가기준일 현재 순자산가액(자산 - 부채) ÷ 총발행 주식 수

- 총자산 대비 부동산 비율 50% 이상 : 순손익 가치 2, 순자산 가치 3의 비율 적용
- 2019년 4월 1일부터는 순자산가치의 80%를 하한으로 적용함
  ☞ 비상장주식 평가액 = Max(현행 가중평균치, 순자산 가치의 80%)
- 부동산 평가액이 총자산의 80% 이상 법인, 주식가액이 자산의 80% 이상 법인, 사업 개시 후 3년 미만 법인 등 : 순자산 가치만으로 주식 가치 산정

◈ **임원의 확정기여형 퇴직연금을 퇴직 급여 추계액보다 더 많이 불입한 경우, 불입한 퇴직연금 전액의 손금산입 가능 여부** (법인, 서면-2020-법령해석법인-5074 [법령해석과-4183] , 2020. 12. 18)

내국법인이 임원의 퇴직을 퇴직 급여의 지급 사유로 하고 확정기여형 퇴직연금의 부담금을 당해 사업연도 종료일 현재 정관상 산정되는 퇴직 급여를 초과해 선불입하는 경우 미리 불입한 부담금은 납입한 사업연도의 손금에 산입한 후 퇴직 시점에 퇴직 급여 한도 초과액을 손금불산입함.

○ 퇴직연금의 사외 적립액은 전액 손비 인정을 받을 수 있어 법인세 절감 및 부채비율 감소로 기업의 재무구조 개선 효과가 있으니 퇴직연금제도를 적극적으로 도입할 필요가 있다.

○ 임원의 퇴직금 지급 규정은 일관된 기준이 중요하니 적용 범위를 명확히 하고 특정인을 위한 제도가 아닌 임원 퇴직 때마다 계속·반복적으로 적용하며 규정 내용을 꼼꼼히 작성해야 한다.

○ 비상장 주식은 대부분 매매 사례 가액 등 시가를 알 수 없으므로 상속세 및 증여세법에서 정한 보충적 평가 방법으로 1주당 가치를 평가하니 평소 회사의 순자산 가치와 순손익 가치를 파악해 절세 전략에 활용해야 한다.

양도소득세를 매도인이 아닌 매수인에게 전가할 수 있다

양도소득세는 원칙적으로 양도하는 매도인이 부담하는 거지만, 특약으로 매수인에게 전가할 수 있을까?

창호 제조업을 영위하는 한 대표자는 개인 명의로 사들인 사업장 부지 중 입구 유휴 토지를 좋은 가격 조건으로 매입하겠다는 제안을 부동산 공인중개사로부터 받았다. 매수자는 개발 행위를 위해 해당 토지가 꼭 필요하다는 견해였다. 고민해보니 토지를 취득한 지 2년에 불과해 양도소득세를 내고 나면 큰 이익이 없겠다는 생각에 매각을 거절했더니, 매수자가 매도인인 본인을 대신해 양도소득세를 부담하겠다는 의사를 전달해왔다며 이게 가능하고 적법한 것인지 필자에게 문의해왔다. 과연 매수인 의사대로 양도소득세를 전가할 수 있을까? 결론은 매매 약정 내용에 특약으로 매수인이 대납하는 조건을 붙여 계약했으면 가능하다.

통상 부동산을 매매할 때 매도인이 양도소득세를 부담하나, 부동산 매도자가 전략적으로 우위에 있을 때 양도소득세를 매수인이 부담하는 방안을 선택할 수 있고, 이 경우 거래 과정에서 발생하는 양도소득세 등

부담약정은 유효하다.[59]

매도인은 매매대금을 모두 받을 때를 기준으로 양도소득세 신고 납부를 해야 하고,[60] 양도소득세를 추가로 받으면 추가로 받은 금액을 양도가액에 포함해서 수정신고를 해야 하며 이를 이행하지 않으면 가산세를 부과당하게 된다.

흔히 토지수용 재결로 소유권을 상실하면 이때 결정된 보상금을 기준으로 양도소득세 신고 납부를 하고, 그 후 행정소송으로 보상액이 증액되면 추가로 수정신고 납부해야 하는 것과 마찬가지 법리이다.

반대로 매수인 입장에서 양도소득세 등을 부담하기로 약정했으나 그 부담세액이 계약 당시의 예상을 현저히 초과하고 만일 이러한 상황을 알았다면 계약하지 않았으리라고 인정될 때는, 계약 내용의 중요 부분의 착오로 보아 매매 계약을 취소할 수 있을 것이다.[61]

다만 양도 차익을 실지 거래액으로 계산하면서 양도소득세를 매수자가 부담하기로 약정하고 이를 실지로 지급했을 경우 동 양도소득세 상당액을 포함한 가액을 양도가액으로 보는 것이나, 특약 없이 매수자가 매도자의 양도소득세를 아무런 조건 없이 대신 납부한 때에는 양수자가 대신

59 대법원 1993. 5. 25. 선고 93다296 판결 약정금
60 대법원 1995. 3. 28. 선고 94누8785 판결 [양도소득세 등 부과처분 취소]
61 대법원 1994. 6. 10. 선고 93다24810 판결 [약정금]

납부한 양도소득세액을 양도자에게 증여한 것으로 보아 별도로 증여세가 과세되니 주의해야 한다.

예를 들어 양도가액을 30억 원, 취득금액 10억 원이라고 가정할 때 양도 차익인 20억 원에 세율 45%를 적용해 양도소득세 9억 원을 계산한 후, 다시 9억 원을 애초 양도가액에 합산해(양도가액 39억 원 - 취득금액 10억 원) 45%로 계산하면 양도소득세 13억 5,000만 원으로 과세하는 바, 부동산 매매 계약 때 매도인이 매수인에게 양도소득세로 받아야 할 금액은 9억 원이 아닌 13억 5,000만 원이라는 것을 유념해야 한다.

매매 계약서 약정(예시)

내용	효력	판례
매매 계약서 매매대금 난에 매매 계약에 따른 양도소득세와 지방소득세는 매수인이 별도로 추가 부담한다.	매수인은 매도인의 이름으로 법정 신고 납부 기간 내에 양도소득세와 지방소득세를 매도인에게 지급하거나 자진신고 납부해야 하고 이를 이행하지 않으면 매도인은 매매 계약을 해제할 수 있다.	▶대법원 1993. 6. 29. 선고 93다19108 판결 [소유권 이전 등기말소] ▶대법원 1991. 5. 28. 선고 90다카27471 판결 [소유권 이전 등기]

○ 양도, 서면인터넷방문상담4팀-2093, 2007. 7. 9

[제 목] 양도가액에 포함되는 양도소득세의 범위

[요 지] 양도 차익을 실지거래가액으로 계산함에 있어서 양도소득세를 매수자가 부담하기로 약정하고 이를 실지로 지급했을 경우 동 양도소득세 상당액을 포함한 가액을 양도가액으로 보는 것임.

[관련법령]「소득세법」제97조【양도소득의 필요 경비계산】

○「소득세법」기본통칙 97-6【매입자 부담의 양도소득세 등 필요 경비산입】

주택신축판매업자가 사업용 아파트 부지 매입 시 토지소유자에게 토지대금 이외에 양도소득세 등을 매수자가 부담하기로 약정하고, 이를 실지로 지급했을 경우 매도자는 동 양도소득세 상당액을 포함한 가액을 양도가액으로 보고 매수자는 동 세액상당액을 매입원가로서 필요 경비에 산입한다.

○ 서면4팀-3404, 2006. 10. 10

매수자가 양도소득세를 부담하기로 계약했으나 부담하지 아니해 동세액 상당액을 제외하고 양도소득세 확정신고를 한 후, 동 양도소득세를 지급받은 경우 수정신고 시 신고불성실가산세 및 납부불성실가산세의 적용 여부

【회신】

양도소득세를 매수인이 부담하는 조건으로 부동산 매매 계약을 체결하고 양도했으나, 양수인이 부담하기로 한 세액을 양도소득세확정 신고 기한까지 지급받지 못해 동 세액을 제외한 금액으로 양도소득세 과세 표준을 계산해 신고·납부한 후, 양수자로부터 동 세액을 지급받은 시점에 양도소득세 과세 표준을「국세기본법」

제45조의 규정에 의해 수정 신고하는 경우에는「소득세법」제115조 제1항 및 제2항의 가산세가 적용되는 것임.

○ 국심90서101, 1990. 3. 23
【요약】양수자가 대신 부담한 양도소득세는 처음 1회에 한해 동세액을 양도가액에 합산함.

※ 분양권이나 입주권 전매 거래 시 발생하는 손피거래(프리미엄으로 발생하는 양도 차익에 대한 양도소득세를 매수인에게 전가하는 거래 방식)에 대한 과세과청의 해석이 2024년 11월 7일 이후 양도분부터 변경됨.
(변경 전 : 기획재정부 조세정책과-2516, 2023. 12. 27.) 매수자가 해당 매매 거래에서 발생하는 양도소득세를 전액 부담하기로 약정한 경우 최초 1회에 한해 해당 세액을 양도가액에 합산하는 것임.
(변경 후 : 기획재정부 조세정책과-2048, 2024. 11. 7.) 양도소득세를 매수자가 전액 부담하기로 약정한 경우, 양도소득세 계산 시 매수자가 부담하는 양도소득세 전부를 양도가액에 합산하는 것임.

법인의 주택 취득이나 실질적 본점 소재지에 따라 취득세가 중과된다

식품제조업을 영위하는 법인 대표자는 그간 임차로 사용하던 냉동창고를 비용 절감 및 효율적 관리를 위해 본사 인근 부동산을 매입해 직접 신축하고자 부동산 중개인을 통해 매물을 알아보던 중, 가까운 거리에 단독주택이 매물로 나와 있어 단독주택은 철거하고 냉동창고를 신축하고자 은행에 융자 상담을 요청했다. 매도자와 단독주택 철거 비용을 누가 부담할지를 놓고 이견이 있었으나, 잘 정리되어 매매 계약을 체결하려는 과정에서 뜻밖의 문제에 부딪혔다.

매도인은 절세를 위해 단독주택인 상태에서 매도해야 하고, 대표자는 법인이 주택을 매입하게 되면 취득세가 중과되어 13.4%(취득세 12% + 농어촌특별세 1% + 지방교육세 0.4%)를 납부해야 하기에 3억 원 이상의 세금 비용이 발생한 것이다.

거래하는 법무사가 관할 시청에 확인해보니, 다른 법인에서도 주택은 철거하고 사무실을 신축할 목적으로 부동산 매매 계약을 체결한 후 계약금도 지출했는데, 잔금 지급 및 소유권 이전 과정에서 취득세가 중과된다는 사실을 알고 그런 법이 어디 있느냐며 관할 시청에 항의 및 민원도 제기한 상태이나, 행정기관 입장은 중과한다는 명확한 입장이라는 것이다.

대표자 입장에서는 3억 원이 넘는 취득세를 부담해가며 주택을 매입할 수는 없어 답답한 마음에 매도인에게 주택을 철거하고 매도하면 어떻겠느냐는 의사를 타진했으나, 매도인은 주택인 상태에서 매도해야 양도소득세를 절감할 수 있다며 안 팔면 안 팔았지, 그렇게는 어렵겠다는 견해여서 부동산 매매는 중단되었다.

지난 2020년 8월 지방세법이 개정되면서 법인 명의로 주택을 취득하면 지역·주택 수에 상관없이 12%(13.4%)의 취득세가 부과되며, 주택이 아닌 일반 건물을 취득한다면 4%(4.6%)의 취득세를 부담하게 된다. 양도소득세법상 주택의 취득 시기는 원칙적으로 잔금청산일이 되는 것이지만, 이전에 소유권 이전 등기를 하거나 사용 수익 등을 하고 있다면 해당 날을 주택의 취득 시기로 본다. 따라서 법인이 주택을 매입하면 주택의 잔금 지급일이나 등기일을 주택의 취득 시기로 보며 주택의 매도인은 해당 시점을 주택을 양도한 시점으로 보게 된다.

기존의 예규에 따르면 "1세대 1주택 비과세의 판정은 양도일 현재를 기준으로 하고 다만, 매매 계약 후 양도일 이전에 매매 특약으로 1세대 1주택에 해당하는 주택을 멸실 또는 용도 변경한 경우에는 매매 계약일 현재를 기준으로 한다(소득, 재일46014-517, 1997. 3. 7.)"라며, 매매 계약서상 특약을 두어 매수인의 부담으로 잔금 전까지 근린생활시설로 용도변경을 하든지 철거해 매수인은 주택 이외의 일반취득세를 부담하고, 매도인은 계약일 현재 주택이므로 '1세대 1주택'으로 비과세를 받을 수 있었다.

그러나 2022. 10. 21. 이후 계약분부터는 특약상 잔금 전 용도 변경을 한 경우에 양도일 현재 주택이 아니므로 비과세 적용을 배제한다는 기획재정부 예규(재산세제과-1322, 2022. 10. 21.)가 발표되었고, 2022. 12. 20. 이후 계약분에 대해서는 특약상 잔금 전 철거한 경우에 양도일 현재 주택이 아니므로 주택양도세 비과세가 적용되지 않는다는 추가예규(재산세제과-1543, 2022. 12. 20)가 발표되었다.

결국 매도인이 1세대 1주택 비과세를 받기 위해서는 무조건 잔금청산일까지는 주택을 보존하고 주택으로써 활용하고 있어야 하기에, 법인이 주택을 취득하면 취득세가 중과되므로 유의하고 신중히 판단해야 한다.

또한 수도권의 인구 집중을 억제하기 위해 수도권 과밀억제권역(산업단지 제외)에서 법인을 설립하거나 지점을 설치하고 5년 이내에 수도권 과밀억제권역 이내의 부동산을 취득하는 경우, 수도권 과밀억제권역에서 휴면법인을 인수해 수도권 과밀억제권역 이내의 부동산을 취득하는 경우, 법인의 본점·지점을 대도시 밖에서 대도시 안으로 전입(서울특별시 외의 지역에서 서울특별시로의 전입도 대도시의 전입에 해당)해 대도시의 부동산을 취득하는 경우 취득세가 중과세된다.

주의할 점은 세법에서는 형식적 본점 소재지가 아닌 실제 임직원이 상주하면서 법인의 전반적인 업무가 수행되는 장소를 실질적인 본점으로 보아 취득세의 중과세 여부를 판단하고 있기에, 법인 설립 시 수도권 과밀억제권역 외의 지역에 본점을 두고 수도권 내의 부동산을 취득한 경우에는 본점 소재지에 대한 입증 책임이 따른다.

언론에 소개된 내용을 보면, A법인 대표자인 의사인 B씨는 대도시 외 지역의 오피스텔에 본점 설립 후 대도시 내 C병원 건물을 113억 원에 취득해 일반세율(4%)로 취득세를 신고·납부했다. 조사 결과 A법인의 건물 취득일까지 대도시 외 지역의 오피스텔에 임차인이 거주하고 있었을 뿐 아니라 A법인의 출입 사실이 없음을 확인했다. 또한 B와 직원 모두 대도시 내 취득 건물인 C병원에 근무하고 있어 A법인의 실제 본점 업무는 대도시 내에서 이뤄진 것으로 판단해 7억 원을 추징했다.

1인 기업 D법인은 대도시 외 공유사무실에 본점 설립 후 대도시 내 토지를 440억 원에 취득해 일반세율을 적용한 취득세를 신고 납부했다. 그러나 공유사무실의 규모(계약 면적 3.3㎡)와 특성상 실제로 회계·총무·재무 등의 사무를 하는 장소로 보기 어렵고, 실제 대도시 내 관계회사 G법인의 사무실에서 법인의 모든 업무를 수행했다는 직원 진술서를 확보해 20억 원을 추징했다.

법인의 본점은 등기부 등본상의 소재지가 아니라 임직원이 상주하면서 직접 법인사업의 전반적인 업무를 수행하는 곳으로서, 형식상의 본점이 아닌 실질에 따라 판단한다는 점에 주의해야 한다.[62]

---

62 조심2017지0674. 2018. 7. 10

금융 의심 거래와 고액 현금 거래는
법집행기관에 보고된다

금융정보분석원에 따르면 자금세탁방지제도란 국내·국제적으로 이루어지는 불법 자금의 세탁을 적발·예방하기 위한 법적·제도적 장치로서 사법제도, 금융제도, 국제협력을 연계하는 종합 관리시스템을 의미하며 우리나라의 경우 '불법 재산의 취득·처분 사실을 가장하거나 그 재산을 은닉하는 행위 및 탈세 목적으로 재산의 취득·처분 사실을 가장하거나 그 재산을 은닉하는 행위'로 규정[63]하고 있다.

즉 금융 거래와 관련해 불법 재산 또는 자금세탁 행위가 의심될 경우 이를 금융정보분석원(koFIU)에 보고하도록 하는 제도로 금융정보분석원은 금융기관이 보고한 내용을 판단해 법집행기관에 제공하고 있다.

금융정보분석원은 법무부·금융위원회·국세청·관세청·경찰청 등 관계기관의 전문인력으로 구성되어 있으며, 금융회사 등으로부터 자금세탁 관련 의심 거래를 수집·분석해 불법 거래, 자금세탁 행위와 관련된다

---

[63] 특정금융정보법 제2조

고 판단되는 금융 거래 자료를 법집행기관(검찰청, 경찰청, 국세청, 관세청, 금융위 등)에 제공하는 업무를 주 업무로 하고, 금융회사 등의 의심 거래 보고 업무에 대한 감독 및 검사, 외국의 FIU와의 협조 및 정보교류 등을 담당하고 있다.

보고제도에는 의심 거래 보고 제도(Suspicious Transaction Report, STR), 고액 현금 거래 보고 제도(Currency Transaction Report, CTR)가 있고, 금융회사 등이 고객과 거래 시 고객의 신원을 확인·검증하고, 실제 소유자, 거래의 목적, 자금의 원천을 확인하도록 하는 등 금융 거래 또는 금융서비스가 자금세탁 등 불법 행위에 이용되지 않도록 고객에 대해 합당한 주의를 기울이도록 하는 제도인 고객확인제도(Customer Due Diligence, CDD)가 있다.

먼저 의심거래보고제도(STR)란 금융회사 등이 금융 거래와 관련해 수수한 재산이 불법 재산이라고 의심되는 합당한 근거가 있거나, 금융 거래의 상대방이 자금세탁 행위나 공중협박자금 조달행위를 하고 있다고 의심되는 합당한 근거가 있는 경우 이를 금융정보분석원장에게 보고하도록 한 제도로, 판단 기준은 금융회사 종사자의 업무 지식, 전문성, 경험 등을 바탕으로 의심되는 거래 정황을 고려해 판단한다.

금융기관 등이 의심스러운 거래의 내용에 대해 금융정보분석원(KoFIU)에 보고하면 금융정보분석원은 보고된 의심 거래 내용과 외환 전산망 자료, 신용정보, 외국 FIU의 정보 등 자체적으로 수집한 관련 자료를 종합·

분석한 후 불법 거래 또는 자금세탁 행위와 관련된 거래라고 판단되는 때에는, 해당 금융 거래 자료를 검찰청·경찰청·해양경찰청·국세청·관세청·금융위원회 등 법집행기관에 제공하고 있다.

다음은 고액 현금 거래 보고 제도(CTR)로 금융회사 등이 일정 금액 이상의 현금 거래를 금융정보분석원에 보고하도록 한 제도이다. 동일 금융회사에서 동일인의 명의로 1거래일 동안 1,000만 원 이상의 현금이 입금되거나 출금된 경우 거래자의 신원과 거래 일시, 거래 금액 등 객관적 사실을 전산으로 자동 보고하도록 하고 있다.

고액 현금 거래 보고 제도는 객관적 기준에 의해 일정 금액 이상의 현금 거래를 보고하도록 해 불법 자금의 유출입 또는 자금세탁이 의심되는 비정상적 금융 거래를 효율적으로 차단하려는 데 목적이 있다. 현금 거래를 보고하도록 한 것은 1차적으로는 출처를 은닉·위장하려는 대부분의 자금세탁 거래가 고액의 현금 거래를 수반하기 때문이다.

또한 금융기관 직원의 주관적 판단에 의존하는 의심 거래 보고 제도만으로는 금융기관의 보고가 없는 경우 불법 자금을 적발하기가 사실상 불가능하다는 문제점을 해결하기 위한 목적이다. 따라서 **은행에서 대체 가능한 거래를 현금 처리로 요청하거나, 다수의 계좌에 고액을 분할하는 경우, 현금으로 출금했다가 다시 입금하는 경우 등은 의심 거래 또는 고액 현금 거래로 보고될 수 있으니 불필요한 자금 거래로 오해받지 않도록**

금융 거래에 주의할 필요가 있다.

참고로 고액 현금 거래 정보를 제공한 경우 제공 사실을 명의인에게 통보해주는 제공 사실 통보 제도가 있다. 고액 현금 거래 정보 제공 사실 통보 제도는 특정금융정보법률에 따라 금융정보분석원이 법집행기관의 요청에 의해 고액 현금 거래정보를 제공한 경우, 제공한 날로부터 10일 이내에 제공한 거래 정보의 주요 내용, 사용 목적, 제공받은 자 및 제공일 등을 명의인에게 통보하는 제도이다.

PART 03

Jump-up

·

가업 승계의 모든 것

한국의 상속세 최고세율은 50%[64]로 경제협력개발기구(OECD) 회원국 중 일본(55%)에 이은 2위이나, 최대 주주가 보유한 주식은 20% 할증해 평가하므로 실질적인 최고세율은 60%임을 감안했을 경우 OECD에서 가장 높다고 할 수도 있다.[65]

삼성그룹의 경우, 홍 여사는 5조 1,000억 원의 지분을 상속받았고 3조 600억 원의 상속세를 납부 중이다. 상속세를 내고 남은 2조 원을 홍 여사 사후에 자녀에게 재상속하면 1조 2,000억 원의 상속세가 발생한다. 결과적으로 5조 1,000억 원의 상속 재산 중 4조 3,000억 원이 상속세로 국가에 귀속되며 상속세를 두 번 부과해 84%의 세금을 내게 되는 것이다.

이러한 막대한 상속세 마련을 위해 경영권을 매각한 사례는 대기업뿐만 아니라 중소·중견기업에서도 쉽게 찾아볼 수 있다. 2008년 이전 세계 1위인 손톱깎이 제조기업 쓰리세븐(777), 종자와 묘목 생산 국내 1위 농우

---

64 상속세 및 증여세율

과세 표준	1억 원 이하	5억 원 이하	10억 원 이하	30억 원 이하	30억 원 초과
세율	10%	20%	30%	40%	50%
누진공제액	없음	1,000만 원	6,000만 원	1억 6,000만 원	4억 6,000만 원

65 대주주 할증평가 20%를 가산하면 재산가액은 20% 늘어나 상속세율이 세계 최고인 60%라는 것은 상속세율이 아닌 상속 재산 평가액을 편의적으로 세율로 환산한 것으로, 상속 재산 평가에 있어서는 토지, 건물 등 부동산의 경우 시가보다 훨씬 낮은 경우가 대부분이고, 주식의 할증평가를 하는 경우도 경영 프리미엄 없이 통상적 시장가격을 반영한 평가액의 시장가치를 구하는 산정 방식에 불과하다는 의견도 있다.

바이오, 밀폐용기 제조 국내 1위 기업인 락앤락 등이 있다. 대부분 설립 이후 30년 이상 된 기업으로 가업 승계의 길목에서 상속세 부담 등을 이유로 매각을 택한 사례이다.

우리나라도 중소기업 창업 세대의 고령화로 인해 가업 승계가 중요한 이슈로 부상했으며 가업 승계에 대한 수요는 높으나, 과도한 상속·증여세 부담으로 인해 중소기업은 가업 승계에 어려움을 호소한다. 다행히 2022년 세제개편을 통해 가업 상속 공제 적용 대상이 되는 중견기업의 규모와 가업 승계로 인한 상속세 공제 혜택의 규모를 확대했고, 제도 이용에 부담을 가졌던 사후 관리 요건을 완화해 가업 승계 지원제도의 활용도를 높이는 데 중점을 두었다.

특히 고령의 경영자가 생전에 자녀에게 가업을 계획적으로 사전 상속할 수 있어 가업 승계의 방식으로 중소기업이 더 선호하는 가업 승계 증여세 과세 특례제도[66]를 가업 상속 공제와 동등한 세제 혜택이 부여될 수 있도록 공제 한도를 기존 100억 원에서 최대 600억 원까지 대폭 상향[67]하

66 가업 승계를 목적으로 해당 주식을 증여할 때 낮은 세율로 과세해 원활한 가업 승계를 지원하는 제도다. 가업 영위 기간에 따라 최대 600억 원을 한도로 가업 자산 상당액에서 10억 원을 공제한 후 10%(120억 원 초과분은 20%)의 세율을 적용해 과세한다.
67 (개정 전) 가업 영위 기간이 10년 이상이면 100억 원 한도 → (개정 후) 가업 영위 기간 10년 이상 300억 원, 20년 이상 400억 원, 30년 이상 600억 원

고 업종 유지조건 완화, 사후 관리기간 및 대표이사 유지 조건 등을 7년에서 5년으로 단축했다.

증여세 과세 특례제도는 가업 주식을 증여하는 경우 600억 원을 한도로 10억 원을 공제 후 10%(과세 표준이 120억 원 초과 시 초과 금액은 20%)의 저율로 증여세를 과세하고, 가업 주식을 증여받은 후 증여자가 사망하면 증여 시기와 관계없이 상속세 과세 가액에 가산하나 상속 개시일 현재 가업 상속 요건을 모두 갖추면 가업 상속 공제도 적용받을 수 있다.[68]

기업의 승계 단계에서는 세법의 가업 승계 지원제도, 민법의 유류분 제도, 신탁법의 유언 대용 신탁, 국세청의 상속·증여에 대한 감정 평가사업의 쟁점 등 법률적 용어와 해석으로 인해 내용이 어렵다고 느낄 수 있으니 사례를 참고해 내용을 충분히 이해하고 읽어 나가길 바란다.

---

68 조세특례제한법 제30조의6 같은 법 시행령 제27조의6(가업의 승계에 대한 증여세 과세 특례)

CHAPTER 1

가업 승계 지원제도

19. 가업 상속 공제 제도 최대 600억 원까지 가능하다

대출 상담을 위해 필자와 미팅한 70대 중반의 대표자는 열정이 넘치는 모습이었다. 서울 인근에서 큰 음식점을 10여 간 운영해 성공했고, 사업 확장을 위해 추가로 수도권에 대형음식점을 오픈했다. 고령인데도 하나하나 직접 챙기며 작업을 지시하고 직원을 관리하는 모습이 여러 해 동안 경험으로 이룩된 숙련의 정도인 연륜(年輪)과 큰 포부를 가지고 어떤 일을 조직적으로 계획하는 능력인 경륜(徑輪)을 말해주고 있었다.

2곳 부동산 모두 대표자 본인 소유이며, 기존에 본인이 운영하던 서울 인근에 소재한 음식점은 사업자 등록을 폐업하고 자녀가 동일한 음식점 상호로 사업자를 신규 등록해 운영 중이다. 수도권에 새로 오픈한 음식점은 본인 명의 사업자로 신규 등록해서 경영 중이며 2곳 부동산의 약식 감정가격은 약 500억 원에 달했다.

　대표자에게 기존에 하던 음식점 사업자 등록을 유지하지 않고 폐업해 부동산 임대업으로 변경한 사유를 묻자 자녀가 신규 사업자 등록을 희망했고, 새로 오픈하는 곳에 사업자 등록을 하려는 목적 말고는 특별한 이유가 없었으며, 개인 사업자는 가업 승계가 안 된다고 알고 있어 그렇게 했다는 설명이었다.

　이에 기존 음식점을 자녀 명의로 변경하지 않고 대표자 명의로 계속 운영했다면 가업 승계 업종에 해당해 기존 사업장에서 10년 이상 사업을 했으니 사업용 자산에 대해 300억 원까지 가업 상속 공제가 가능하고, 자녀가 해당 사업을 승계할 계획도 있어 큰 금액을 절세할 수 있었음을 설명했더니, 회복할 수 없는 실수를 했다며 안타까워했다.

　대표자의 경우 지금이라도 가업 상속 공제를 받으려면 새롭게 사업자 등록을 하고 그때부터 10년이 지나야 가능하니, 70대 중반의 나이를 고려할 때 사업자 등록을 폐업한 일은 아쉬움이 많이 남는 일이다. 사전에 가업 승계에 대해 알았다면 결코 사업자 등록을 폐업하는 일은 없었을 것이다. 이렇듯 **실수를 줄이고 가업 상속 공제를 받기 위해서는 사전에 적용 요건을 충분히 숙지하고 준비해야 이러한 문제가 발생하지 않는다.**

　가업 승계란 기업이 동일성을 유지하면서 상속이나 증여를 통해 그 기업의 소유권 또는 경영권을 승계자에게 이전하는 것을 의미한다. 정부에서는 중소기업 등의 원활한 가업 승계 지원을 위해 가업 상속 공제, 가업의 승계에 대한 증여세 과세 특례, 가업 상속 재산에 대한 상속세 연부 연납 제도 등을 두고 있으며, 2023년부터 가업 승계 시 상속·증여세 납부유예 제도를 신설했다.

먼저 가업 상속 공제란, 중소기업 등의 원활한 가업 승계를 지원하기 위해 거주자인 피상속인이 생전에 10년 이상 영위한 중소기업 등을 상속인에게 정상적으로 승계했고 가업 상속 공제 적용 업종[69] 및 조세특례제한법시행령 2조에서 정한 매출액, 독립성 기준을 충족하며 자산총액 5,000억 원 미만의 요건을 모두 갖추었을 때 가업 영위 기간이 10년 이상이면 300억 원, 20년 이상이면 400억 원, 30년 이상의 경우 600억 원까지 상속공제를 해 상속세 부담을 크게 경감해주는 제도를 말한다.

피상속인이 10년 이상 계속해 영위한 사업인지 판정할 때 피상속인이 사업장을 이전해 같은 업종의 사업을 계속 영위할 때는 종전 사업장에서의 사업 영위 기간을 포함해 계산한다. 개인 사업자로서 영위하던 가업을 동일 업종의 법인으로 전환해 피상속인이 법인 설립일 이후 계속해 그 법인의 최대 주주 등에 해당할 때는 개인 사업자로서 가업을 영위한 기간을 포함해 계산한다.

대표자 중 개인 기업은 가업 상속 공제가 안 되는 것으로 알고 있는 경우가 많으나, 가업에 직접 사용되는 토지, 건축물, 기계장치 등 사업용 자산은 가업 상속 공제가 가능하며, 사업용 자산에 담보된 채무가 있

---

69 가업 해당 업종 : 제조업, 건설업, 도매 및 소매업, 음식점업, 출판업, 방송업, 전기 통신업, 연구개발업, 광고업, 운수업 중 여객운송업, 건물 및 산업설비청소업, 경비 및 경호서비스업 등
가업 제외 업종 : 농·임·축산·어업, 주점업, 주차장 운영업, 택배, 금융·보험업, 부동산업, 법무·회계서비스업, 입시학원, 스키장, 노래방, 게임장, 무도장, 이·미용업, 욕탕, 세탁, 예식장 등

는 경우 해당 부채를 차감한다. 반면 법인 기업의 가업 상속 공제는 피상속인이 보유한 주식이 대상이 되므로 법인 전체자산 중 업무 무관 자산이 차지하는 비율을 제외한 전체 자산에 대해 공제받을 수 있으므로, 개인 기업보다 법인의 공제금액이 훨씬 더 크다고 할 수 있다. 국세청에서 제시하고 있는 가업 상속 적용 요건을 요약하면 다음과 같다.

가업 상속 공제 적용 요건

요건	기준	상세 내용
기업 요건	중소·중견 기업	세법상 중소기업, 중견기업(3개년 평균 매출액 5,000억 원 미만)에 해당할 것 - 상증령 별표에 따른 가업 상속 공제 적용 업종을 주된 사업으로 영위 - 조특령 §2① 1, 3호 요건(중소기업기본법상 매출액, 독립성 기준)을 충족 - 자산총액 5,000억 원 미만
	계속경영기업	피상속인이 10년 이상 계속해 경영한 기업일 것
피상속인 요건	대표이사 재직 요건	어느 하나에 해당하는 기간을 대표이사로 재직할 것 1) 가업 영위 기간의 100분의 50 이상 2) 가업 기간 중 10년 이상 재직 후 상속인 승계 3) 상속 개시일로부터 소급해 10년 중 5년 이상의 기간
	주식 보유 기준	최대 주주로서 특수 관계인 포함 10년 이상 계속해 40% 이상(상장 법인은 20%) 지분을 보유할 것
상속인 요건	연령	상속인이 상속 개시일 현재 18세 이상일 것
	가업 종사	상속 개시일 전 2년 이상 가업에 종사 <예외 규정> - 피상속인이 65세 이전에 사망 - 피상속인 천재지변 및 인재 등으로 사망 ※ 상속 개시일 2년 전부터 가업에 종사한 경우에 병역·질병 등의 사유로 가업에 종사하지 못한 기간은 가업에 종사한 기간으로 봄
	취임 기준	상속인이 상속일로부터 6개월 내 임원에 취임하고, 그로부터 2년 이내 대표이사로 취임할 것

가업 승계 지원제도에 대해 자세히 설명하면 다음과 같다. **첫째, 업종 요건은 2개의 서로 다른 사업을 영위할 때는 사업별 수입 금액이 큰 사업을 주된 사업으로 보며, 업종 전부를 10년 이상 경영해야 하는 것이 아니라 주된 사업을 기준으로 10년 이상 경영하면 공제가 가능하다.** 그리고 통계청장이 작성·고시하는 표준산업 분류상 동일한 대분류 내의 업종으로 주된 사업이 변경되었으면 가업을 유지한 것으로 보나, 대분류 외의 업종으로 변경되면 영위 기간이 합산되지 않으니 주의해야 한다.

예를 들어 신발제조업을 영위하다 의류제조업을 영위할 때는 대분류인 제조업 내의 업종으로 주된 사업을 변경한 상황에 해당해 신발제조업의 영위 기간을 합산하나, 신발제조업을 하다 신발 도매업으로 업종을 변경하면 대분류가 제조업에서 도매업으로 변경되기에 합산되지 않는다.

특히 제조업과 도매업 등 서로 다른 사업을 영위하는 기업이 8년 동안 제조업 매출이 많다가 9년째에 도매업 매출이 많아지면, 제조업에서 도매업으로 주된 업종이 변경되어 새로이 주된 업종인 도매업으로 10년 이상 경영해야 가업 상속 공제가 가능하니 주된 사업에 대한 매출 관리가 필요하다. 또한 개인 사업을 영위하다 공장으로 사용하던 건물 등 일부 사업용 자산을 제외하고 법인 전환한 경우, 종전에는 개인 사업자 가업 영위 기간은 포함하지 않았으나, 법인 전환 후에 동일한 업종을 영위하는 등 가업의 영속성이 유지되는 경우라면 개인 사업자 가업 영위 기간을 포함하는 것으로 변경되었다.[70]

---

70 2019. 10. 28. 기획재정부 재산세제과-725

제11차 한국표준산업분류 / 대분류 기준

A 농업, 임업 및 어업	**L** 부동산업
B 광업	**M** 전문, 과학 및 기술서비스업
C 제조업	**N** 사업시설 관리, 사업 지원 및 임대 서비스업
D 전기, 가스, 증기 및 공기조절 공급업	**O** 공공행정, 국방 및 사회보장 행정
E 수도, 하수 및 폐기물 처리, 원료 재생업	**P** 교육서비스
F 건설업	**Q** 보건업 및 사회복지 서비스업
G 도매 및 소매업	**R** 예술, 스포츠 및 여가 관련 서비스업
H 운수 및 창고업	**S** 협회 및 단체, 수리 및 기타 개인 서비스업
I 숙박 및 음식점업	**T** 가구 내 고용활동, 자가소비 생산활동
J 정보통신업	**U** 국제 및 외국기관
K 금융 및 보험업	

둘째, 피상속인(대표자) 요건은 상속 개시일 현재 거주자(해외거주자는 가업 승계 제외)여야 하고, 법인 기업은 최대 주주 등인 경우로서 지분을 40%(상장 법인은 20%) 이상 10년 이상 계속해 보유해야 한다. 가업의 영위 기간 중 ㉠ 100분의 50 이상의 기간, ㉡ 10년 이상의 기간, ㉢ 상속 개시 일로부터 소급해 10년 중 5년 이상의 기간 중 하나에 해당하는 기간을 대표이사로 재직해야 한다. 또한 피상속인은 최대 주주 1명으로 제한된다.

국세청 자료에 따르면 '최대 주주 등'이란, 주주 1인 및 그와 특수 관계에 있는 주주가 보유하고 있는 의결권이 있는 주식 등을 합해 그 보유 주식 등의 합계가 가장 많은 경우의 해당 주주 등과 그의 특수 관계인 모두를 말한다. 피상속인과 그 특수 관계인의 보유 주식 등을 합해 최대 주주 등에 해당할 때는 **피상속인 및 그와 특수 관계에 있는 자 모두를 최대 주주 등으로 보는 것이기 때문에 피상속인의 지분이 가장 크지 않은 경우에도 다른 요건을 모두 충족하면 가업 상속 공제가 적용된다.** 즉 반드시 주식을 가장 많이 보유하지 않아도 가능하다는 의미이며, 피상속인은 최대 주주 1명으로 제한되기에 같은 법인 내에서 최대 주주 등 중 1인에 대해서만 가업 상속 공제가 적용된다. 다만 가업 상속을 받은 상속인이 사망해 다시 상속이 이루어질 때는 재상속 당시 가업 상속 공제 요건을 또다시 충족할 때 가업 상속 공제가 적용된다.

또한 지분율 40%(상장 법인은 20%) 이상 10년 이상 계속 보유 의미는 최대 주주인 상태를 유지하면서 실제 가업의 경영에 참여한 때부터 기산하는 것으로 해석하고 있어 40% 이상 지분요건에 미달한 경우였다가 충족한 경우, 그 시점부터 새로이 10년이 지나야만 가업 상속 공제를 받을 수 있는 것이다. 다만 지분율을 충족하는 최대 주주 등인 대표자가 가업을 경영하지 않은 배우자로부터 증여받은 지 10년이 경과되지 않은 주식을 10년 이상 보유하던 주식과 함께 자녀에게 상속하는 경우, 대표자가 가진 주식 중 10년 미만 보유 주식은 종전 해석상 가업 상속 공제를 적용받지 못한다고 했으나,[71] 적극 해석으로 피상속인이 최대 주주로서 본인과 특수 관계인의 주식을 합해 발행 주식 총수 40% 이상을 10년 이상 계속

---

71 기획재정부 재산세제과-385, 2014. 5. 14., 상속 증여세과-153, 2014. 5. 22.

보유한다면, 상속 개시일 현재 10년 미만 보유한 주식도 상속 공제 대상에 포함하는 것으로 해석을 변경했다.[72]

그리고 대표이사 재직 기간은 공동 대표이사 또는 각자 대표이사로 재직한 기간을 포함하며, 연속된 개념이 아니고 재직한 기간을 통산해 10년 이상 의미로 법인 등기부에 등재되고 대표이사직을 수행하는 것을 재직한 경우로 보고 있다. 또한 과거에는 대표자가 재직하다가 전문경영인에게 경영을 맡기고 일선에서 물러난 상태에서 사망으로 상속이 개시되는 경우 가업 상속 공제를 적용받지 못한다고 했다.[73] 그런데 최근 국세청에서 적극 해석을 통해 가업의 기술·경영 노하우 전수를 지원하려는 취지는 피상속인·상속인 요건 및 사후 관리를 통해서도 가능한 것이므로, 피상속인이 상속 개시일 현재 가업에 종사하지 아니했더라도 가업 상속 공제를 적용할 수 있다고 해석을 변경했다. 종전에는 건강상의 이유를 제외하고 피상속인이 사망일까지 경영해야만 가업 상속 공제가 가능했으나, 이제는 10년 이상 경영했다면 경영 일선에서 물러났더라도 공제할 수 있다.

끝으로 상속인 요건으로는 상속 개시일 현재 18세 이상이어야 하고, 상속 개시일 전에 2년 이상 직접 가업에 종사해야 한다. 상속이 개시된 이후에는 신고 기한까지 임원으로 취임하고 신고 기한부터 2년에 대표이사로 취임해야 한다. 상속인의 배우자가 앞의 요건을 모두 갖추면 상속인

---

72 기획재정부 조세법령운용과-10, 2022. 1. 5.
73 기획재정부 재산세제과-741, 2014. 11. 14., 상속 증여세과-622, 2021. 9. 30.

이 그 요건을 갖춘 것으로 보며, 피상속인 또는 상속인이 가업의 경영과 관련해 조세 포탈 또는 회계 부정 행위로 징역형 또는 벌금형을 선고받고 그 형이 확정되면 가업 상속 공제 적용이 배제된다.

특히 종전에는 상속인 1명이 해당 가업의 전부를 상속받은 경우에만 가업 상속 공제가 가능했으나 이제는 공동상속이 허용되었고, 1개의 가업을 공동 상속하는 경우 각각의 자녀가 대표자로 취임하는 등 가업 승계 요건을 충족한 자의 승계 지분에 대해서는 가업 상속 공제가 가능하다. 또한 2개 이상의 가업을 자녀 2명에게 각각 상속하는 때도 요건을 모두 갖추면 공제 한도 범위 내에서 가업 모두에 대해 가업 상속 공제를 적용받을 수 있다.[74]

가업 승계 법령해석 변경 사례

구 분	변경 전	변경 후	비 고
대표이사 재직 요건	경영에서 물러난 이후 사망으로 상속이 개시되는 경우 가업 상속 공제를 적용받지 못함	피상속인이 상속 개시일 현재 가업에 종사하지 아니했더라도 가업 승계의 사전 요건을 충족했다면 가업 상속 공제를 적용할 수 있는 것으로 해석을 변경	기획재정부 조세법령운용과-571, 2022.5.30.
주식 보유 기준	최대 주주인 대표자가 가진 주식 중 10년 미만 보유 주식은 가업 상속 공제를 적용받지 못함	상속 개시일 현재 10년 미만 보유한 주식도 상속 공제 대상에 포함하는 것으로 해석을 변경	기획재정부 조세법령운용과-10, 2022.1.5.

---

[74] 국세청 -서면-2016-상속 증여-3616, 2016. 5. 17.

가업 상속 공제 신청 후 후계자는 자산 처분, 가업 중단, 지분 감소, 고용 감소에 대해 5년간 사후 관리 이행이 필요하며, 상속 개시일로부터 5년 이내에 가업용 자산의 40% 이상을 처분[75]하거나 임대하는 경우, 대표이사 등으로 종사하지 않는 경우, 가업의 주된 업종을 변경[76]하거나 1년 이상 휴업하거나 폐업하는 경우, 상속인이 상속받은 주식 등을 처분하거나 지분이 감소[77]하는 경우, 정규직 근로자 수 또는 총급여액이 유지되지 않는 경우[78]에는 사후 관리 위반으로 가업 상속 공제받은 세금을 추징받게 된다. 향후 법령해석에 변경 가능성이 있으므로 이에 대한 지속적인 관심이 필요하다.

2023년 2월에 개정된 상속세 및 증여세법시행령 별표 및 조세특례제한법시행령 2조에서 정한 중소기업기본법상 매출액, 독립성 기준을 충족한 가업 상속 공제를 적용받는 중소·중견기업의 해당 업종은 다음과 같다.

---

75 예외적 처분 가능 사유 : 수용, 사업장 이전 시 대체 취득, 내용연수 도달, 업종 변경 시 대체 취득, 자산처분액 연구인력 개발비 사용
76 한국표준산업분류상 대분류 내 가능
77 단, 사업 확장 등에 따라 유상증자할 때 상속인의 특수 관계인 외의 자에게 주식 등을 배정함에 따라 상속인의 지분률이 낮아지는 경우(상속인이 최대 주주 등에 해당하는 경우에 한함)는 예외
78 5년간 정규직 근로자 수 평균과 총급여액 평균 모두 상속 개시 연도 직전 2개 평균의 90%에 미달

한국표준산업분류에 따른 업종

표준산업분류상 구분	가업 해당 업종
가. 농업, 임업 및 어업 (01 ~ 03)	작물재배업(011) 중 종자 및 묘목생산업(01123)을 영위하는 기업으로서 다음의 계산식에 따라 계산한 비율이 100분의 50 미만인 경우 제15조 제7항에 따른 가업용 자산 중 토지(「공간정보의 구축 및 관리 등에 관한 법률」에 따라 지적공부에 등록해야 할 지목에 해당하는 것을 말한다) 및 건물(건물에 부속된 시설물과 구축물을 포함한다)의 자산의 가액] ÷ (제15조 제7항에 따른 가업용 자산의 가액)
나. 광업(05 ~ 08)	광업 전체
다. 제조업 (10 ~ 33)	제조업 전체. 이 경우 자기가 제품을 직접 제조하지 않고 제조업체(사업장이 국내 또는 「개성공업지구 지원에 관한 법률」 제2조 제1호에 따른 개성공업지구에 소재하는 업체에 한정한다)에 의뢰해 제조하는 사업으로서 그 사업이 다음의 요건을 모두 충족하는 경우를 포함한다. 1) 생산할 제품을 직접 기획(고안·디자인 및 견본 제작 등을 말한다)할 것 2) 해당 제품을 자기 명의로 제조할 것 3) 해당 제품을 인수해 자기 책임 하에 직접 판매할 것
라. 하수 및 폐기물 처리, 원료 재생, 환경정화 및 복원업(37 ~ 39)	하수·폐기물 처리(재활용을 포함한다), 원료 재생, 환경정화 및 복원업 전체
마. 건설업(41 ~ 42)	건설업 전체
바. 도매 및 소매업 (45~47)	도매 및 소매업 전체
사. 운수업(49 ~ 52)	여객운송업[육상운송 및 파이프라인 운송업(49), 수상 운송(50), 항공 운송업(51) 중 여객을 운송하는 경우]
아. 숙박 및 음식점업 (55 ~ 56)	음식점 및 주점업(56) 중 음식점업(561)

자. 정보통신업 (58 ~ 63)	출판업(58)
	영상·오디오 기록물 제작 및 배급업(59). 다만, 비디오물 감상실 운영업(59142)은 제외한다.
	방송업(60)
	우편 및 통신업(61) 중 전기통신업(612)
	컴퓨터 프로그래밍, 시스템 통합 및 관리업(62)
	정보서비스업(63)
차. 전문, 과학 및 기술서비스업(70 ~ 73)	연구개발업(70)
	전문서비스업(71) 중 광고업(713), 시장조사 및 여론조사업(714)
	건축기술, 엔지니어링 및 기타 과학기술 서비스업(72) 중 기타 과학기술 서비스업(729)
	기타 전문, 과학 및 기술 서비스업(73) 중 전문디자인업(732)
카. 사업시설관리 및 사업지원 서비스업 (74 ~ 75)	사업시설 관리 및 조경 서비스업(74) 중 건물 및 산업설비 청소업(7421), 소독, 구충 및 방제 서비스업(7422)
	사업지원 서비스업(75) 중 고용알선 및 인력 공급업(751, 농업노동자 공급업을 포함한다), 경비 및 경호 서비스업(7531), 보안시스템 서비스업(7532), 콜센터 및 텔레마케팅 서비스업(75991), 전시, 컨벤션 및 행사 대행업(75992), 포장 및 충전업(75994)
타. 임대업 : 부동산 제외(76)	무형재산권 임대업(764, 「지식재산 기본법」 제3조 제1호에 따른 지식재산을 임대하는 경우로 한정한다)
파. 교육서비스업(85)	교육 서비스업(85) 중 유아 교육기관(8511), 사회교육시설(8564), 직원훈련기관(8565), 기타 기술 및 직업훈련학원(85669)
하. 사회복지 서비스업(87)	사회복지서비스업 전체
거. 예술, 스포츠 및 여가관련 서비스업(90 ~ 91)	창작, 예술 및 여가 관련 서비스업(90) 중 창작 및 예술 관련 서비스업(901), 도서관, 사적지 및 유사 여가 관련 서비스업(902). 다만, 독서실 운영업(90212)은 제외한다.
너. 협회 및 단체, 수리 및 기타 개인 서비스업(94 ~ 96)	기타 개인 서비스업(96) 중 개인 간병인 및 유사 서비스업(96993)

개별 법률의 규정에 따른 업종

가업 해당 업종
가. 「조세특례제한법」 제7조 제1항 제1호 커목에 따른 직업기술 분야 학원
나. 「조세특례제한법 시행령」 제5조 제9항에 따른 엔지니어링사업
다. 「조세특례제한법 시행령」 제5조 제7항에 따른 물류산업
라. 「조세특례제한법 시행령」 제6조 제1항에 따른 수탁생산업
마. 「조세특례제한법 시행령」 제54조 제1항에 따른 자동차정비공장을 운영하는 사업
바. 「해운법」에 따른 선박관리업
사. 「의료법」에 따른 의료기관을 운영하는 사업
아. 「관광진흥법」에 따른 관광사업(카지노업, 관광유흥음식점업 및 외국인전용 유흥음식점업은 제외한다)
자. 「노인복지법」에 따른 노인복지시설을 운영하는 사업
차. 법률 제15881호 노인장기요양보험법 부칙 제4조에 따라 재가장기요양기관을 운영하는 사업
카. 「전시산업발전법」에 따른 전시산업
타. 「에너지이용 합리화법」 제25조에 따른 에너지절약전문기업이 하는 사업
파. 「국민 평생 직업능력 개발법」에 따른 직업능력 개발훈련시설을 운영하는 사업
하. 「도시가스사업법」 제2조 제4호에 따른 일반도시가스사업
거. 「연구산업진흥법」 제2조 제1호 나목의 산업
너. 「민간임대주택에 관한 특별법」에 따른 주택임대관리업
더. 「신에너지 및 재생에너지 개발·이용·보급 촉진법」에 따른 신·재생에너지 발전사업

가업상속공제신고서

가. 가업현황

상 호 (법 인 명)		사업자등록번호	
성 명 (대 표 자)		주 민 등 록 번 호	
개 업 연 월 일		업 종	
기 준 총 급 여 액		기 준 고 용 인 원	

나. 중소기업 또는 중견기업 여부(해당되는 곳에 √표 기재)

중 소 기 업 여 부	[ ] 해당 [ ] 해당 안됨	상장여부 (상장일)	[ ]상장(. .) [ ]비상장
중 견 기 업 여 부	[ ] 해당 [ ] 해당 안됨	직전 3개 사업연도 평 균 매 출 액	

다. 피상속인

성 명		주 민 등 록 번 호	
가 업 영 위 기 간		대 표 이 사 (대 표 자) 재 직 기 간	
최 대 주 주 등 여 부		특수관계인포함 보유 주 식 등 지 분 율	

라. 가업상속인

성 명		주 민 등 록 번 호	
가 업 종 사 기 간		임원/대표이사 취임일	
주 소		(☎	)

마. 가업상속 재산가액

종 류	수 량 (면 적)	단 가	가 액	비 고

바. 가업상속공제 신고액: 원

「상속세 및 증여세법」 제18조의2제3항 및 같은 법 시행령 제15조 제22항에 따라 가업상속공제신고서를 제출합니다.

년   월   일

신고인

(서명 또는 인)

세무서장 귀하

신고인 제출서류	1. 중소기업 등 기준검토표(「법인세법 시행규칙」 별지 제51호 서식을 말합니다) 2. 가업상속재산이 주식 또는 출자지분인 경우에는 해당 주식 또는 출자지분을 발행한 법인의 상속 개시일 현재와 직전 10년간의 사업연도의 주주현황 각 1부 3. 그 밖에 상속인이 해당 가업에 직접 종사한 사실을 입증할 수 있는 서류 1부	수수료 없음

작성방법

1. "가. 가업현황"에서 '업종'은 「상속세 및 증여세법 시행령」 별표에 따른 업종 중에서 해당 업종을 적습니다.
2. "가. 가업현황"에서 '기준총급여액'은 상속이 개시된 소득세 과세기간 또는 법인세 사업연도의 직전 2개 소득세 과세기간 또는 법인세 사업연도의 총급여액의 평균을 적습니다(최대주주 및 친족 등에게 지급한 임금은 제외하되, 가업상속공제 당시 기준고용인원에 최대주주 및 친족 등에 해당하는 인원만 있는 경우 이를 포함합니다).
3. "가. 가업현황"에서 '기준고용인원'은 상속이 개시된 소득세 과세기간 또는 법인세 사업연도의 직전 2개 소득세 과세기간 또는 법인세 사업연도의 정규직근로자 수의 평균을 적습니다.
4. "나. 중소기업 또는 중견기업 여부"에서 '중소기업'은 「조세특례제한법 시행령」 제2조제1항제1호 및 제3호의 요건을 모두 충족하고 자산총액이 5천억원 미만인 기업을 말합니다.
5. "나. 중소기업 또는 중견기업 여부"에서 '중견기업'은 「조세특례제한법 시행령」 제9조제4항제1호 및 제3호의 요건을 모두 충족하고 상속개시일의 직전 3개 소득세 과세기간 또는 법인세 사업연도의 매출액 평균금액이 5천억원 미만인 기업을 말합니다.
6. "마. 가업상속 재산가액"과 "바. 가업상속공제 신고액"은 별지 제1호서식 부표 1(가업상속재산명세서) 및 별지 제1호서식 부표2(가업용 자산 명세)를 작성한 후 해당 금액 등을 적습니다.

210mm×297mm[백상지 80g/㎡]

가업상속재산명세서

※ 뒤쪽의 작성방법을 읽고 작성하시기 바랍니다.

(앞쪽)

가. 「소득세법」을 적용받는 가업

구 분	자산종류	㉮ 금 액	㉯ 담보채무액	가업상속공제 대상금액(㉮-㉯)
가업상속 재산가액	토지			
	건축물			
	기계장치			
	기타			
	① 계			

나. 「법인세법」을 적용받는 가업

② 상속개시일 현재 주식 등의 가액			
사업관련 자산 가액 비율	③ 총자산가액		
	사업무관자산 가액	㉮ 「법인세법」 제55조의2 해당자산	
		㉯ 「법인세법 시행령」 제49조 해당 자산 및 임대용부동산	
		㉰ 「법인세법 시행령」 제61조제1항 제2호 해당자산	
		㉱ 과다보유현금	
		㉲ 영업활동과 직접 관련없이 보유 하는 주식·채권 및 금융상품	
		④ 사업무관자산 가액 계	
	⑤ 사업관련 자산가액 (③ - ④)		
	⑥ 사업관련 자산가액 비율 (⑤ ÷ ③)		
⑦ 가업상속공제 대상금액 (② × ⑥)			

다. 한도액 계산

⑧ 가업영위기간	⑨ 가업상속공제 대상금액 (① 또는 ⑦)	⑩ 한도액	⑪ 가업상속공제액 (⑨와 ⑩ 중 적은 금액)
10년 이상 20년 미만		300억 원	
20년 이상 30년 미만		400억 원	
30년 이상		600억 원	

라. 중견기업 적용 요건

구 분	금 액
㉮ 가업상속인의 가업상속재산 외의 상속재산의 가액(사전증여재산 포함)	
㉯ 가업상속인이 상속세로 납부할 금액(가업상속공제를 받지 않았을 경우를 가정하여 산정한 산출세액 중 가업상속인의 부담분) × 200%	
㉮ - ㉯ (해당 가액이 양수인 경우 가업상속공제 적용 배제)	

신고인 제출서류	1. 「소득세법」을 적용받는 가업의 경우: 가업에 직접 사용되는 사업용 자산 입증서류 2. 「법인세법」을 적용받는 가업의 경우: 주식평가내역 및 사업무관자산 가액을 확인할 수 있는 입증서류 (재무상태표 등)	수수료 없음

20. 계획적인 사전 상속, 증여세 과세 특례를 활용하라

가업 승계 지원제도 중 '가업 승계에 대한 증여세 과세 특례' 제도는 법인 사업자만 적용되며 개인 사업자는 해당하지 않는다. 법인 사업자의 대표자가 생전에 자녀에게 가업을 계획적으로 사전 상속할 수 있도록 법인의 주식을 증여하는 경우, 600억 원을 한도[79]로 10억 원을 공제 후 10%(과세 표준이 120억 원 초과 시 초과 금액은 20%)의 낮은 세율로 증여세를 과세한다.

일반 증여의 경우 30억 원 초과 시 50%의 높은 세율이 적용된다는 점을 감안하면 현저히 낮은 세율이며, 가업 주식을 증여받은 후 증여자가 사망하면 증여 시기와 관계없이 상속세 과세 가액에 가산하나, 상속 개시일 현재 가업 상속 요건을 모두 갖추면 가업 상속 공제도 적용받을 수 있는 제도이다.[80] 다만 앞서 Part 1에서 설명한 창업 자금 과세 특례와 중복 적용받을 수는 없다.

기업 요건은 앞서 설명한 가업 상속 공제 기업 요건과 같으며, 증여자인 대표자는 증여일 현재 가업을 10년 이상 계속해 경영한 60세 이상인 수증자의 부모로서, 증여자를 포함한 최대 주주 등으로 특수 관계인의 주식을 합해 지분 40%[81] 이상을 10년 이상 계속 보유해야 한다. 사후 의무

---

79 사업 기간에 따라 10년 이상 300억 원, 20년 이상 400억 원, 30년 이상 600억 원
80 조세특례제한법 제30조의6(가업의 승계에 대한 증여세 과세 특례)
81 상장 법인은 20%

요건으로는 증여받는 수증자는 18세 이상 거주자인 자녀로 증여세 신고 기한까지 가업에 종사하고, 증여일로부터 3년 이내 대표이사에 취임해 5년까지 대표이사를 유지해야 하며, 1년 이상 해당 가업을 휴업하거나 폐업하지 않고 주된 업종을 변경하지 않아야 하며 수증자의 지분이 감소하지 않아야 한다.

만약 2인 이상이 가업을 승계하는 경우 가업 승계자 모두에게 특례가 적용된다. 즉 2명이 동시에 증여를 받으면 1인이 증여받는 경우와 동일하게 증여세를 계산한 후 각 거주자가 증여받은 주식 가액 비례로 안분하며, 순차 증여받았다면 후순위 수증자의 경우 선순위 수증자의 증여 재산가액을 과세 가액에 합산해 증여세를 계산하고 선순위 수증자가 납부한 증여세를 공제한다.

최근 가업 승계 공제 제도 악용 가능성으로 국정감사 도마 위에 오른 '초대형 베이커리 카페'의 경우 100평 넘는 베이커리 카페 사업자가 2008년 18개에서 2023년 109개까지 10배 이상 급격히 늘었다고 한다. 영업적자에도 초대형 베이커리 카페가 급증한 이유는 가업 승계 제도 완화와 관련된 절세 목적에 있다고 보는 시각이 많다. 베이커리 카페는 가업 승계 대상 업종에 포함되는 반면 커피 전문점은 대상에서 제외되기 때문이다.

예를 들어 100억 원의 부동산을 일반 증여할 때 증여세율은 50%이고 누진 공제 4억 6,000만 원을 빼면 45억 원의 증여세를 내야 한다. 그런데 베이커리 카페를 '가업 승계에 대한 증여세 과세 특례'를 통해 증여한다면 10억 원 공제 후 나머지 90억 원에 대해 10% 세율만 적용하기에 9억 원만 내면 되며, 이후 상속 시점에 가업 승계 요건이 충족되면 최소 300억 원에서 최대 600억 원까지 가업 상속 공제를 받을 수 있다.

다만 '초대형 베이커리 카페'는 부동산 전체를 사업용 자산으로 인정받을 수 있을지 이슈가 존재하고 상속세 절세 수단으로 악용되어 정부 차원의 제도 개선과 철저한 관리 감독이 필요하다는 주장도 제기되고 있으니, 향후 세법 개정 내용 등을 충분히 살펴볼 필요가 있다.

그리고 자녀가 부모로부터 가업 승계를 받아야 하나, 의사 등과 같은 전문직에 종사하는 자녀의 경우나 자녀가 가업에 종사하기를 원치 않는 경우가 종종 있는데, 이 경우에는 자녀가 주식만 증여받고 그 배우자가 가업에 종사하며 대표이사에 취임하면 특례 적용이 가능하다. 즉 자녀가 주식을 증여받고 며느리 또는 사위가 가업에 종사하며 대표이사에 취임할 때도 특례 적용이 가능하게 되었다.

가업 승계에 대한 증여세 과세 특례제도는 회사의 주식 가치가 상승할 것으로 예상되는 경우, 후계자에게 계획적 증여가 필요한 경우, 가업 상속 공제 사후 관리 요건의 위배 가능성이 큰 경우 등에 증여세 과세 특례 제도를 활용해 주식 가치 상승분만큼 절세 효과를 노릴 수 있고 후계자 앞 배당으로 세금 납부 재원을 확보할 수도 있다.

가업 승계 증여세 과세특례 적용 요건

요건	기준	내용
가업 요건	공통	① 법인사업자 여부 ② 10년 이상 계속하여 경영한 기업 ③ 상증령 별표에 따른 업종을 주된 사업으로 영위 ④ 10년 이내 조세포탈 또는 회계 부정행위로 징역형 또는 「주식회사 등의 외부감사에 관한 법률」 제39조 1항에 따른 죄(거짓으로 재무제표를 작성·공시 등)에 해당하지 않을 것
	중소기업	① 자산총액 5,000억 원 미만 ② 조특령 §2①1, 3호 요건(매출액, 독립성 기준)을 충족
	중견기업	① 직전 3개 사업연도 매출액 평균 5,000억 원 미만 ② 조특령 §9④1, 3호 요건(독립성 기준)을 충족
증여자		① 60세 이상 부모 ② 증여일 현재 10년 이상 계속 경영
주식 보유		증여자와 그의 특수관계인의 주식 등을 합해 비상장기업은 40%(상장기업 20%) 이상 주식 10년 이상 계속 보유
가업 승계자		① 18세 이상 ② 증여세 신고기한까지 가업에 종사
사후 요건		1. 사후관리 기간 경과 여부 (사후관리 기간 : 5년) 2. 가업 종사 여부 　① 증여일부터 3년 내 대표이사 취임 여부 　② 증여일로부터 5년까지 대표이사 유지 여부 　③ 가업의 주된 업종 변경 여부(대분류 내 업종 변경 허용 등 상증령 §15) 　④ 가업을 1년 이상 휴업(무실적 포함) 또는 폐업 여부 3. 수증자 지분 감소 여부

출처: 국세청 가업승계지원제도 안내(2024.4)

일반 증여 VS 특례 증여

구 분	일반 증여	증여세 과세 특례	비 고
세율 적용	1억 원 이하 10% 5억 원 이하 20% 10억 원 이하 30% 30억 원 이하 40% 30억 원 초과 50%	10억 원 공제, 10% (120억 원 초과분 20%) 사업기간에 따라 10년 이상 300억 원, 20년 이상 400억 원, 30년 이상 600억 원	2023. 1. 1. 개정 내용
사전 증여 재산 합산	증여일 전 10년 이내 일반 증여 재산이 있을 경우 합산 과세	일반 증여 재산과 합산 과세 안 됨	
연부 연납[82]	5년 6회	15년 16회	
상속 재산 합산	사전 증여 후 10년 이후 상속이 개시될 경우 상속 재산 합산 배제	기간 관계없이 상속 재산에 합 산해 정산 ① 증여 당시 평가액으로 상속 재산에 포함 ② 합산분은 가업 상속 공제 재 차 적용 가능	

---

82 세금을 수년간 나누어 매년 1회 납부하는 것으로 일반적인 경우 상속세는 10년, 증여세는 5년에 걸쳐 납부함.

증여세과세표준신고 및 자진납부계산서

(창업자금 및 가업승계주식 등 특례세율 적용 증여재산 신고용)

[　]기한 내 신고　[　]수정신고　[　]기한 후 신고

관리번호	－

※ 뒤쪽의 작성방법을 읽고 작성하시기 바랍니다.

(앞쪽)

수증자	① 성　명		② 주민등록번호		③ 거주 구분	[ ] 거주자　[ ]비거주자
	④ 주　소				⑤ 전자우편주소	
	⑥ 전화번호	(자 택)		(휴대전화)	⑦ 증여자와의 관계	증여자의 (　)
증여자	⑧ 성　명		⑨ 주민등록번호		⑩ 증여일자	
	⑪ 주　소				⑫ 전화번호	(자택) (휴대전화)
세무대리인	⑬ 성　명		⑭ 사업자등록번호		⑮ 관리번호	
	⑯ 전화번호	(사무실)		(휴대전화)		

구　분			금 액	구　분		금 액
증여세과세가액	창업자금 (「조세특례제한법」 제30조의5)	⑰ 해당 증여재산(부표 1 ⑯가액)		㉛ 신고불성실가산세		
		⑱ 가산 증여재산(부표 1 ⑪가액)		㉜ 납부지연가산세		
	가업승계주식등 (「조세특례제한법」 제30조의6)	⑲ 해당 증여재산(부표 2 ⑫가액)		㉝ 자진납부할 세액 (㉗ - ㉘ + ㉛ + ㉜)		
		⑳ 가산 증여재산(부표 2 ⑦가액)			납부방법	납부 및 신청일
	㉑ 합계[(⑰ + ⑱) 또는 (⑲ + ⑳)]			㉞ 연부연납		
㉒ 증여재산공제				현금	㉟ 분납	
㉓ 재해손실공제 (「상속세 및 증여세법」 제54조)					㊱ 신고납부	
㉔ 감정평가수수료				「상속세 및 증여세법」 제68조 및 같은 법 시행령 제65조제1항에 따라 증여세의 과세가액 및 과세표준을 신고하며, 위 내용을 충분히 검토하였고 신고인이 알고 있는 사실을 그대로 적었음을 확인합니다.		
㉕ 과세표준 (㉑ - ㉒ - ㉓ - ㉔)						
㉖ 세율 (10%, 20%)				년　　　월　　　일		
㉗ 산출세액				신고인　　　　　(서명 또는 인)		
세액공제	㉘ 세액공제 합계(㉙ + ㉚)			세무대리인은 조세전문자격자로서 위 신고서를 성실하고 공정하게 작성하였음을 확인합니다.		
	㉙ 납부세액공제 (「상속세 및 증여세법」 제58조)			세무대리인　　　　(서명 또는 인)		
	㉚ 외국납부세액공제 (「상속세 및 증여세법」 제59조)			세무서장　귀하		

신고인 제출서류	1. 증여재산평가 및 과세가액계산명세서(부표 1) 1부 2. 채무사실 등 그 밖의 입증서류 1부 3. 창업자금 특례신청서 또는 주식 등 특례신청서 1부	수수료 없음
담당공무원 확인사항	1. 주민등록표등본 2. 증여자 및 수증자의 관계를 알 수 있는 가족관계등록부	

행정정보 공동이용 동의서

본인은 이 건 업무처리와 관련하여 담당 공무원이 「전자정부법」 제36조제1항에 따른 행정정보의 공동이용을 통하여 위의 담당 공무원 확인 사항을 확인하는 것에 동의합니다.　　* 동의하지 않는 경우에는 신고인이 직접 관련 서류를 제출해야 합니다.

신고인　　　　　　　　　　　　　　　　(서명 또는 인)

210mm×297mm[백상지 80g/㎡]

가업승계 주식 등 증여재산평가 및 과세가액 계산명세서

관리번호 | -

① 증여일 현재 주식 등의 가액			
사업 관련 자산가액 비율	② 총자산가액		
	사업무관 자산가액	㉮ 「법인세법」 제55조의2 해당 자산	
		㉯ 「법인세법 시행령」 제49조 해당 자산 및 임대용부동산	
		㉰ 「법인세법 시행령」 제61조 제1항 제2호 해당자산	
		㉱ 과 다 보 유 현 금	
		㉲ 영업활동과 직접 관련 없이 보유하는 주식·채권 및 금융상품	
		③ 사업무관자산 가액 계	
	④ 사업관련 자산가액 (② - ③)		
	⑤ 사업관련 자산가액 비율 (④ ÷ ②)		
과세특례 적용 전 증여세 과세가액 계산	⑥ 가업자산상당액 (① × ⑤)		
	⑦ 기 과세특례적용분 증여세 과세가액		
	⑧ 합계액 (⑥ + ⑦)		
과세 특례 적용 한도금액 계산	⑨ 총한도액 (※)		
	⑩ 기 과세특례적용분 증여세과세가액 (= ⑦)		
	⑪ 계 (⑨ - ⑩)		
과세특례 적용 대상 증여세 과세가액	⑫ ⑧과 ⑪ 중 적은 금액 [다만, ⑧ < ⑨이면, (⑧ - ⑦)의 금액]		
기본세율 적용대상 가액	⑬ 증여재산가액 (① - ⑫)		

※ 총한도액

가업 영위 기간	한도액
10년 이상 20년 미만	300억 원
20년 이상 30년 미만	400억 원
30년 이상	600억 원

작성방법

1. "① 증여일 현재 주식 등의 가액"란은 증여재산 중 가업에 해당하는 법인의 주식 등의 가액을 적습니다.

2. "② 총자산가액"은 증여일 현재 해당 법인의 전체 자산을 「상속세 및 증여세법」 제4장에 따라 평가한 가액을 적습니다.

3. 사업무관자산 가액의 ㉮~㉲란은 「상속세 및 증여세법 시행령」 제15조 제5항 제2호 가목부터 마목까지에 해당하는 가액을 각각 적습니다.

4. "④ 사업관련 자산가액"란은 ② 총자산가액에서 ③ 사업무관자산 가액의 합계액을 뺀 가액을 적습니다.

5. "⑥ 가업자산상당액"란은 "① 증여일 현재 주식 등의 가액에 "⑤사업 관련 자산가액 비율"을 곱한 가액을 적습니다.

6. "⑦ 기 과세특례적용분 증여세과세가액"란에는 해당 증여일 전에 동일 과세특례를 적용받은 증여재산에 대한 과세가액(「조세특례제한법」 제30조의6 제2항에 따라 주식 등을 증여받고 가업을 승계한 거주자가 2인 이상인 경우 증전 거주자가 수증한 주식 등을 포함한다)을 적습니다.

7. "⑬ 증여재산가액"의 금액은 「증여세 과세표준신고 및 자진납부계산서(별지 제10호서식)」 "⑪ 증여재산가액"에 적어 증여세 과세표준 및 세액을 작성해야 합니다.

80g/㎡]

21. 상속세 연부 연납과 납부 유예 제도 중 유리하게 선택하라

상속세는 일시에 납부하는 것이 원칙이나, 상속 재산이 대부분 부동산이나 주식 등으로 구성되었으면 세금 납부를 위해 현금화하는 데 상당한 시일이 소요되고 부득이 사업용 재산 등을 급히 매각하게 된다면 사업 유지의 곤란, 저가 매각으로 인한 손실 등으로 경영에 큰 부담이 될 수 있다. 이에 따라 일시 납부에 따른 과중한 세 부담을 분산시켜 상속 재산을 보호하고 납세 의무의 이행을 쉽게 하기 위해 일정 요건이 성립될 때 나누어 납부할 수 있도록 하고 있는데, 2회에 나누어 내는 것을 분납, 장기간에 나누어 내는 것을 연부 연납이라고 한다.

가업 상속 재산에 대한 상속세는 10년의 거치 기간 포함 최장 20년[83]으로 일반 상속 재산의 연부 연납 기간 10년보다 더 장기적으로 운영해 가업 승계를 특례 지원하고 있다. 상속세 또는 증여세 납부세액이 2,000만 원을 초과하고 납세 담보를 제공하며 연부 연납 신청서를 납세지 관할 세무서에 제출하면 허가 여부를 서면으로 통지한다.

또한 2023년 상속·증여분부터 도입된 제도로 중소기업의 경우 가업 승계를 받은 상속인 또는 수증자가 상속·증여받은 가업 재산을 양도·상속·증여하는 시점까지 상속세 또는 증여세의 납부를 유예하는 제도로 가업 승계 시 상속·증여세 납부 유예 제도를 신설했다.

---

83 연부 연납 기간은 허가일부터 20년 또는 연부 연납 허가 후 10년이 되는 날부터 10년이다.

가업 상속 공제 또는 가업의 승계에 대한 증여세 과세 특례 요건을 충족하는 중소기업이 신청할 수 있으나, 가업 상속 공제 또는 증여세 과세 특례와 납부 유예 제도는 중복으로 적용할 수 없고 이 중 하나만 선택할 수 있다. 납부 유예 제도는 기존 가업 승계 지원제도에 비해 사후 관리 요건이 완화된 것으로, 사후 관리 기간은 5년이고 가업과 지분 요건만 유지하면 업종 유지 요건은 없어 업종을 변경해도 사후 관리 요건 위반에 해당하지 않는다.

고용 유지 의무도 사후 관리 기간 5년을 통산해 정규직 근로자 수의 전체 평균 또는 총급여액 전체 평균이 기준고용인원 또는 기준 총급여액의 70% 이상을 유지(가업 상속 공제의 경우 90% 이상 유지해야 함)하는 것으로 되어 있어, 미래에 업종 변경이 필요하거나 종업원을 10% 이상 감원해야 하는 경우 납부 유예 제도를 활용해 다음 상속 시까지 세금을 유예할 수 있다.

다만 납부 유예 제도도 사후 관리 의무가 있어 가업 상속에 대한 상속세를 납부 유예받으면 ① 소득세법을 적용받는 기업으로서 가업용 자산의 40% 이상을 처분한 경우 ② 상속인이 가업에 종사하지 아니한 경우, ③ 주식 등을 상속받은 상속인의 지분이 감소한 경우, ④ 근로자 수[84] 및 총급여 기준[85]을 모두 충족하지 않으면 위반 사항이며, 상속세가 아닌 증

---

[84] 상속 개시일로부터 5년간 정규직 근로자 수의 전체 평균이 상속 개시일이 속하는 직전 2개 사업연도의 정규직 근로자 수의 평균의 100분의 70에 미달하는 경우
[85] 상속 개시일로부터 5년간 총급여액의 전체 평균이 상속 개시일이 속하는 직전 2개 사업연도의 총 급여액의 100분의 70에 미달하는 경우

여세를 납부 유예받으면 ① 수증인이 가업에 종사하지 않은 경우, ② 주식 등을 증여받은 거주자의 지분이 감소한 경우, ③ 근로자 수 및 총급여 기준을 모두 충족하지 않은 경우가 위반 사항으로 유예한 세금 및 이자 상당액을 내야 하니 주의해야 한다.

핵심 정리

○ 가업 상속 공제 제도는 최고 600억 원까지 상속 공제되는 제도로 개인 사업자도 가능하니 기업 요건, 피상속인(대표자) 요건, 상속인(후계자) 적용 요건을 이해하고 세법 개정 내용에 지속적인 관심이 필요하다.

○ '가업 승계에 대한 증여세 과세 특례' 제도는 법인 사업자만 가능하며, 최대 600억 원을 한도로 120억 원까지 10억 원을 공제한 후 10%(초과금액은 20%)의 낮은 세율로 증여세를 과세하기에, 신기술 개발 등에 따른 회사의 주식 가치가 급상승할 것으로 예상되는 경우 적극적으로 활용하면 유리하다.

○ 가업 상속 재산에 대한 연부 연납 기간은 20년(일반 상속의 경우 10년), 가업 승계에 대한 증여세 과세 특례에 대한 연부 연납은 15년(일반 증여의 경우 5년)이 적용되는 바, 연부 연납제도와 2023년부터 시행된 납부 유예 제도 중 유리하게 선택하라.

CHAPTER 2

상속·증여 시 주요 이슈

22. 부동산 상속·증여 시 감정 평가를 해야 하는가?

합성수지 제조업을 영위하는 70대 후반의 대표자는 고령인 점을 고려해 본인이 소유 중인 상업용 부동산을 자녀에게 증여하기 위해 거래 중인 세무사에게 상담했더니, 부동산 감정 평가 후 2회에 걸쳐 증여하는 방안을 제시받았다고 한다. 내용인즉, 2개의 감정 평가법인에서 감정 평가를 받고 부동산 시가가 50억 원에 달하니 한꺼번에 증여하지 말고 30억 원 이하로 증여할 수 있도록 소유 지분의 1/2만 증여하고, 10년이 지난 시점에 나머지를 1/2을 증여하라는 내용이었다. 대표자는 상담 내용대로 감정 평가법인 2곳에서 감정 평가를 받은 후 전체 지분의 1/2을 자녀에게 먼저 증여했다.

대표자는 평상시 꾸준한 운동으로 건강을 유지하고 있으나, 70대 후

반의 고령인데 10년 이후에 나머지 1/2을 증여해야 한다며 답답함을 토로했다. 이에 상속·증여세는 시가 평가가 원칙이나, 비주거용 부동산은 시가 대비 저평가되어 형평성 논란이 있어 불공정한 평가 관행을 개선하고, 과세 형평성을 높이기 위해 감정 평가사업을 시행하게 되었다고 국세청이 발표한 2020년 1월 31일 자 보도자료를 보여주었다.

국세청 보도자료 2020. 1. 31.

상속·증여세 과세형평성 위한 꼬마빌딩 감정 평가사업 시행

기존 상속·증여세 시가 평가 시 비주거용 부동산의 경우 시가 대비 저평가되어 형평성 논란이 있어 왔다. 이에 국세청은 불공정한 평가 관행을 개선하고 과세형평성 증진을 위한 감정평가사업을 시행한다. 평가 대상은 비주거용 부동산 및 지목의 종류가 대지 등으로 지상에 건축물이 없는 토지(나대지)이며, 보충 평가 방법에 따라 시가와 차이가 크고 고가의 부동산을 중심으로 감정 평가를 실시할 계획이다. 평가 절차는 둘 이상의 감정기관에 의뢰하고, 평가가 완료된 후에는 평가심의위원회의 심의를 거쳐 시가로 인정된 감정가액으로 상속·증여 재산을 평가하게 된다. 2019년 2월 「상속세 및 증여세법 시행령」 개정으로 평가 기간 이후 법정 결정 기한까지의 감정가액도 시가로 인정받을 수 있다.

보도자료의 주요 내용은 2019년 2월 '상속세 및 증여세법 시행령' 개정으로 평가 기간 이후 법정 결정 기한까지의 감정가액도 시가로 인정받을 수 있는 법적 기반이 마련되었으니 비주거용 부동산 및 지목의 종류가 대지 등으로 지상에 건축물이 없는 토지(나대지)를 대상으로 시가와의 차이가 크고, 고가인 부동산을 중심으로 감정 평가를 실시할 계획이며 감정 평가는 둘 이상의 감정기관에 의뢰하고, 평가가 완료된 후에는 평가심의 위원회 심의를 거쳐 시가로 인정된 감정가액으로 상속·증여 재산을 평가해 꼬마빌딩 등에 대한 상속·증여세 과세 형평성을 높이게 될 것으로 기대된다고 했다.

국세청 설명에 따르면, 상속세 및 증여세법상 상속세나 증여세가 부과되는 재산의 가액은 상속 개시 및 증여 당시의 시가[86]에 따르도록 해 시가 평가를 원칙으로 하고 있으나, 예외적으로 시가를 산정하기 어려운 경우에 한해 보충적 평가 방법[87]에 의해 평가하도록 하고 있으며 이 경우 부동산은 공시가격[88]에 의해 평가하도록 하고 있다.

부동산의 경우 아파트·오피스텔 등은 면적·위치·용도 등이 유사한 물건이 많아 매매사례 가액 등을 상속·증여 재산의 시가로 활용할 수 있으나, 비주거용 부동산은 아파트 등과 달리 물건별로 개별적 특성이 강해

---

86 불특정 다수인 사이에 자유로이 거래가 이루어지는 경우에 통상 성립된다고 인정되는 가액을 말하는 것으로서, 증여일 전 6개월 후 3개월 이내의 기간(이하 '평가 기간') 중 매매·감정·수용·경매 또는 공매(이하 '매매 등')가 있는 경우에는 그 확인되는 가액을 포함한다.
87 해당 재산의 종류, 규모, 거래 상황 등을 고려해 「상속세 및 증여세법」 제61조부터 제65조까지 규정된 방법
88 (토지) 개별공시 지가, (단독주택) 개별주택가격, (공동주택) 공동주택가격

비교 대상 물건이 거의 없고 거래도 빈번하지 않아 매매 사례가액 등을 확인하기 어려워 대부분 공시가격으로 상속·증여 재산을 평가·신고하고 있다. 하지만 공시가격 현실화율이 현저하게 낮아 일부 자산가들이 저평가된 꼬마빌딩 등 비주거용 부동산을 편법 증여 수단으로 악용하는 등 과세 형평성 논란이 지속해서 제기되어 왔다는 주장이다.

이 발표에 따라 비주거용 부동산에 대한 상속·증여 상담 시 세무사는 감정 평가를 해야 향후 문제가 없다고 안내하며, 자발적으로 2개 감정 평가법인의 감정 평가를 받아 세금을 내도록 대표자에게 안내하고 있다.

그러나 국내 대형 법무법인에서 과세 관청이 주장하는 부과 처분의 근거가 약하고 임의의 감정 평가가 조세법률주의와 조세평등주의에 위반될 소지가 커 법원의 판단을 받아볼 필요가 있다는 의견을 제시했다.[89] 법무법인에서는 과세 관청이 법령상 기준도 없이 특정 납세자를 임의로 선정해 해당 납세자의 상속·증여 재산에 대한 감정 평가를 실행할 수 있는 권한을 부여하고 있지 않은 상태에서, 이를 근거로 부과 처분을 하는 것은 법률에 근거하지 않아 조세법률주의 원칙에 위배되는 위법한 것이 아닌가 하는 의문을 주장했다.

주요 내용을 살펴보면, 과세 관청의 위와 같은 임의적인 감정 평가는 납세자가 상속세 및 증여세법에 따라 공시·고시 가액 등을 근거로 적법하게 상속·증여세 신고·납부를 완료했음에도 불구하고, 과세 관청이 그

---

89 2021. 9. 6 법무법인(유) 세종 조춘 파트너변호사, 황태상 변호사 '과세 관청이 임의로 감정 평가를 해 상속·증여세를 과세하는 것이 적법한가?'

후 임의로 감정 평가를 진행해 납세자가 신고한 상속·증여 재산의 가액을 부인하는 것은 해당 상속·증여 재산의 가액을 평가하면서 공시·고시 가액에 의할 것인지 감정가액에 의할 것인지가 과세 관청의 자의적 재량에 따라 결정된다는 심각한 문제점을 발생시키는 점, 그 결과 납세자들로서는 상속·증세법에 따라 적법하게 신고·납부를 완료하더라도 과세 관청이 임의로 진행하는 감정 평가 결과에 따라 자기에게 부과될 세액이 달라지므로, 납세 의무의 범위를 예측할 수 없게 되는 지극히 불안한 지위에 놓이게 되는 점 등에서도 조세법률주의 원칙에 위배되는 위법한 것이 아닌가 하는 의문이 든다는 것이다.

또한 과세 관청으로 하여금 아무런 법령상의 기준도 없이 특정 납세자를 임의로 선정해 해당 납세자의 상속·증여 재산에 대한 감정 평가를 실행할 수 있는 권한을 부여하고 있지 않으며, 따라서 과세 관청이 자의적으로 특정 납세 의무자를 선정해 상속·증여 재산에 대한 감정 평가를 실시하고 이를 근거로 삼아 부과 처분을 하는 것은 그 자체로 법률에 근거하지 않은 위법한 것이 아닌가 하는 의문을 제기했다.

현재 국세청의 감정 평가사업은 납세자의 저항을 받아 여러 건의 심판 절차가 진행 중인 것으로 알려져 있다. 원고인 납세자 측 주장에 대한 서울고등법원의 판단은 다음과 같다. 먼저 '상속세 및 증여세법 시행령 제49조(평가의 원칙 등) 제1항 본문 및 단서가 조세법률주의 내지 위임입법 한계를 벗어나서 무효이므로 이를 적용한 과세처분은 위법하다'는 주장에 대해, 법원은 '시가의 범위를 구체화, 명확화하는 차원에서 시가로 볼 수 있는 대표적인 경우를 예시하고 있는 조항'이라며 납세자의 의견을 배척했다.

또한 과세 관청의 자의적 소급감정은 조세법률주의와 조세형평 주의에 위반된다고 주장한 내용에 대해 '시간의 경과, 주위 환경의 변화 등에 비추어 가격 변동의 특별한 사정이 없는 경우'에 한해 제한적으로 해석한다면, 조세법률주의에 반한다고 단정할 수 없다고 판시했다.

끝으로 상속세 및 증여세법 시행령 제49조(평가의 원칙 등) 제1항 단서에서 정한 **해당 평가기준일과 감정가액 기준일 사이의 '가격 변동의 특별한 사정이 없을 것'이라는 과세 요건을 충족해야 하는데**, 과세 관청에서는 이를 입증하고 있지 못하므로 해당 감정가액은 시가로 인정할 수 없다고 주장한 내용에 대해 **법원은 가격 변동이 존재한다는 것을 인정했고 이를 이유로 납세자가 승소했다.**

내용을 살펴보면 2023. 6. 16. 서울고등법원에서는 교회 外 1이 세무서장을 상대로 제기한 상속세 부과 처분 취소소송 사건에서 '평가심의위원회를 거친 감정가액의 시가 적법 여부' 2심 판결[90]이 선고되었다. 판결 요지는 '상속 재산의 평가 방법과 관련해 상속 개시 당시의 '시가'는 원칙적으로 정상적인 거래에 의해 형성된 객관적인 교환가격을 말한다고 할 것이므로, 위 매매가액을 상속 개시 당시의 시가라고 할 수 있기 위해서는 객관적으로 보아 그 매매가액이 일반적이고도 정상적인 교환가치를

---

90 서울고등법원 2023. 6. 16. 선고 2023누35380 판결

적정하게 반영하고 있다고 볼 사정이 있어야 하고, 또한 상속 개시 당시와 위 매매일 사이에 그 가격의 변동이 없어야 한다고 할 것이며, 이러한 가격 변동이 없었다는 점은 과세 관청이 주장·증명해야 한다.[91] 또한 세무서가 평가심의위원회에서 이 사건에 관해 가격 변동의 특별한 사정이 없다고 심의했다고 주장하기도 하나, 평가심의위원회의 심의는 상속세 및 증여세법 시행령 제49조 제1항 단서에 따라 시가를 인정하기 위한 하나의 요건일 뿐, 그러한 심의가 있다고 해서 앞서 본 것과 같은 가격 변동의 특별한 사정이 없다는 점에 관한 증명이 이루어졌다고 볼 수 없다'는 이유로 납세자의 손을 들어줬다.

이에 과세 관청은 법원에서의 패소 원인을 보완하며 감정 평가 사업을 계속 진행하고 있으며, 2023년 7월 상속세 및 증여세 업무 전반에 관한 기본사항과 사무처리 절차를 규정한 '상속세 및 증여세 사무처리 규정'을 개정하며 감정 평가 대상의 선정 기준을 ① 추정 시가[92]와 보충적 평가액 차이가 10억 원 이상인 경우 ② 추정 시가와 보충적 평가액 차이의 비율이 10% 이상인 경우로 공개했다. 이후 2024년 12월 보도자료를 통해 기존에는 비주거용 부동산 및 지상에 건물이 없는 나대지를 대상으로만 실시하던 감정 평가를 2025년부터는 시가보다 현저히 낮은 가격으로 신고한 주거용 부동산[93]도 대상으로 추가했고, 감정 평가 범위를 확대

---

91 대법원 1988. 6. 28. 선고 88누582 판결, 대법원 1998. 7. 10. 선고 97누10765 판결, 대법원 2012. 4. 26. 선고 2011두30038 판결 등 참조
92 국세청에서 5개 감정 평가 법인에 추정 시가 산출 의뢰, 최고액과 최저액을 제외한 가액의 평균값으로 산정
93 초고가 아파트, 호화 단독주택 등

하기 위해 선정기준도 신고가액이 추정 시가보다 5억 원 이상 낮거나(기존 10억 원), 차액의 비율[94]이 10% 이상이면 감정 평가하도록 범위를 확대 발표했다.

국세청 보도자료 2024. 12. 3.

부동산 감정 평가 확대로 상속·증여세 더욱 공정해진다

국세청은 공정한 과세에 역량을 집중하여 시민 모두 정당한 몫의 세금을 부담하도록 공정함에 노력을 기하고 있다. 그 일환으로 상속·증여하는 부동산을 시가에 맞게 평가하고 과세하기 위해 부동산 감정 평가 대상을 추가하고 그 범위를 더욱 확대할 예정이다. 국세청은 지난 2020년부터 꼬마빌딩(개별기준 시가가 공시되지 않는 중소 규모의 건물) 감정 평가 사업을 시행해왔다. 그 결과, 사업 시행 이후 4년간 총 156억 원의 예산으로 기준 시가로 신고한 꼬마빌딩 727건을 감정 평가해 신고가액(4.5조 원)보다 71% 높은 가격(7.72조 원)으로 과세했다.

94 [(추정 시가 − 신고가액) / 추정 시가]

종합해보면, 법원은 원칙적으로 개정된 시행령을 근거로 한 **과세 관청의 감정 평가사업 자체는 그 규정상 문제없는 것으로 판시했으나,** 국세청이 제시한 감정가액이 평가기준일 현재의 시가를 적절하게 반영하고 있지 않다는 점을 이유로 납세자의 손을 들어주고 있으며, 납세자 입장에서는 감정 평가를 하지 않아도 국세청의 감정 평가사업으로 인한 신고 불성실 및 납부 지연은 가산세가 부과되지 않으니, **자발적 감정 평가를 지양하고 부과 처분 취소소송 등 적극적 대응과 향후 대법원의 판단에 관심을 가져야 한다.**

상속세 및 증여세 사무처리 규정 [시행 2024. 5. 20.]

제72조(감정 평가 대상 및 절차) ① 지방국세청장 또는 세무서장은 상속세 및 증여세가 부과되는 재산에 대해 시행령 제49조 제1항에 따라 둘 이상의 감정기관에 의뢰해 평가할 수 있다. 다만, 비주거용 부동산 감정 평가 사업의 대상은 비주거용부동산 등(「소득세법」 제94조 제1항 제4호 다목에 해당하는 부동산과 다보유 법인이 보유한 부동산 포함)으로 한다.

② 지방국세청장 또는 세무서장은 다음 각 호의 사항을 고려해 비주거용부동산 감정 평가 대상을 선정할 수 있으며, 이 경우 대상 선정을 위해 5개 이상의 감정 평가법인에 의뢰해 추정시가(최고값과 최소값을 제외한 가액의 평균값)를 산정할 수 있다.

 1. 추정시가와 법 제61조부터 제66조까지 방법에 의해 평가한 가액(이하 "보충적 평가액"이라 한다)의 차이가 10억 원 이상인 경우 ☞ 2025년부터 5억 원 이상으로 확대

 2. 추정 시가와 보충적 평가액 차이의 비율이 10% 이상[(추정 시가-보충적 평가액)/추정 시가]인 경우

③ 지방국세청장 또는 세무서장은 제1항에 따라 감정 평가를 실시하는 경우 「감정 평가 실시에 따른 협조 안내(별지 제34호 서식)」를 작성해 납세자에게 안내하고, 감정 평가가 완료된 후에는 감정 평가표(명세서 포함)를 납세자에게 송부해야 한다. 다만, 납세자의 요청이 있는 경우 감정 평가서 사본을 세무조사 결과 통지 시 함께 송부해야 한다.

④ 지방국세청장 또는 세무서장은 둘 이상의 감정기관에 의뢰해 산정된 감정가액에 대해 시행령 제49조 제1항 단서에 따라 평가심의위원회에 시가 인정 심의를 신청해야 하며, 시가 인정 심의에 관한 사항은 「평가심의위원회 운영규정」에 따른다.

⑤ 그 밖에 규정되지 않은 사항은 국세청장이 별도로 정하는 기준에 따른다.

23. 헌법재판소 유류분 제도의 위헌 결정 시사점에 관심을 가져라

앞서 '들어가며'에서 상속 개시 전 작성한 '상속 포기 각서'가 무효인 사례를 설명했다. 즉 유류분을 포함한 상속의 포기는 상속이 개시된 후 일정한 기간 내에만 가능하고 가정법원에 신고하는 등 일정한 절차와 방식에 따라야만 그 효력이 있으므로, 상속 개시 전에 이루어진 상속 포기 약정은 그와 같은 절차와 방식에 따르지 아니한 것으로 그 효력이 없다. 그리고 상속인 중의 1인이 피상속인의 생전에 피상속인에 대해 상속을 포기하기로 약정했다고 하더라도, 상속 개시 후 민법이 정하는 절차와 방식에 따라 상속 포기를 하지 않은 이상 상속 개시 후에 자신의 상속권을 주장하는 것은 정당한 권리 행사로 권리남용에 해당하거나 신의칙에 반하는 권리의 행사라고 할 수 없다는 것이 대법원의 입장[95]이다.

최근 자산가치 급등에 따라 상속 재산 가액도 증가했으며, 이에 따른 상속인들 간의 분쟁도 빈번하게 발생하고 있다. 90세의 고령의 부모를 모시던 한 대표자는 누나가 1명 있다. 누나는 20대 중반 결혼으로 외국에서 거주하느라 왕래가 뜸한 편이었는데 이혼과 사업 부진으로 최근 귀국했다고 한다. 누나는 대표자인 동생은 100억 원이 넘는 재산을 보유하고 있는데, 본인만 재산이 없다며 유류분(遺留分)을 청구하겠다는 말을 주위 친척에게 말하고 다닌다며 대표자가 고민 상담을 요청해왔다.

유류분이란 피상속인이 생전에 자기의 재산을 자유로이 처분할 수 있는 것과 같이 유언으로 재산을 처분하는 것도 자유지만, 상속인의 생계도 고려하지 않고 사망 직전에 모두 타인에게 유언으로 증여하는 처분 행위는 바람직하지 못하므로, 일정 비율의 재산을 상속인을 위해 남기도록 하는 취지로 1977년 제도를 신설했고 1979년 1월 1일 시행되었다.

대표자는 과거 누나가 결혼하고 외국으로 나갈 때 부모로부터 당시 큰 금액을 현금으로 받았고 본인은 비슷한 금액의 부동산을 증여받았는데, 유류분은 어떻게 계산되고 약 30년 전에 증여가 끝난 일인데 지금 와서 영향을 미치는지 궁금해 했다.

법이 정해 놓은 최소한의 상속분인 유류분은 (상속 개시 당시의 적극 재산 + 증여 재산 - 채무) × (유류분 비율 × 법정 상속분) - 특별 수익으

---

95 대법원 1994. 10. 14. 선고 94다8334 판결, 대법원 1998. 7. 24. 선고 98다9021 판결

로 계산한다. 즉, 유류분 산정의 기초가 되는 재산은 상속 개시 시에 가진 재산의 가액에 증여 재산의 가액을 가산하고 채무의 전액을 공제해 이를 산정한다.[96] 이 중 증여 재산은 원칙적으로 상속 개시 전 1년 사이에 이루어진 증여만 포함되지만[97] 제3자가 아닌 공동상속인이 받은 증여는 '특별 수익'으로 민법 제1114조 적용이 배제되어 증여의 시기와 관계없이 유류분 산정의 기초 재산에 포함된다. 여기서 특별 수익이란 증여, 유증, 또는 상속 재산분할로 가져간 재산을 전부를 총괄해 일컫는다.

유류분 부족액 계산식

유류분 부족액 = [유류분 산정의 기초가 되는 재산액(A) × 당해 유류분권자의 유류분의 비율(B)] – 당해 유류분권자의 특별수익액(C) – 당해 유류분권자의 순상속분액(D)

A = 적극적 상속재산액 + 증여액 – 상속채무액

B = 피상속인의 직계비속과 배우자는 그 법정상속분의 1/2

C = 당해 유류분권자의 수증액 + 수유액

D = 당해 유류분권자가 상속에 의해 얻는 재산액 – 상속채무 분담액

대표자에게 설명하길, 많은 사람이 오해하는 것 중 하나는 '증여 후 10년이 지나면 그 재산은 유류분 대상이 되지 않는다'라고 알고 있으나, 유류분 제도가 생기기 전인 1979년 이전에 부모님이 재산을 증여하고 소유

---

96 민법 제1113조(유류분의 산정)

97 제1114조(산입될 증여) 증여는 상속 개시 전의 1년간에 행한 것에 한해 제1113조의 규정에 의해 그 가액을 산정한다. 당사자 쌍방이 유류분 권리자에 손해를 가할 것을 알고 증여를 한 때에는 1년 전에 한 것도 같다.

권이 자녀에게 이전된 때에는 증여 재산이 유류분 제도에 의한 반환 청구의 대상이 되지는 않으나,[98] 법 시행일 이후 생전 증여받은 재산이라면 공동상속인의 특별 수익에 해당해 모두 유류분 산정의 기초 재산에 포함될 수 있다고 설명했다. 그는 흔히 증여는 10년 단위로 합산된다는 이야기를 많이 들었는데, 유류분 제도는 30년 전에 증여받은 재산도 포함되느냐며 씁쓸해 했다.

유류분 청구 소송에서 다른 상속인에게 사전 증여한 재산의 가치는 증여 당시가 아닌 피상속인의 사망 시점의 가치로 산정된다. 대표자의 경우 현 사업체를 증여받을 당시 가액이 15억 원이었더라도 부모님 사망 시점의 부동산 감정가격이 120억 원이라면 이 금액으로 계산된다. 만약 대표자가 상속받고 부동산을 매각했더라도 매각 여부와 무관하게 상속 시점의 감정가격 120억 원으로 계산된다는 것을 설명했다.

다만 증여받은 재산이 상속 개시 전에 처분 또는 수용된 경우, 대법원은 유류분을 산정하는 데 증여 재산의 가액 산정 방법은 증여 재산의 현실 가치인 처분 당시의 가액을 기준으로 상속 개시까지 사이의 물가변동률을 반영한다[99]고 판시했다. 즉 수증자가 재산을 처분한 후 상속 개시 사이에 그 재산의 가치가 상승하거나 하락하는 것은 수증자나 기타 공동상속인들이 관여할 수 없는 우연한 사정인데, 그럼에도 상속 개시 시까지 처분 재산의 가치가 증가하면 그 증가분만큼의 이익을 향유하지 못했던

---

98 대법원 2012. 12. 13. 선고 2010다78722 판결 [유류분 반환]
99 대법원 2023. 5. 18. 선고 2019다222867 판결 [유류분 반환 청구]

수증자가 부담해야 하고, 감소하면 그 감소분만큼의 위험을 유류분 청구자가 부담해야 한다면 상속인 간 형평을 위해 마련된 유류분제도의 입법 취지에 부합하지 않게 된다는 점을 강조하고 있다.

누나의 경우 부동산이 아닌 금전을 증여받았으므로 그 증여받은 금액을 상속 개시 당시의 화폐가치로 환산해 이를 증여 재산의 가액으로 하고, 그러한 화폐가치의 환산은 증여 당시부터 상속 개시 당시까지 사이의 물가변동률을 반영하는 방법으로 산정한다.[100] 대법원 판례는 GDP디플레이터라는 물가지수를 사용해 유류분의 대상이 되는 증여 재산의 가치를 환산해야 하며, GDP디플레이터는 한 나라 안에서 생산된 모든 최종 생산물의 평균 가격을 나타내는 포괄적인 물가지수로, 명목 GDP를 실질 GDP로 나눈 값에 100을 곱해서 계산하며 한국은행에서 발표하는 GDP디플레이터를 사용한다.

결국 누나가 결혼 시점에 받았다는 금전의 특별 수익을 입증하지 못하면 대표자에게 증여된 부동산의 상속 시점 감정가격 120억 원을 상속인 2인으로 나눈 60억 원이 법정 상속분이 되고, 이 금액에 유류분 50% 계산 시 30억 원을 누나에게 지급해야 한다. 이에 대표자는 그렇다면 본인의 자녀 즉 할아버지가 손자에게 증여한 부동산도 유류분에 포함되는지 질문했다.

---

100 대법원 2009. 7. 23. 선고 2006다28126 판결 [소유권 말소 등기]

공동상속인이 아닌 제3자에 대한 증여는 원칙적으로 상속 개시 1년간에 행한 것만 유류분 반환 청구를 할 수 있고, 다만 당사자 쌍방이 증여 당시에 유류분 권리자에게 손해를 끼칠 것을 알고 증여했을 때는 상속 개시 1년 전에 한 것에 대해도 유류분 반환 청구가 허용된다. 민법 제1008조[101]에서는 상속인의 지위에서 증여받은 경우여야 특별 수익에 해당하므로 공동상속인이 아닌 손자에게 증여된 것은 특별 수익에 해당하지 않는다. 다만 판례는 여러 사정을 고려해서 손자에게 증여한 재산이 유류분 반환대상자에게 직접 증여된 것과 다르지 않다고 인정된다면 부모의 특별 수익으로 평가하고 있다고 설명했고, 유류분에 관한 내용을 이해한 대표자는 누나와 잘 협의해 원만히 정리될 것 같다는 내용을 전해왔다.

이러한 유류분제도에 대해 헌법재판소는 2024년 4월 25일 재판관의 일치된 의견이다. ① 피상속인의 형제자매의 유류분을 규정한 민법 제1112조 제4호를 단순 위헌으로 결정하고, ② 유류분 상실 사유를 별도로 규정하지 아니한 민법 제1112조 제1호부터 제3호 및 기여분에 관한 민법 제1008조의2를 준용하는 규정을 두지 아니한 민법 제1118조는 모두 헌법에 합치되지 아니하고 2025. 12. 31.을 시한으로 입법자가 개정할 때까지 계속 적용된다는 결정을 선고했다.

이 결정은 유류분 제도 자체를 부정한 것은 아니며 유류분 제도가 유

---

101 민법 제1008조(특별 수익자의 상속분) 공동상속인 중에 피상속인으로부터 재산의 증여 또는 유증을 받은 자가 있는 경우에 그 수증재산이 자기의 상속분에 달하지 못한 때에는 그 부족한 부분의 한도에서 상속분이 있다. 그러나 수증재산이 상속분을 초과한 경우에는 그 초과분의 반환을 요하지 아니한다.

족들의 생존권 보호 등 여러 측면에서 필요하다는 점을 인정하면서도, 일부 조항에 대해 위헌을 선언하고 입법 개선을 촉구한 것이다.

먼저 '피상속인의 형제자매는 상속 재산 형성에 대한 기여나 상속 재산에 대한 기대 등이 거의 인정되지 않음에도 불구하고 유류분권을 부여하는 것은 그 타당한 이유를 찾기 어렵다는 점에서 이를 피상속인, 수증자 및 수유자[102]의 재산권을 침해하는 것이라고 보아 피상속인의 형제자매의 유류분을 규정한 민법 제1112조 제4호는 헌법에 위반된다'고 결정했다. 그리고 피상속인을 장기간 유기하거나 정신적·신체적으로 학대하는 등의 패륜적인 행위를 일삼은 상속인의 유류분을 인정하는 것은 일반 국민의 법 감정과 상식에 반한다는 점에서 민법 제1112조에서 유류분 상실 사유를 별도로 정하고 있지 않은 부분은 위헌이라고 보았다.

또한 우리 민법 제1008조의2는 상속과 관련해서는 피상속인을 특별히 부양하거나 피상속인의 재산의 유지·증가에 특별히 기여한 상속인의 기여분을 인정하고 있다. 다만 유류분과 관련해서는 상속인의 기여분을 인정하지 않아, 상속인이 자신의 기여분으로 피상속인으로부터 정당한 대가로 증여받은 부분까지도 유류분 반환의 대상이 되어 비기여상속인의 유류분 반환 청구에 응해 위 증여 재산을 반환받아야 하는 부당하고 불합리한 상황이 발생하게 되는 점을 들어, 유류분 상실 사유를 별도로 규정하지 않은 부분과 함께 재판관 전원 일치 의견으로 헌법불합치 결정했다.

---

[102] 유산이나 유물을 물려받기로 유언 속에 지정된 사람

민법 제1112조 (유류분의 권리자와 유류분) 상속인의 유류분은 다음 각 호에 의한다.

1. 피상속인의 직계 비속은 그 법정 상속분의 2분의 1

2. 피상속인의 배우자는 그 법정 상속분의 2분의 1

3. 피상속인의 직계존속은 그 법정 상속분의 3분의 1

4. 피상속인의 형제자매는 그 법정 상속분의 3분의 1　← **위헌으로 효력 상실**

향후 2025. 12. 31을 시한으로 개정되는 민법 유류분 제도에 패륜적 상속인의 유류분을 제한하는 유류분 상실 사유가 신설되고, **상속인의 기여를 유류분에도 반영할 수 있게 되면서 회사의 성장에 기여한 상속인은 유류분 반환 청구의 대상에서 기여분만큼 더 인정받을 수 있어 가업 승계에도 영향이 클 것으로 예상되니** 개정되는 내용에 많은 관심이 필요하다.

24. 유언 대용 신탁으로 생전에 자유로운 상속 설계가 가능하다

반도체 제조설비에 꼭 필요한 기계 제조업을 영위 중인 대표자는 고령인데도 해당 분야에 지식이 해박하고 사업에도 열정적인 분이었다. 다만 고민이 하나 있었는데 대표자는 전처와의 사이에 성인인 자녀가 1명 있는 상태로 재혼했고, 재혼한 배우자가 회사에 부사장으로 근무 중이다.

재혼한 부인과 자녀는 서로 사이가 좋지 않으며, 얼마 전에는 귀국한 자녀와 대표자가 회사에서 다투는 모습을 직원들이 목격해 민망했다고 한다. 자녀는 유학 가서 결혼해 해외에서 직장생활 중이고 가업 승계에 관심이 없어 현재 재혼한 배우자에게 회사를 승계할 계획인데, 본인 사후에 유류분 갈등이 뻔히 예상되어 고민스럽다며 유류분을 회피할 수 있는 제도로 유언 대용 신탁이 있다는 내용을 지인에게 듣고 금융기관 유언 대용 신탁에 대해 문의했다.

이에 유언 대용 신탁이란 2012년에 시행된 개정 신탁법[103]이 유언 대용 신탁을 명시적으로 인정하면서 우리나라에 상속의 대체 수단으로 도입된 새로운 신탁 제도로, 위탁자가 생전에 본인 재산을 금융기관에 맡기면 금융기관은 신탁 재산에서 발생한 수익금을 본인 등 지정된 수익자에게 지급하고, 위탁자가 사망하면 생전에 지정했던 수익자(배우자, 자녀, 제3자 등)에게 신탁 재산을 안정적으로 승계하는 것을 목적으로 하는 신탁이라고 설명했다.

엄격한 형식을 요구하는 민법상 유언과 달리 유언 대용 신탁은 위탁자와 수탁자 간 계약에 해당해 그 약정 내용에 따라 자유로운 상속 설계가 가능하고 계약 시점부터 효력이 발생해 위탁자의 의사에 따라 자유로이 신탁 재산의 운용, 관리가 가능하며 법률상 명시적인 계약 기간의 제한은 없지만, 금융기관은 계약 기간을 최대 30년으로 운영하고 있어 필

---

103 신탁법 제59조(유언 대용 신탁) ① 다음 각 호의 어느 하나에 해당하는 신탁의 경우에는 위탁자가 수익자를 변경할 권리를 갖는다. 다만, 신탁 행위로 달리 정한 경우에는 그에 따른다.
1. 수익자가 될 자로 지정된 자가 위탁자의 사망 시에 수익권을 취득하는 신탁
2. 수익자가 위탁자의 사망 이후에 신탁 재산에 기한 급부를 받는 신탁
② 제1항 제2호의 수익자는 위탁자가 사망할 때까지 수익자로서의 권리를 행사하지 못한다. 다만, 신탁 행위로 달리 정한 경우에는 그에 따른다.

요에 따라 일정 기간 신탁 재산의 처분을 제한할 수도 있고 계약 대상자인 금융기관은 자기 고유 재산은 물론이고 다른 신탁 재산과 구분, 관리하며 신탁 재산을 임의로 처분할 수 없어 은행이 파산하더라도 신탁 재산은 안전하다고 할 수 있다.

즉 유언 대용 신탁의 유용성은 위탁자가 생전에 원하는 방식으로 자유롭고 구체적인 상속 재산 분배가 가능하다는 것이다. 예를 들어 1차 수익자로 배우자를 지정하고, 그가 사망하면 자녀를 2차 수익자로 하도록 정할 수 있는 등 위탁자는 생전에 미리 사망 후 연속 수익자를 정할 수 있고 변경할 수도 있다. 유언은 법률이 정한 방식으로 법률이 정한 내용만 할 수 있으나, 유언 대용 신탁은 법에서 금지하는 것이 아니라면 어떤 내용으로라도 설계할 수 있다. 신탁은 재산권을 수익권으로 전환해 수익자에게 제공하므로 재산의 이전 시기와 조건을 구체적으로 정할 수 있고, 그에 따라 집행하는 것이 가능하므로 위탁자의 의사를 더욱 온전하게 반영하고 위탁자의 사후에도 그 내용에 따라 집행하는 것이 가능하다.

또한 미성년자 또는 과소비가 염려되는 수익자가 있다면 일정 기간 소유권 이전 처분을 제한하고 임대료만 받을 수 있도록 정할 수도 있어 상속 재산 보전에도 유용하다. 유언이나 법정 상속의 경우 상속인의 상황은 고려하지 않고 피상속인의 사망 시를 기준으로 모든 재산이 상속인에게 이전된다. 이때 미성년자나 정상적인 경제활동을 하기 어려운 낭비자 등 제한능력자에게도 재산이 한 번에 이전되기 때문에 상속 재산을 제대로 관리, 운용하지 못할 위험에 노출된다. 또한 법정 대리인인 친권자가 피상속인이 희망하는 것과 다른 내용으로 상속 재산을 처분하게 될 가능성도 있다. 하지만 유언 대용 신탁을 설정하면, 상속 재산의 이전 시기와 액수를 상속인의 상황을 고려해 나누고 특정할 수 있어 제한능력자의 보호에도 유리하다.

그렇다면 대표자가 지인에게 들었다는 것처럼 유언 대용 신탁이 유류분 반환 대상에서 제외될 수 있을까? 결론적으로 현재 하급심 판결이 서로 엇갈리고 있다. 2020년 1월 10일 선고된 수원지방법원 성남지원 사건에서는 유언 대용 신탁에 따라 이전되는 신탁 재산은 고객이 사망한 뒤에 비로소 소유한 것이기 때문에 '신탁수익자에 대한 생전 증여'는 아니고, 상속 개시 1년 전에 이루어졌고, 금융기관이 이 사건 신탁계약으로 인해 유류분 부족액이 발생하리라는 점을 알았다고 볼 증거가 없으므로 유류분 산정의 기초재산이 될 수 없다고 판시[104]했고, 2심에서도 원고들의 유류분 부족액이 발생하지 않아 신탁 재산이 유류분 산정의 기초가 되는 재산인지는 판단하지 않았다.[105] 이후 원고가 대법원에 상고하지 않아 사건이 종결됐다.

104 수원지방법원 성남지원 2020. 1. 10. 선고 2017가합408489 판결
105 수원고등법원 2020. 10. 15. 선고 2020나11380 판결

수원지방법원 성남지원 2020. 1. 10. 선고 2017가합408489 판결

수원지방법원 성남지원은 2020. 3. 22. 망인이 유언 대용 신탁을 통하여 공동상속인 중 한 명에 사후수익권을 부여한 경우 다른 공동상속인이 자신의 유류분권 침해를 이유로 한 유류분 반환 청구를 사건에서 원고의 청구를 기각했다.

1남 2녀를 둔 A는 2014년 은행과 '유언 대용 신탁' 계약을 체결한 후 금전 3억 원과 서울 등에 소재한 3개의 부동산을 은행에 신탁하고, 각 부동산의 소유권 이전 등기 절차를 완료했다. 신탁계약에서 생전수익자는 본인 A이고, 사후수익자는 B로 했다.

A가 2017년 사망하자 B는 신탁부동산에 관해 신탁 재산의 귀속을 원인으로 한 소유권 이전 등기와 3억 원을 신탁계좌에서 출금했다. 이에 대습상속인들이 B를 상대로 유류분 반환 청구소송을 제기한 사건에서

법원은 「유류분 산정의 기초가 되는 재산의 범위에 관한 민법 제1113조 제1항에서의 '증여 재산'이란 상속 개시 전에 이미 증여 계약이 이행되어 소유권이 수증자에게 이전된 재산을 가리키는 것이고, 아직 증여 계약이 이행되지 아니하여 소유권이 피상속인에게 남아 있는 상태로 상속이 개시된 재산은 당연히 '피상속인의 상속 개시 시에 있어서 가진 재산'에 포함되는 것이므로 수증자가 공동상속인이든 제3자이든 가리지 않고 모두 유류분 산정의 기초가 되는 재산을 구성한다(대법원 1996. 8. 20. 선고 96다13682 판결). 살피건대, 이 사건 신탁 재산은 망인의 사후에 비로소 피고의 소유로 귀속된 사실은 앞서 본 바와 같으므로, 망인이 피고 B에게 이 사건 신탁 재산을 생전 증여했다고 보기는 어렵다. 또한, 망인의 사망 당시 이 사건 신탁 재산은 수탁인인 은행에 이전되어 대내외적인 소유권이 수탁자인 은행에게 있었으므로, 이 사건 신탁 재산이 망인의 적극적 상속 재산에 포함된다고 보기도 어렵다. 또한, 신탁 계약의 수탁자는 상속인이 아니므로, 이 사건 신탁 재산이 민법 제1114조에 의하여 증여 재산에 산입될 수 있는지 보건대, 이 사건 신탁 계약 및 그에 따른 소유권의 이전은 상속이 개시된 2017. 11. 11.보다 1년 전에 이루어졌으며, 수탁자인 은행이 이 사건 신탁계약으로 인하여

유류분 부족액이 발생하리라는 점을 알았다고 볼 증거가 없으므로, 이 사건 신탁 재산은 민법 제1114조에 따라 산입될 증여에 해당하지 않아 유류분 산정의 기초가 될 수 없다.」라고 판결했다.

그러나 창원지방법원 마산지원 사건[106]에서는 '신탁 재산이 상속 재산은 아니라고 할지라도 피고의 특별 수익에는 해당한다고 보아 유류분 산정의 기초가 되는 재산액에 포함함이 상당하다'라며 유언 대용 신탁 재산을 유류분 산정을 위한 기초 재산에 산입해야 한다고 판단했다.

또한 2024년 7월 서울중앙지법 제15민사부에서는 유언 대용 신탁은 민법상 사인 증여(생전에 증여 계약을 체결해 두고 그 효력이 증여자의 사망 시부터 발생)와 유사하다며 신탁 재산을 유류분 반환 대상이라고 판단했다.[107]

향후 대법원 판결, 유류분 관련 헌법재판소 위헌 및 헌법불합치 결정에 따른 민법개정사항을 지켜봐야겠지만 **유언 대용 신탁으로 유류분을 회피하기는 어려울 것으로 보이니, 가족 간 협의**를 통해 배우자가 사업용 자산에 대해 가업 상속 공제를 받고 자녀는 일반재산에 대해 상속을 받은 것이 유리할 것으로 보인다는 설명을 덧붙었다.

---

106 창원지방법원 마산지원 2022. 5. 4. 선고 2020가합100994 판결
107 서울중앙지방법원 2024. 7. 3. 선고 2021가합547069 판결[유류분 반환]

○ 국세청에서는 2020년부터 꼬마빌딩 등에 대한 감정 평가사업을 시행했고 2025년부터는 주거용 부동산도 평가 대상에 포함했으니 자발적 감정 평가를 하기 전에 법원의 부과 처분 취소 소송에 대한 납세자 승소 사례를 참고해 대응하라.

○ 유류분 제도가 시행된 1979년 이후 생전 증여받은 재산은 특별 수익으로 모두 유류분 산정의 기초 재산에 포함되며 2024년 4월 유류분 제도에 대한 헌법재판소의 위헌 결정으로 회사 성장에 기여한 상속인은 기여분만큼 더 인정받을 수 있게 되었다.

○ 금융기관에서 시행 중인 유언 대용 신탁은 민법상 유언과 달리 피상속인이 생전에 자유롭고 구체적으로 상속 설계가 가능해 상속인들의 상황을 고려한 상속이 가능해 미성년자나 제한능력자의 보호에도 유리하다.

CHAPTER 3

가업 승계 주의점

25. 부동산 임대업, 현금 유동성 확보가 필수다

지하철 역세권에 기준 시가로 150억 원이 넘는 대형 빌딩과 인근 재래시장 내에 30억 상당의 소형 빌딩을 각각 보유 중인 대표자는 슬하에 성인이 된 자녀가 3명 있었다.

부동산 자산가임에도 겸손하고 상대방을 배려하며 이야기를 경청하는 모습이 마음이 참 따뜻한 분이었다. 은행 응접실에서 이야기를 나누다 보니 80대의 고령으로 심장질환 가족력과 신경계통 질환으로 병원 치료가 잦아 건강이 염려되었고, 현재 소유하고 있는 고가의 상업용 부동산에 대한 세금 리스크 대비가 전혀 안 되어 있어 걱정스러운 마음에 내용을 설명하고 가족들과 상의하기를 권했다.

먼저 대표자의 부동산 임대업은 가업 상속 공제 업종에 해당하지 않아 향후 대표자가 사망하면 상속 재산이 30억 원을 초과해 50%의 세율이 적용되므로, 기준 시가 180억 원 기준으로 수십억 원의 상속세 납부를 위한 재원이 필요했다.

둘째, 대표자는 부동산 자산가이나 소유 중인 부동산을 제외한 현금성 재산은 많지 않아 향후 부동산에 대한 상속세 연대납부 책임 문제로 형제 간 분쟁 가능성이 있었다. 현행 세법은 상속인이나 수유자는 부과된 상속세에 대해 각자가 받았거나 받을 재산을 한도로 연대해 납부할 의무가 있기 때문이다.

셋째, 그간 모은 현금이 꽤 있었으나 대출 금리가 계속 오르고 경기 침체로 공실이 발생하자 대출 이자 부담을 덜기 위해 보유 현금으로 기존 대출금을 전액 상환해 현재는 보유현금이 없는 상태이고, 부동산 임대업은 대출 용도가 까다로워 기존에 상환된 대출금을 다시 대출받을 수도 없다.

앞서 설명한 바와 같이 부동산 임대업, 일반숙박업(관광진흥법에 의한 관광숙박업은 해당) 등은 상속세 및 증여세법시행령 별표에 따른 업종, 조세특례제한법 등 개별 법률의 규정에 따른 업종에 해당하지 않아 최대 600억 원까지 공제되는 가업 상속 공제 적용이 되지 않는다.

또한 은행에서는 대출을 심사하는 데 금융 감독 규정에 따라 대출자금 용도를 철저히 따지기에 부동산 임대업에 자금을 지원하는 경우는 견적서, 공사계약서 등으로 자금 용도가 확인된 인테리어 목적의 운영자금 용도 외에는 거의 없으며, 상속·증여세 납부 용도 대출은 개인이 사용하는 자금으로 분류되어 가계 대출에 해당하므로, 금융당국 대출 규제에 따라 모든 은행은 총부채원리금상환비율(DSR)을 산정해야 하기에 DSR를 충족하지 못하면 대출은 애초부터 불가능하다는 것을 설명했다.

대표자는 부동산 임대업은 가업 상속 공제가 적용되지 않으며 상속이 발생할 때 세금을 납부할 현금이 없으면 자녀들이 크게 낭패를 볼 수 있다는 설명에 적잖게 당황하는 모습이었다. 당장 자녀들이 큰돈을 가지고 있지 않으며 본인도 가지고 있던 현금으로 대출금을 상환했고, 대출금을 상환했다고 같은 용도로 대출금을 다시 받을 수 없다고 하니 유동성 여유가 없기는 마찬가지였다.

자녀들의 세금 부담만 생각한다면 부담부 증여(負擔附贈與)를 생각해볼 수 있겠으나, 현재 은행의 저당권이 설정된 채무는 상환된 상태이고, 임대차보증금도 월세를 많이 받는 구조로 운영하다 보니 많지 않아 부담부 증여가 유리하다고 할 수도 없는 상태였다.

참고로 부담부 증여란 자산 증여 시 자산에 결속된 채무를 함께 증여하는 방식으로 증여 재산가액에서 채무 상당액을 제외하게 되므로 증여세가 줄어 수증자에게는 유리하나, 채무 상당액만큼 양도소득세를 증여자가 추가 부담하므로, 줄어드는 증여세 대비 발생하는 양도세와의 득실을 따져 일반 증여할지 부담부 증여를 할지 결정해야 한다.

과세당국에서는 부모와 자식 간의 차용과 같이 실질적으로는 단순 증여가 될 가능성이 크다고 보기 때문에 자녀에게 부담부 증여를 하는 것을 원칙적으로는 인정해주지 않는다. 이에 부담부 증여를 인정받기 위해서는 실제로 '부담'이 전가되었다는 것을 적극적으로 입증할 수 있어야 하며, 기본적으로 ① 증여자 본인의 실질적인 채무일 것 ② 과거부터 지속적으로 존재하는 채무일 것 ③ 증여 재산에 저당권, 임대차 보증금 채무와 같이 직접적으로 결속되어 있을 것 ④ 수증자가 실제로 채무를 인수할 것 등을 요건으로 하고 있다.

즉 명의자만 증여자이고 실질적으로 다른 사람이 사용한 채무는 인정되지 않으니 계약서와 송금 기록 등 채무의 객관적 존재성을 입증해 두어야 하고, 증여 시점에 갑자기 발생한 채무는 부담부 증여를 위해 갑자기 채무를 발생시켰을 가능성이 있는 것으로 보고 인정되지 않을 수 있어 사전에 충분한 시간 준비가 필요하며, 증여 재산에 직접적으로 결속된 채무로 저당권, 임차보증금 등만 해당한다는 점에 주의해야 한다. 특히 부담부 증여를 한 이후에는 수증자가 모든 채무를 부담하고 상환해야 하며, 만약 증여자가 채무를 상환하는 경우엔 부담부 증여가 취소되고 일반 증여로 보아 세금·가산세가 추징된다는 것을 유의해야 한다.

먼저 대표자에게 자녀 3명 중 1인에게 30억 원 상당의 소형 빌딩을 양도하는 방안을 설명했다. 대표자가 2개 부동산(180억 원)을 모두 가지고 있는 것은 향후 세금 부담 측면에서 매우 불리하니 자녀들에게 설명하고 희망하는 1인에게 매각하는 방안을 제시했다.

대표자는 자녀들에게 해당 내용을 설명했고 직장생활 중인 막내(삼남)가 하겠다는 의사 표현을 전해왔다. 소형 빌딩은 재래시장 내에 소재하고 있었으나 인근 지역이 재개발되고 있어 향후 가치 상승이 예상되었고, 부동산 임대업은 담보가치 외에 임대 수익으로 어느 정도까지 이자 상환이 가능한지 산정하는 지표인 임대업이자상환비율(RTI)을 계산하는 데 꾸준한 임대 수요가 있어 RTI 비율을 무난히 충족했다.

이에 승계되는 임차보증금을 제외한 매매대금의 90%를 부동산 구매에 따른 시설대출금으로 지원하고, 계약금 10%는 자녀가 보유 중인 예금으로 매도자인 대표자 예금 계좌로 지급하도록 했다. 통상 부동산 구매 시 은행에서는 80%를 대출하고 20%는 자기 자금으로 마련하도록 하는데 신용 등급이 우수한 고객에게는 90% 지원이 가능한 제도를 이용했다.

소형 빌딩 월세를 계산해보니 대출 이자를 충당하고도 남아 이 돈을 모아 대출원금 일부 상환 재원으로 사용하도록 안내했다. 자녀가 직장생활하고 있어 임대 소득이 있으면 기존에 받던 근로 소득과 임대 소득이 합산되어 종합소득 과세 표준이 올라가는데, 대출 이자는 비용 처리가 가능해 크게 세금 부담이 없도록 조치했다.

부동산을 자녀에게 양도한 대표자에게는 납부해야 할 양도소득세를 제외한 부동산 매도대금 전액을 수익률과 안전성이 높은 금융상품으로 운용하도록 해 향후 자녀가 상속세 납부 재원으로 활용하도록 했다.

고가의 상업용 임대부동산을 보유하고 있는 경우라면 상속세 납부 목적의 대출금이 가계 대출에 해당해 총부채원리금상환비율을 충족해야 하는 어려움이 있으니 사전에 세금 납부 목적의 유동성 자금을 준비해야 한다.

26. 법인의 대표자 개인 부동산, 사업용 자산으로 전환하라

필자가 책을 써야겠다고 마음먹은 계기가 바로 현장에서 만난 CEO 대부분이 문제의 심각성을 인지하지 못하고 있었다는 데에 있다. 앞서 언급한 내용처럼 사업장을 법인 명의로 구매하면 회계 처리가 엄격한 데 반해, 대표자 개인 명의로 구매하면 그러한 제한 없이 법인으로부터 받은 임대료를 간편하게 사용할 수 있고 법인은 임대료를 비용으로 처리할 수 있어 일거양득이라고 생각하는 경우가 많은데, 향후 가업 승계를 생각한다면 이러한 선택이 큰 문제가 된다.

현장에서 만난 대표자 중 상당수가 사업장을 개인 명의로 소유하고 본인이 운영하는 법인에 임대 주는 형태를 하고 있는데, 이 경우 사업장은 개인 부동산 임대업으로 법인의 사업용 자산에 해당하지 않아 최대 600억 원까지 공제되는 가업 상속 공제나 계획적인 사전 상속제도인 증여세 과세 특례 제도를 활용할 수 없다.

도리어 부동산 가치 상승에 따른 막대한 세금 부담 리스크와 세금 납부를 위한 대출이 가계 대출에 해당해 총부채원리금상환비율을 충족하지 못하면 은행 대출이 불가능하다는 것도 이미 설명했다. 그러나 이러한 문제의 심각성을 인지하고 대비하는 경우는 거의 없었고, 처음 듣는데 내용이 매우 심각하다는 표정으로 '어찌하면 좋겠냐?'라는 질문들이었다.

해외에서 명품 과자를 수입해 대형마트에 납품하는 50대 후반의 대표자도 도심에 소재한 토지(나대지)를 모친으로부터 오래 전 개인 명의로 증여받아 최근 법인 명의 건물을 신축해 사무실 및 창고 용도로 사용 중이었다. 경쟁 관계에 있는 대형마트별로 각각 납품을 위해 별도 법인 2개를 설립해 실질 경영하면서, 하나는 본인이 대표자로 다른 회사는 배우자를 대표자로 했는데 건물을 신축한 회사는 배우자가 대표자인 회사다.

배우자가 대표인 회사는 배우자와 자녀만 주주로 참여 중이고 실질 경영자인 대표자는 보유 주식이 없는 상태였다. 자녀가 회사에서 후계자 수업 중이라고 해서, 필자는 대표자 개인 명의 토지에 대한 절세 전략 필요성을 강조했다. 개인 명의로 계속 보유한다면 감정가 50억 원에 대해 상속 또는 증여 때 50% 세율이 적용되어 약 20억 원의 세금을 내야 하나, 적법한 절세 전략으로 기존 법인의 사업용 자산에 해당하게 한다면 가업 상속 공제를 통해 한 푼의 세금도 발생하지 않기 때문이다.

먼저 실질 경영자인 대표자에게 각자 대표로 취임할 것을 제안했다. 주식회사 임원은 각자 대표 또는 공동 대표를 둘 수 있는데, 대표이사가 2명 이상이라는 공통점이 있으나 가장 큰 차이는 의사 결정권에 있다고 할 수 있다. 각자 대표는 말 그대로 대표이사 각자가 100% 의사 결정권을 가지게 되어 나머지 대표이사가 부재하더라도 의사 결정이 가능하지만, 공동 대표는 대표이사 모두의 의사가 합치되어야 의사 결정이 가능해 항상 대표이사 공동으로 의사 결정을 해야 한다.

그리고 부부 간 증여는 6억 원까지 세금 공제가 가능한 점을 이용해 배우자가 소유 중인 주식의 일부를 실질 경영자에게 증여하도록 했다. 가업 상속 공제 요건 중 주식 보유 기준인 최대 주주로서 특수 관계인 포함

40% 이상 지분을 보유 기준을 충족하려는 조치였다.

끝으로 개인 소유 토지 문제를 해결하기 위해 조세특례제한법상 법인 전환에 대한 양도소득세 이월과세를 적용받을 수 있는 현물 출자방식으로 개인 임대 사업자를 법인 임대 사업자로 법인 전환한 후 1년이 지난 시점에 기존 법인과 적격 합병 절차를 거쳐야 한다는 것을 설명했다.

이때 법인 전환 과정에서 조세특례제한법 제32조[108]에 따라 양도소득세 이월과세 혜택은 받을 수 있으나 부동산 임대 사업자는 부동산 가액의 4.6%인 취득세가 감면되지 않아 납부해야 한다는 것을 추가로 안내했다. 대표자는 부동산 법인의 합병 대가로 전액 합병 법인의 주식을 받아 가업 상속 공제받으면 당초 개인이 소유했던 부동산이 기존 법인의 사업용 자산이 되어 세금 부담 없이 가업 승계가 가능하다.

그렇다면 개인 소유 부동산을 바로 배우자 법인에 현물 출자하지 않고 법인 전환 및 1년 후 합병이라는 복잡한 절차를 왜 거쳐야 할까? 이는 바로 법인에 현물 출자하게 되면 사업의 동일성이 유지되지 아니한 상황에 해당해 양도소득세가 부과되기 때문이다.

국세청에서는 개인 임대 사업자에서 법인 임대 사업자로 법인 전환한 기업(A사)이 향후 2년 후 현재 부동산을 임차 중인 특수 관계 있는 법인 B사가 합병 법인이 되어 합병할 예정으로 합병 후 합병 법인(B사)이 부동산

---

108 조세특례제한법 제32조(법인 전환에 대한 양도소득세의 이월과세) ① 거주자가 사업용 고정 자산을 현물 출자하거나 대통령령으로 정하는 사업 양도·양수의 방법에 따라 법인(대통령령으로 정하는 소비성 서비스업을 경영하는 법인은 제외한다)으로 전환하는 경우 그 사업용 고정 자산에 대해서는 이월과세를 적용받을 수 있다. 다만, 해당 사업용 고정 자산이 주택 또는 주택을 취득할 수 있는 권리인 경우는 제외한다.

을 사용하게 되고 합병 대가는 전액 주식을 발행해 임대 법인의 주주에게 지급할 예정이므로, 피합병 법인의 임대사업장을 합병 후 합병 법인이 사용하는 경우 사업의 계속성 요건 충족 여부 질의에 대해 피합병 법인의 임대사업장을 합병 후 해당 시설 처분 없이 합병 법인이 계속 사용하는 경우, 사업의 계속성 요건을 충족한 것으로 보는 것으로 답변했다.[109]

적격 합병 요건으로는 사업 목적 합병, 지분의 연속성, 사업의 계속성, 고용 승계 요건에 부합해야 한다.

법인 합병 시 사업의 계속성 요건 판단 기준

〔사건번호〕: 서면-2017-법인-0279, 2017. 06. 22
〔제목〕: 피합병 법인의 임대사업장을 합병 후 해당 시설을 처분함이 없이 합병 법인이 계속 사용하는 경우 사업의 계속성 요건 충족한 것으로 보는 것임
【질의】
(사실관계)
ㅇ 질의 법인은 임대업 법인으로 20ㅇㅇ.1.1.자로 개인에서 법인으로 전환해 설립됨.
- 향후 2년 후 질의 법인은 피합병 법인, 현재 폐자원 재생업을 영위하고 있는 특수 관계있는 법인 A사는 합병 법인이 되어 합병할 예정임.
- 질의 법인은 현재 임대 사업장을 A사에 임대 중이나, 합병 후 합병 법인(A사)이 사용하게 됨.
ㅇ 합병 대가는 전액 주식을 발행해 질의법인의 주주에게 지급할 예정임.
(질의 내용)
ㅇ 피합병 법인의 임대 사업장을 합병 후 합병 법인이 사용하는 경우 사업의 계속

109 서면-2017-법인-0279, 2017. 6. 22.

성 요건 충족 여부

【회신】

기존 회신사례(법규 법인 2012-445, 2012. 11. 30.)를 참고하기 바람.

◆ 법규 법인 2012-445, 2012. 11. 30.

시멘트 제조업을 영위하는 내국 법인이 해당 제조시설을 임대하고 있는 내국 법인을 흡수 합병하고 이후 해당 시설을 처분함이 없이 계속 사용하면서 제조업을 영위하는 경우 「법인세법」 제44조 제2항 제3호 및 같은 법 시행령 제80조의2 제6항에 따른 요건을 충족하는 것으로 보는 것임.

【관련 법령】

○ 「법인세법」 제44조【합병 시 피합병 법인에 대한 과세】

적격 합병 요건[110]

구 분	내 용
사업목적성	합병등기일 현재 1년 이상 사업을 계속하던 내국법인 간의 합병일 것
지분의 연속성	피합병 법인의 주주 등이 합병으로 인해 받은 합병대가의 총합계액 중 합병 법인의 주식 등의 가액이 100분의 80 이상이거나 합병 법인의 모회사(합병등기일 현재 합병 법인의 발행 주식 총수 또는 출자총액을 소유하고 있는 내국법인을 말한다)의 주식 등의 가액이 100분의 80 이상인 경우로서 그 주식 등이 대통령령으로 정하는 바에 따라 배정되고, 대통령령으로 정하는 피합병 법인의 주주 등이 합병등기일이 속하는 사업연도의 종료일까지 그 주식 등을 보유할 것
사업의 계속성	합병 법인이 합병등기일이 속하는 사업연도의 종료일까지 피합병 법인으로부터 승계받은 사업을 계속할 것
고용의 승계·유지	합병등기일 1개월 전 당시 피합병 법인에 종사하는 대통령령으로 정하는 근로자 중 합병 법인이 승계한 근로자의 비율이 100분의 80 이상이고, 합병등기일이 속하는 사업연도의 종료일까지 그 비율을 유지할 것

---

110 법인세법 제44조 제2항(합병 시 피합병 법인에 대한 과세)

27. 가업 상속 공제받은 재산, 피상속인의 취득가액으로 양도소득세 부과된다

기업의 승계와 관련한 가업 상속 공제는 세금 면제가 아니라 이월이라는 주장이 있다. 가업 상속 공제를 받고 5년의 사후 관리 조건을 충족하면 세금 문제가 끝나는 것이 아니라 공제받은 재산을 매각할 때 피상속인의 취득가액 기준으로 양도소득세가 이월과세되기 때문에, 무조건 가업 상속 공제를 받기보다는 계속사업 영위 가능성 등을 고려한 선택이 필요하다.

내용인즉 승계받은 기업을 계속해서 영위한다면 세금 문제가 없겠지만, 사정 때문에 가업 상속 공제를 받은 재산 중 양도소득세 과세 대상이 되는 토지, 건물, 상장 법인의 주식, 비상장 주식 등을 상속인이 매각할 때 피상속인의 보유 기간 동안 발생한 재산가치 상승분에 대해 양도소득세로 납부하도록 한다는 것이다.

예를 들어 부모님이 10억 원에 취득한 부동산이 50억 원으로 오른 상태에서 상속이 이루어져 상속인이 가업 상속 공제를 신청해 상속세를 공제받고 5년의 사후 관리 요건도 충족한 이후, 제3자에게 100억 원에 매각한다면 상속인이 상속받은 시점의 50억 원이 취득가가 아닌 부모님이 취득한 10억 원이 취득가가 되어 차액인 90억 원에 대해 양도소득세가 발생한다는 의미이다.

즉 개인 사업자의 경우 가업을 승계받아 계속 기업으로 있는 동안에는 세금 부담이 없지만, 가업 승계 사후 관리 기간인 5년이 지난 이후라도 부동산을 매각하게 되면 이월과세된 양도소득세 49.5%가 발생해 상속세 50%와 비교하면 별 차이가 없게 된다. 다만 중소기업 법인의 대주주라면 비상장 주식의 과세 표준 3억 원 이하는 20%, 3억 원 초과 25%가 적용[111]되며 이때도 이월과세된 양도소득세가 적용되는 취득 가격은 피상속인이 취득한 가격으로 계산된다.

가업 상속 공제 재산에 대한 양도소득세 이월과세제도는 가업 상속 공제를 적용받은 상속 재산의 세대 간 이전에 대한 최소한의 과세 장치를 마련한다는 취지로, 가업 상속 공제가 적용된 토지, 건물, 주식 등에 대한 양도 차익을 계산할 때 취득가액을 종전의 상속 개시일 현재 시가가 아닌 피상속인의 취득가액으로 개정되어 2014년 1월 1일 이후 가업 상속 공제를 적용받는 재산 분부터 적용 중이다.

중소기업중앙회, 한국중견기업연합회 등에서는 우리나라 가업 상속 공제 제도 신청 건수가 2022년 147건으로 독일의 28,482건, 일본의 2,918건에 비하면 제도 활용이 미미한 수준으로, 이는 상속인이 상속받은 재산을 제3자에게 처분하게 되는 경우 상속 시점에 이연받은 상속세에 대해 처분 시점을 기준으로 양도소득세로 납부하게 되어, 가업 상속 '공제' 제도가 아닌 과세이연 효과에 불과해 가업 상속 유인 감소로 이어지니 가업 상속 공제받은 재산 양도 시 취득 시점을 상속받은 시점으로

---

111 소득세법 제104 제①항 11 국내주식 등

판단해달라는 건의를 하고 있다.

또한 2024. 4. 29. 정부(중소벤처기업부)는 '중소기업 도약 전략'이라는 내용으로 인구구조 고령화에 대비한 '기업 승계'를 지원한다고 발표했다. 저출산·고령화가 심화되면서 친족 승계가 곤란한 중소기업의 지속경영을 위해 현행 '가업' 승계(친족) 개념을 '기업' 승계(M&A 등)로 확대하며, M&A 방식의 기업 승계를 희망하는 중소기업에 대해서는 중앙정부·지자체, 민간 중개업체를 연계한 지원체계 구축으로 M&A 준비·컨설팅, M&A 매칭·중개, M&A 후 경영통합까지 전 단계를 지원할 것을 골자로 한 '중소기업 기업승계 특별법 제정'을 추진한다고 하니 향후 개정될 내용에 관한 관심을 가져야 한다.

결론적으로 5년의 사후 관리 기간을 충족한 가업 상속 공제받은 자산을 매각할 때 양도소득세 계산 시 공제하는 취득가액을 상속 당시의 시가가 아닌 피상속인이 애초 취득한 가액으로 양도소득세를 부과해 양도소득세 폭탄을 맞을 수 있으니, 사후 관리 기간 경과로 자유로운 업종 변경이 가능한 점을 활용해 **매각보다는 부동산 임대 또는 본인이 희망하는 업종으로의 전환** 등 계속사업을 고려하는 전략이 필요하다.

소득세법 제97조의2(양도소득의 필요 경비 계산 특례)

④ 「상속세 및 증여세법」 제18조의2 제1항에 따른 공제(이하 이 항에서 "가업 상속 공제"라 한다)가 적용된 자산의 양도 차익을 계산할 때 양도가액에서 공제할 필요 경비는 제97조 제2항에 따른다. 다만, 취득가액은 다음 각 호의 금액을 합한

금액으로 한다. 〈개정 2017. 12. 19., 2022. 12. 31.〉

1. 피상속인의 취득가액(제97조 제1항 제1호에 따른 금액) × 해당 자산가액 중 가업 상속 공제가 적용된 비율(이하 이 조에서 "가업 상속 공제적용률"이라 한다)

2. 상속 개시일 현재 해당 자산가액 × (1 - 가업 상속 공제적용률)

⑤ 제1항부터 제4항까지의 규정을 적용할 때 증여세 상당액의 계산과 가업 상속 공제적용률의 계산방법 등 필요 경비의 계산에 필요한 사항은 대통령령으로 정한다.〔본조 신설 2014. 1. 1.〕

핵심 정리

○ 부동산 임대업은 가업 상속 공제 업종에 해당하지 않아 사전에 상속세 납부 목적의 유동성을 확보하지 않으면 은행의 총부채원리금상환비율인 DSR을 충족하기 어려워 대출 거절로 크게 낭패를 볼 수 있다.

○ 사업장을 대표자 개인이 소유하고 본인이 경영 중인 법인에 임대 중이면 큰 비중을 차지하는 사업장이 가업 상속 공제 제외업종에 해당해 가업 승계에 걸림돌이 되는 바, 임대 법인으로 전환 및 1년 후 기존 법인과 합병을 통해 사업용 자산으로 절세하라.

○ 가업 상속 공제와 5년 사후 관리 조건을 충족했더라도 공제받은 자산을 매각할 때 상속 시점이 아닌 피상속인의 취득가액을 기준으로 과세해 양도소득세 폭탄을 맞을 수 있으니, 매각보다는 임대업 또는 본인 희망 업종으로 전환해 계속사업을 유지하라.

상속 재산에는 간주 상속 재산과
추정 상속 재산이 포함된다

포장용 상자를 생산하는 대표자는 예전에 집안 친척의 부탁으로 종신 보험[112]을 든 게 있는데 보험금에 대해서는 나중에 어떻게 되는지 문의했다. 상속 재산은 피상속인에게 귀속되는 재산으로서 금전으로 환가할 수 있는 경제적 가치가 있는 모든 물건과 재산적 가치가 있는 법률상 또는 사실상의 모든 권리를 포함하며, 상속 개시일 현재 상속·유증·사인 증여로 취득한 본래의 상속 재산이 아니더라도 상속 등과 유사한 경제적 이익이 발생하는 보험금·신탁 재산·퇴직금 등은 간주 상속 재산으로 보아 과세한다.

상속세가 과세되는 간주 상속 재산이란 상속·유증 및 사인 증여 등의 법률상 원인에 의해 취득한 재산이 아니더라도, 당해 재산의 취득 사실 결과에 따라 상속에 의한 재산 취득과 동일한 결과가 발생하면 실질과세

---

112 피보험자가 사망할 때까지를 보험기간으로 해 피보험자가 사망한 후 유족들에게 보험금이 지급되는 사망보험을 말한다. 매년 책임준비금이 누적되고 해약환급금 해당액도 해마다 증가하며 저축 기능도 함께 지니고 있기 때문에 노후 생활에 필요한 자금을 보장하거나 유족들의 생활 보장을 목적으로 하는 기능도 있다.

의 원칙에 따라 상속 재산가액의 범주에 포함해 과세하는 재산을 말한다.

쉽게 말해 본래의 상속 재산이 아니더라도 경제적 이익이 발생하는 보험금·신탁 재산·퇴직금 등을 상속 재산으로 보아 과세한다는 내용이다. 하나씩 살펴보면, ① 피상속인의 사망으로 인해 받는 생명보험 또는 손해보험의 보험금으로서 피상속인이 보험계약자[113]인 보험계약에 의해 지급받는 보험금, ② 피상속인이 신탁한 재산의 경우 그 신탁 재산가액과 피상속인이 신탁으로 인해 신탁의 이익을 받을 권리를 소유한 경우 그 이익에 상당하는 가액의 신탁 재산, ③ 피상속인의 사망으로 인해 피상속인에게 지급될 퇴직금, 퇴직수당, 공로금, 연금 또는 이와 유사한 퇴직금이 간주 상속 재산이다.

또한 상속세에는 상속 개시일 전에 재산을 처분하거나 예금을 인출 또는 채무를 부담한 경우에 사용처가 객관적으로 명백하지 아니한 금액은 이를 상속인이 상속받은 것으로 추정해 상속세 과세 가액에 산입하는 추정 상속 재산 제도가 있다.

이는 사망을 앞두고 상속 재산을 줄이기 위해 특별한 용도 없이 재산 처분 및 예금의 인출 또는 부채를 일으키는 것을 예방하기 위한 것으로, 피상속인이 재산을 처분해 받은 그 처분대금 또는 피상속인의 재산에서 인출

---

113 보험계약자가 피상속인 외의 자이나 피상속인이 실제 보험료를 납부한 경우 포함

한 금액에 대해 상속인이 구체적인 사용처를 규명해야 하는 대상은 상속 개시일 전 1년[114] 이내에 재산 종류별로 계산해 피상속인이 재산을 처분해 받거나 피상속인의 재산에서 인출한 금액이 2억 원 이상일 때 해당한다.

예를 들어 상속 개시일 2년 이내 부동산 처분금액 10억 원을 통장으로 입금받았는데 예금이 인출되어 현재 잔액이 없는 경우, 통장에서 출금된 자금 중 그 용도가 확인된 금액이 3억 원이라고 가정하면 상속세 과세가액에 가산하는 금액은 미입증금액 7억 원에서 처분재산가액의 20%인 2억 원과 용도가 확인된 3억 원 중 적은 금액인 2억 원을 차감한 5억 원이 추정 상속 재산으로 합산된다.

위와 같이 총상속재산가액은 ① 본래의 상속 재산[115] 외에 ② 상속 재산으로 보는 보험금·신탁 재산·퇴직금 등 간주 상속 재산 ③ 상속 재산에 가산하는 추정 상속 재산을 합산하니 후일 상속인이 자금 용도를 규명하지 못해 거액의 상속세를 부담하게 되는 일이 없도록 사전에 철저한 절세 준비가 필요하다.

---

114 2년 5억 원
115 사망 또는 유증·사인 증여로 취득한 재산

비과세되는 증여 재산은
사회 통념상 인정되는 금액이다

통신공사업을 영위하는 대표자가 사무실로 방문해 그간에는 한 달 생활비를 배우자 명의 통장으로 송금해서 체크카드로 사용하도록 해 간단했는데, 이번부터는 송금하지 않고 대표자 본인 명의 체크카드를 만들어 생활비로 쓰도록 했더니, 배우자가 사용할 때마다 SMS 문자가 수시로 오고 본인의 예금 잔액이 배우자에게도 통보되어 불편하다며 불평했다.

그래서 "왜 갑자기 그렇게 하시느냐"고 물어보니, 주위에서 배우자에게 생활비를 주는 경우도 증여에 해당한다는 말을 듣고 혹시나 하는 마음에 그렇게 하게 되었다는 설명이었다. 그래서 필자는 상속세 및 증여세법 제46조에 의거 비과세되는 증여 재산으로 사회 통념상 인정되는 이재 구호금품, 치료비, 피부양자의 생활비, 교육비 등은 증여에 해당하지 않는다고 설명했다.

즉 대표자가 걱정하는 **사회 통념상 인정되는 피부양자의 생활비, 교육비 등은 증여세가 비과세되는 재산**에 해당하며, 피부양자의 생활비 등에 해당하는지는 수증자가 민법 제974조의 직계혈족 및 그 배우자, 생계를 같이하는 친족 등 피부양자에 해당하는지 여부, 수증자의 직업·나이·소득·재산 상태 등 구체적인 사실을 확인해 판단하고 있다.

또한 회사 대표자가 종업원에게 지급하는 경조금도 사회 통념상 타당하다고 인정되는 범위 내의 금액은 이를 지급받은 자의 근로 소득으로 보지 않으며, 사회 통념상 타당하다고 인정되는 범위 안의 금액의 범위에 대해 법령상 구체적으로 규정하고 있지는 않으며 이는 사실을 확인해 판단할 사항이다.

다만 사회 통념상 인정되기 어려운 과도한 금액은 증여세가 과세할 수 있으며, 특히 **부양 의무가 없는 조부모가 손자에게 부담하는 교육비 등은 증여세 과세 대상에 해당할 수 있으니 주의해야 한다**고 설명했더니 괜한 헛고생했다며 씁쓸해했다.

서울행정법원 2020구합82185

유학 기간 동안 조모로부터 송금받은 금원은 비과세 증여 재산에 해당하지 않는다고 보아 증여세 부과 처분이 정당하다고 본 판결

〔개요〕 원고는 1992년생으로 2011년부터 2014년까지 미국에 있는 대학에서 학부 과정을 수료했다. 원고의 조모는 이 사건 기간 동안 매월 800만 원 내지 1,000만 원씩 합계 334,833,374원을 원고의 계좌로 송금해주었고, 원고는 이 사건 금원을 교육비 및 생활비로 사용했다. 과세당국은 조모가 이 사건 기간 동안 원고의 계좌로 해외 송금한 이 사건 금원을 사전 증여 재산으로 보고 증여세 과세함.

조심2020서0144, 2020. 7. 21

[제목] 청구인이 피상속인으로부터 송금받은 쟁점 금액은 유학자금으로 증여세 과세 대상이 아니라는 청구 주장의 당부 등

[요지] 청구인의 유학 당시 부모의 경제적 부양 능력이 전혀 없어 피상속인이 그 부모를 대신해 자신의 손녀인 청구인을 부양할 의무가 있었다고 보기는 어려운 점, 유학 당시 성년에 이르렀던 청구인의 경우 유학 경비를 자력으로 감당할 수 있었던 것으로 보이는 점 등에 비추어 청구 주장을 받아들이기 어려움.

[상증, 서일46014-11554 , 2002. 11. 20]

민법상 부양 의무자 사이의 생활비 또는 교육비로서 통상 필요하다고 인정되는 금품에 대해서는 증여세가 과세되지 아니하는 것이며, 할아버지가 손자를 부양할 의무가 있는지 여부는 소관세무서장이 부모의 부양 능력 등 구체적인 사실을 조사해 판단하는 것임.

계약서의 본질은
이익 실현 의도로 작성해야 한다

스티커, 라벨 인쇄업을 영위하는 대표자는 신사업분야 진출을 위해 고가의 기계를 구매하고자 기계구매자금 융자 상담을 요청했다. 과거에는 간편하다는 이유로 기계를 장기간 임대해 사용하는 금융리스(Lease)를 이용했으나, 이번에는 기계가 고가이고 은행에서 대출받아 직접 사는 것이 금융비용 절감에도 유리하다는 판단하에 기계구매를 위한 시설자금을 요청한 것이다.

대표자에게 대출 심사에 필요한 서류를 받아보니, 기계구매계약서에 소유권 유보부 조항이 있었다. 소유권 유보계약(所有權留保契約)이란 동산의 매매 계약을 체결하면서 매도인이 대금을 모두 받기 전에 목적물을 매수인에게 인도하지만, 대금이 모두 지급될 때까지는 목적물의 소유권은 매도인에게 유보되며 대금이 모두 지급될 때 그 소유권이 매수인에게 이전된다는 내용의 특약이다.

대법원 판례[116]를 살펴보면, 소유권 유보 약정이 있는 동산 매매 계약의 매수인이 대금을 모두 지급하지 않은 상태에서 목적물을 다른 사람에게 양도하면 그 양도의 효력은 원칙적으로 무효이며, 소유권 유보 약정이 있는 동산 매매 계약의 매수인이 대금을 모두 지급하지 않은 상태에서 목적물을 다른 사람에게 양도한 사안에서, 양수인에게 통상적으로 요구되는 양도인의 양도 권원(權原)에 관한 주의 의무를 다하지 아니한 과실이 있다는 이유로 선의 취득이 인정되지 않았다.

은행에서는 기계구매대금을 일시금으로 지급하기에 소유권 유보부 조항이 있으면 기계를 할부 매매했음에도 기계 구매자에게 은행으로부터 금융의 편의를 받도록 도와줄 목적으로 하는 것은 아닌지 의심하며 계약서 변경을 요청하게 된다.

은행에서 대출 업무와 관련해 회사로부터 도급계약서나 납품계약서 등을 받아보면, 계약서는 당사자의 의사 표시에 따른 법률 행위의 내용을 문서로 표시한 것으로 당사자 사이의 권리와 의무의 발생 등 법률관계를 규율하고 후일 이에 관한 분쟁 발생 때 중요한 증빙 자료가 된다는 계약서의 의의와 달리 내용이 모호하거나 미흡한 경우도 보게 된다.

계약의 가장 중요한 부분은 서로 그 계약을 통해 상대방에게 요구할 수 있는 권리의 내용 및 상대방에게 해주기로 한 의무의 내용에 관한 부분으로 이 점은 가능한 한 자세히, 그리고 명확히 기재해야 하며 당사자

---

116 대법원 2010. 2. 11. 선고 2009다93671 판결 [손해배상]

간 특약사항이 있다면 반드시 이를 계약서에 명시해야 한다. 특히 상대방의 의무 이행이 불확실한 경우 위약금 규정을 둘 필요가 있다. 예컨대 비밀 유지 의무를 위반하는 경우 손해배상을 청구할 수 있다고 하더라도, 손해배상액을 산정하고 입증하는 것은 쉽지 않다. 이러한 손해배상액에 대한 입증의 부담을 덜고 사후 논란의 소지를 줄이기 위해서는, 금액을 명시한 손해배상액을 예정해두거나 위약벌 규정을 두는 방법을 적극적으로 검토할 필요가 있다.

또한 계약 해지 사유는 최대한 신중하게 규정해야 하며, 계약 관련 분쟁의 많은 부분이 부정확한 의사소통에서 비롯되기 때문에 이와 같은 분쟁의 미연 방지를 위해서 '계약 당사자 간의 모든 통지는 정해진 주소에 대해 서면으로 한다'라는 문구를 삽입하는 것도 경우에 따라서는 필요하다. 또 계약 기간이 약정된 경우라도 특별한 사정이 없으면 그 계약을 그대로 유지하는 것이 유리한 경우에는 갱신 조항을 삽입해야 한다. 계약상의 제 문제 등으로 분쟁 발생 때 그 소송 관할에 관한 사항은 '본 계약으로 인한 소송은 서울중앙지방법원을 관할법원으로 한다' 식으로 기재하면 된다.

끝으로 의사 표시는 법률행위 내용의 중요 부분에 착오가 있는 때에는 취소할 수 있으나 그 착오가 표의자의 중대한 과실로 인한 경우 취소하지 못하게 되어 있다.[117] 따라서 '갑(매수인)이 을(매도인)의 본건 부동산을 매수하게 된 중요 원인은 위 부동산이 계약체결일 이후 3개월 이내에 개발제한구역에서 해제된다는 을의 설명에 따른 것이라는 점을 계약 당사자는 충분히 인지한다'라는 식으로 계약서 내용에 자신이 계약하게 된 이유에 대해서 밝히는 경우 향후 착오를 주장할 수 있으니, 이런 착오에 의한 계약 취소의 빌미를 제공하지 않아야 한다.

물품 공급 계약서

○○○ 주식회사(이하 "갑"이라 한다.)와 □□□주식회사(이하 "을"이라 한다.)는 당사자 사이에 상품의 계속적 공급에 관한 기본적 사항을 약정하기 위해 다음과 같이 계약을 체결한다.

제1조【목적】
1) "을"은 "갑"에게 지속적으로 상품을 공급하고, "갑"은 이를 매수한다.
2) "갑"과 "을"은 본 계약으로부터 발생한 권리, 의무를 성실하게 이행한다.

제2조【기본 계약성】
1) 본 계약은 제3조에서 정한 계약기간 동안 상품의 공급과 관련해 "갑", "을" 사이에서 체결된 모든 약정에 적용된다. 단, 상품 공급에 관한 개별적 약정(이하 "개별적 약정"이라 한다.)이 본 계약의 내용과 모순되는 경우 개별적 약정이 우선한다.

제3조【계약기간】
1) 본 계약의 계약기간은   년 월 일부터   년 월 일까지로 한다.
2) 계약기간 만료 30일 일 전까지 일방 당사자가 상대방에게 계약 갱신 거절의 의사를 서면으로 통지하지 아니하는 경우 계약기간은 1년씩 자동연장된다.

제4조【개별적 약정의 체결】
"을"이 "갑"에게 공급하는 상품의 종류, 품목, 수량, 가격, 공급 장소, 공급 기일 기타 구체적 조건은 "갑"과 "을" 사이에 별도로 체결되는 약정에서 정한다.

제5조【주문】
"갑"은 상품의 종류, 품목, 수량, 공급 장소, 공급 기일 등을 명시한 주문서로써 상품을 주문하되, "을"의 생산능력 및 재고를 참작한다.

제6조 【의무】

1) "을"은 "갑"이 주문한 상품을 "갑"이 지정한 일시 및 장소에 공급해야 한다.

2) "을"이 부득이한 사유로 인해 제1항의 일시, 장소에 상품을 공급할 수 없는 경우 "을"은 "갑"으로부터 사전 승인을 받아야 한다.

3) 제2항의 승인 없이 제1항의 의무를 이행하지 아니한 경우 "을"은 그로 인해 "갑"이 입은 모든 손해를 배상해야 한다.

4) "을"은 상품의 유효기간, 위생 상태, 배송설비 등 상품의 제조, 판매 등과 관련한 모든 관계법령을 준수해야 하고, 이를 준수하지 아니해 "갑"이 입은 손해를 배상해야 한다.

5) "을"은 공급하는 상품에 대하는 관계법령에 의한 품질검사를 "갑"에게 서면으로 통지해야 한다.

6) "을"이 제5항의 의무를 이행하지 아니하는 경우 "갑"은 스스로 품질검사를 실시하고, 이에 소요된 비용을 "을"에게 청구하거나 "을"에게 지급한 상품대금과 상계할 수 있다.

제7조 【검사】

1) 상품의 검사는 "갑"의 검품 규정에 의한다.

2) "을"이 공급한 상품에 관해 파손, 오손, 품질 변형, 규격 상이, 수량 부족 등 하자가 있을 경우 "을"은 "갑"으로부터 하자에 관한 통지를 받은 날로부터 7일 이내에 정상품 또는 규격품으로 교체하거나 부족한 수량을 보충해 공급해야 한다.

3) "을"이 제1항의 기한 내에 정상품, 규격품 또는 부족분을 공급하지 아니하는 경우 "갑"은 그 부분에 관해 공급이 이루어지지 아니한 것으로 보고 "을"에게 지급한 대금에서 공제할 수 있다.

제8조【상품대금의 지급】

1) "갑"은 "을"로부터 공급받은 상품에 대해 매월 말 마감 정산해 익월 25일까지 "갑"의 선택에 따라 현금 또는 만기 90일자 약속 어음으로 지급한다.

2) "갑"이 대금지급에 필요하다고 인정되는 자료를 요청한 경우 "을"은 이를 즉시 제출해야 하며, "갑"은 제출 지연으로 인한 대금의 지급 지체에 대해 책임지지 아니한다.

3) 제8조 1항의 지급 방법은 개별적 약정에 따라 변경 가능하다.

제9조【반품】

1) 다음 각 호의 사유가 있는 경우 "갑"은 "을"에게 반품을 요구할 수 있다.

가. 상품의 파손, 오손, 변형

나. 상품의 규격 상이

다. 판매부진 또는 취급 중단

2) 제1항의 경우 "을"은 반품거래 명세표를 "갑"에게 교부한다.

제10조【권리, 의무의 양도 금지】

"을"은 "갑"의 사전 서면 동의 없이 본 계약 또는 개별적 약정상의 권리, 의무의 전부 또는 일부를 제3자에게 양도 또는 이전할 수 없다.

제11조【협조 의무】

"갑"과 "을"은 상품의 판매실적의 향상을 위해 필요하다고 인정되는 합리적인 범위 내에서 상대방에 대해 상품과 관련된 일반적인 자료의 제공 기타 필요한 지원을 요청할 수 있다.

제12조【비밀준수】

1) "갑"과 "을"은 상호간의 거래로 인해 지득하게 된 상대방의 고객 명부, 기술 정

보, 생산 및 판매 계획, 노하우 등 일체의 영업 비밀을 제3자에게 누설해서는 아니 되고, 각 그 종업원으로 하여금 누설하지 않도록 조치한다.
2) 제1항의 의무는 계약기간이 종료된 후 3년간 지속한다.

제13조【지적재산권에 관한 분쟁】
"을"로부터 공급받은 상품과 관련해 제3자로부터 지적재산권의 침해 등을 이유로 한 청구 또는 소송을 제기당한 경우 "을"은 "갑"을 면책, 보상해야 한다.

제14조【계약의 해지】
1) "갑"은 다음 각 호에 해당하는 사유가 발생한 경우에 서면 통지로써 본 계약을 해지할 수 있다.
가. "을"이 본 계약상 의무를 이행하지 아니하거나 위반해 "갑"으로부터 서면 통지에 의한 이행 최고 또는 시정 요구를 받고도 30일 이내에 의무를 이행하지 아니하거나 위반 사항을 시정하지 아니한 경우
나. "을"이 공급하는 상품이 관계법령에 저촉되어 판매할 수 없게 된 경우
다. "을"에 대해 회사 정리 또는 파산이 신청되거나 "을"의 재산에 대해보전처분(가압류, 가처분)이나 강제 집행이 개시된 경우
라. "을"이 발행한 어음 또는 수표가 부도난 경우
마. "을"이 공급하는 상품의 판매실적이 부진한 경우

제15조【손해배상】
1) 당사자는 그의 귀책 사유에 기해 본 계약상 또는 개별적 약정상의 위무를 이행하지 아니함으로써 상대방에게 손해를 입힌 경우 그로 인한 손해를 배상해야 한다.
2) "갑"이 "을"로부터 제공받은 상품과 관련해 소비자 또는 제3자로부터 손해배상 청구를 받거나 관공서로부터 제재 조치를 받음으로써 손해를 입은 경우 "을"은 그로 인해 입은 손해를 배상해야 한다.

제16조【부수적 합의】
"갑"과 "을"은 본 계약과 관련해 별도의 약정 또는 부수적 합의를 할 수 있다.

제17조【관할법원】
본 계약과 관련한 분쟁이 발생할 경우 서울중앙지방법원을 관할법원으로 한다.

제18조【기타】
본 계약에서 규정하지 아니하는 사항은 개별 약정 및 일반 상거래 관행에 따른다.

이상의 내용을 증명하기 위해 계약서 2통을 작성하고 "갑"과 "을"이 서명 날인한 후 각자 1통씩 보관한다.

20   .   .

갑 :   (인)

을 :   (인)

은행에서 수년간 근무하고 있는 필자도 정부에서 지원하는 다양한 창업 지원제도나 기업을 대상으로 지원하는 각종 정책자금을 모두 알지는 못한다. 그래서 정부 주관 회의에 참석했을 때 공급자 위주의 복잡한 지원체계가 아닌 수요자 중심의 지원체계가 필요하다고 주장했었다. 공급자가 일방적으로 사업을 공고하고 필요한 사람이 알아서 찾아오는 구조가 아니라, 수요자가 필요한 정보를 주위에서 쉽게 접할 수 있고 도움을 받을 수 있도록 정부와 민간이 선의의 경쟁을 하는 구조의 지원체계가 핵심이라는 내용이었는데, 이러한 의견이 수용되어 청년 전용 창업 자금 운영사업을 전담하게 되었다.

청년 전용 창업 자금 운영사업은 정부의 청년창업·일자리 창출 활성화 방안에 따라 우수 아이디어를 보유한 청년층의 창업 촉진과 창업성공률 제고를 목적으로 창업 자금과 컨설팅을 One-Stop으로 연계해 청년 창업자의 창업성공률을 높이는 사업으로 필자는 실질적인 청년창업 지원을 위해 저금리의 창업 자금과 변리사, 회계사, 세무사, 경영 컨설턴트가 청년 창업자를 찾아가 애로 사항을 청취하고 문제점을 해결해주는 내용으로 컨설팅을 수행했으며, 전국 단위 집합교육을 통해 초기 창업자에게 창업 기본교육을 제공하고 창업자 간 인적 네트워크로 활용하도록 했다.

어느 날 대학 내 설치된 창업보육센터에서 정부 고위관계자가 참석한 도시락 미팅을 주관하게 되었다. 고위관계자가 현장의 목소리를 듣고자 요청해서 마련된 자리로 창업보육센터에 입주한 기업 대표자를 대상으로 진행했는데, 대표자 한 명이 발표한 내용이 마음에 와닿았다. 대표자 본인은 미국 실리콘밸리에서 창업한 경험이 있다고 본인을 소개했다.

미국에서 생활했다는 대표자는 한국에서 미국으로 유학하러 온 한국 사람들과 이야기를 나눠보면 대부분 빨리 학위를 취득해 국내 대기업에 입사하려는 목표로 생활한다고 한다. 반면 미국 친구들은 열심히 공부해서 애플을 뛰어넘는 회사를 만들겠다는 포부를 가지고 있다며, 우리나라가 잘되기 위해서는 청년들이 창업에 두려움이 없도록 피부로 느낄 수 있는 제도적 지원이 필요하다는 의견을 피력(披瀝)했다. 사업을 진행하는 동안 청년 창업가들과 함께하며 그들의 창업에 대한 고민이 얼마나 깊은지 느낄 수 있었다. 그들은 자금 지원과 더불어 성공한 기업가의 멘토 역할, 그리고 먼저 창업을 경험한 다양한 창업가들과 인적 네트워크가 큰 힘이 된다며 지속적인 관심을 요청했다.

언론에 발표된 여러 조사 결과를 보면 중소기업이 느끼는 경영 애로 요인으로 인력난, 원자재 가격 상승, 판매 부진, 임금 상승, 자금 부족 등을 꼽고 있다고 한다. 그중에서도 중소기업의 경영에 가장 결정적인 영향을 미치는 애로 요인은 자금 조달 곤란 및 금융 부담 가중이라고 한다.

대외적인 요인으로 인한 기준금리 상승이야 어쩔 수 없다 하더라도 선제적으로 재무제표 등을 잘 관리해 신용 등급을 높게 받을 수 있다면 자금 조달도 유리하고 금융 부담도 줄일 수 있다. 최근 들어 재무제표에 근거한 정량평가와 데이터 추출 기술인 스크래핑(scraping)을 이용한 비재무 항목을 자동으로 반영하는 시스템 평가가 강화되고 있어서 대표자가 미리미리 관심을 가지고 관리하지 않으면 정작 필요할 때 도움을 받지 못하는 상황이 발생할 수 있다.

12월 결산 법인의 경우 이듬해 2월 말이나 3월 초(개인 사업자는 5월 초)에 가결산 재무제표가 나오면, 은행 담당 직원에게 가결산 자료를 보내 신용평가에 대한 조언을 구하는 것도 좋은 방법이다. 기업과 거래 중인 세무사 사무실에서는 절세만을 목적으로 재무제표를 만드는 경우가 적지 않다 보니 은행의 신용평가에서 등급이 낮게 평가되는 원인이 되는 경우가 있는데, 사전에 은행 담당자에게 문의하면 재무제표 확정 전에 개략적인 문제점을 들을 수 있어 신용평가에 도움이 된다.

또한 앞서 설명한 바와 같이 현장에서 만나본 대표자들은 늘 이런저런 고민이 있고 이러한 고민을 주위의 친한 기업인의 조언을 듣고 해결하려는 예도 있는데, 이보다는 해당 분야 전문가와 상의하는 것이 좋다. 규모와 컨설팅 수행 분야에 차이는 있겠으나 은행마다 경영, 세무 등 자문 업무를 지원하고 있으니 거래하는 영업점을 통해 도움받기를 권한다.

주위에서 보면 비전문가가 가업 승계도 복잡하고 고율의 증여세 부담도 있으니, 이것저것 복잡하게 할 것 없이 자녀 명의로 신설 법인을 설립하거나 대표자 명의로 또 다른 신설 법인을 만들어 주식 가격이 낮을 때 자녀에게 증여하고 새로운 법인에 기존 거래처를 옮기는 방법으로 하라는 조언을 쉽게 하는 것을 볼 수 있다. 하지만 이는 **법인의 대표자가 법인의 사업장에 자녀 명의 법인을 설립한 후 주요 인적 자원, 물적 시설, 거래처를 점진적으로 자녀 법인에 이전해 기업가치를 증가시킨 것은 실질적으로 사업의 양·수도와 유사하다고 판단되어** 상속세 및 증여세법 제42조2 법인의 조직 변경 등에 따른 **이익 증여로 과세한 조세심판원 결정**[118] 이 있다는 것을 안다면 매우 위험한 조언이다.

필자가 근무 중인 은행에서는 '이 세상에 작은 기업은 없다'라는 슬로건을 내건 TV CF를 론칭했었다. 누군가는 기업에서 꿈을 시작하고 사랑하는 사람들을 기쁘게도 하며, 때론 가슴 아픈 실패도 있지만 다시 이겨내는 용기도 있어 기업을 한다는 건 크고 막중한 일이라는 것이다. 이러한 기업을 경영하는 대표자의 고민 해결에 이 한 권의 책이 도움이 되기를 바라는 마음이다.

---

118 조세심판원 2023. 6. 12. 조심 2022부2214

부 록

1. 국세청 가업 상속 공제 지원제도 Q&A

2. 대표자가 꼭 알아야 할 세액 감면과 세액 공제

국세청 가업 상속 공제 지원제도
Q&A

1. 가업의 규모 및 업종 요건

□ 질문 : 응급환자 이송에 대한 용역수입이 전체의 40%, 산불진화용역 28%, 화물운송용역 17% 등 여러 가지 다른 사업을 영위하는 경우 업종 요건은 어떻게 판단하나요?

■ 답변 : 2 이상의 서로 다른 사업을 영위하는 경우에는 사업별 사업수입금액이 큰 사업(응급 환자 이송)을 주된 사업으로 보고 10년 이상 계속해 상증령 별표에 따른 업종을 주된 사업으로 영위한 경우 가업 상속 공제 적용 가능합니다.

ㅇ 서면-2019-상속증여-4227, 2021. 3. 30.

□ 질문 : 100% 지분을 보유하는 해외법인의 매출액을 포함하면 5,000억 원을 초과하지만, 포함하지 않으면 5,000억 원 미만인 경우 가업 상속 공제를 받을 수 있나요?

■ 답변 : 중견기업이 100% 지분을 보유하는 종속기업의 매출액을 포함해 기업회계기준에 따라 연결재무제표를 작성해야 하는 경우에도 상증법에 따른 중견기업 매출액 기준 판단 시에는 종속기업의 매출액은 포함하지 않는 것입니다.

ㅇ 서면-2017-법령해석재산-0299, 2017. 4. 12.

□ 질문 : 당사는 상장법인으로 여러 관계기업이 있는데, 가업 상속 공제가 가능한 중견

기업의 매출액 기준 5,000억 원 계산 시 관계기업 매출을 합산해야 하나요?

■ 답변 : 상속이 개시되는 법인세 사업연도의 직전 3개 연도의 매출액 평균금액은 개별 기업의 매출액을 기준으로 산정하는 것입니다.

ο 서면-2016-상속증여-3565, 2019. 5. 28.

□ 질문 : 주식회사에서 유한책임회사로 전환하려고 하는데 유한책임회사의 출자지분도 가업 상속 공제를 받을 수 있나요?

■ 답변 : 가업 상속 공제 대상인 '주식 등'에는 유한책임회사의 출자지분이 포함되며, 유한책임회사의 업무집행자를 대표이사로 보아 가업 상속 공제 규정 적용이 가능합니다.

ο 서면-2019-법규재산-2914, 2022. 5. 31.

□ 질문 : 개인사업을 영위하던 중 공장으로 사용하던 건물을 제외하고 법인사업으로 전환하면 가업 영위 기간은 어떻게 계산되나요?

■ 답변 : 개인사업자로서 일부 사업용 자산을 제외하고 법인 전환을 했다 하더라도, 법인 전환 후에 동일한 업종을 영위하는 등 가업의 영속성이 유지되는 경우에는 피상속인이 개인사업자로서 가업을 영위한 기간을 포함해 계산합니다.

※ 종전에는 사업용 자산의 일부를 제외하고 법인 전환한 경우에는 개인사업자로서 가업 영위한 기간은 포함되지 않는 것으로 해석했으나, 기재부 예규 변경

ο 기획재정부 재산세제과-725, 2019. 10. 28.

□ 질문 : 의류 제조업에서 식품 제조업으로 업종 변경하는 경우 의류 제조업 영위 기간도 가업 기간으로 인정받을 수 있나요?

■ 답변 : 「통계법」 제22조에 따라 통계청장이 작성·고시하는 표준분류표상 동일한 대

분류(제조업) 내의 업종으로 주된 사업을 변경하는 경우에도 가업을 유지한 것으로 인정하므로 의류 제조업의 영위 기간을 합산하는 것입니다.

예 : (제조업)음료 → (제조업)자동차 부품 : 대분류 내 업종 변경으로 영위 기간 합산

(도매업)의류 → (제조업)의류 : 대분류 간 업종 변경으로 영위 기간 합산 불가

ㅇ 상증령 §15③(1)나목

□ 질문 : 제조업은 10년 이상 영위했지만 부업종으로 도매업을 추가한 후 5년이 경과한 경우 가업 상속 공제 가능한가요?

■ 답변 : 둘 이상의 서로 다른 사업을 영위하는 경우 업종 전부를 10년 이상 경영해야 하는 것이 아니라, 가업 상속 대상기업의 주된 사업(제조업)을 기준으로 판단하므로 가업 상속 공제 가능합니다.

ㅇ 기획재정부 재산세제과-70, 2021. 1. 21.

□ 질문 : 법인가업의 가업 영위 기간은 어떻게 계산되나요?

■ 답변 : 피상속인이 특수관계인의 주식수와 합해 40% 초과하는 최대 주주인 상태를 유지하면서 실제 가업의 경영에 참가한 때부터 기산하는 것입니다.

ㅇ 법규재산2013-432, 2014. 1. 22.

2. 피상속인 요건

□ 질문 : 피상속인이 전문경영인과 각자 공동대표이사로 되어 있던 기간도 대표이사 재직 기간에 포함되나요?

■ 답변 : '대표이사 재직 기간'에는 공동 대표이사 또는 각자 대표이사로 재직한 기간을 포함하는 것으로, '대표이사 등으로 재직한 경우'란 피상속인이 대표이사로 선임되어 법인등기부에 등재되고 대표이사직을 수행하는 경우를 의미하는 것입니다.

ㅇ 상속증여세과-206, 2014. 6. 19. 재산세과-172, 2011. 4. 1.

□ 질문 : 8년 대표이사 재직 후 대표이사에서 물러난 후 재취임해 5년간 대표이사 재직한 경우 가업 상속 공제 가능한가요?

■ 답변 : 연속된 10년 이상이 아니라 가업 영위 기간 중 대표이사로 재직한 기간을 통산해 10년 이상을 의미하는 것으로 가업 상속 공제 가능합니다.

ㅇ 기준-2021-법령해석재산-0024, 2021. 2. 24.

□ 질문 : 가업 상속 공제를 적용받기 위해서 사망 시까지 회사를 경영해야 할까요?

■ 답변 : 피상속인이 '상속 개시일 현재' 가업에 종사하지 아니했더라도 가업 상속 공제를 적용할 수 있는 것으로 해석을 변경했습니다.

※ 종전에는 경영에서 물러난 이후 사망으로 상속이 개시되는 경우 가업 상속 공제를 적용받지 못하는 것으로 해석했으나, 기재부 예규 변경

ㅇ 기획재정부 조세법령운용과-571, 2022. 5. 30.

□ 질문 : 비상장기업이 상장된 경우에도 지분율을 계속 40% 이상 유지해야 할까요?

■ 답변 : 상장 전에는 피상속인과 그의 특수관계인의 주식 등을 합해 해당 기업의 발행주식 총수 등의 100분의 40, 한국거래소에 상장된 이후에는 100분의 20 이상을 10년 이상 계속해 보유하는 경우에 가업 상속 공제 가능합니다.

ㅇ 법령해석과-137, 2015. 2. 6.

3. 상속인 요건

□ 질문 : 상속인이 다른 사업체를 운영하면서 가업에 종사하는 경우 가업 상속 공제 가능한가요?

■ 답변 : 다른 사업체 대표이사로 재직하면서 해당 가업에 상속 개시일 2년 전부터 계속해 직접 종사한 경우 가업 상속 공제 가능하며, '상속인의 가업 종사 여부'는 전적으로 가업에만 종사한 경우뿐 아니라 겸업의 경우에도 그 가업의 경영과 의사 결정에 있어서 중요한 역할을 담당했다면 '상속인이 가업에 직접 종사한 경우'에 포함된다고 해석하고 있습니다.

ㅇ 재산세과-649, 2010. 8. 27. 서울행정법원-2014-구합-59832, 2015. 4. 16.

□ 질문 : 가업을 3명의 자식에게 공동 상속 가능한가요?

■ 답변 : 1개 가업을 공동 상속하는 경우 각각의 자녀가 대표자로 취임하는 등 가업 승계 요건을 충족한 자의 승계 지분에 대해 가업 상속 공제를 적용하는 것입니다.

※ 종전에는 상속인 1명이 해당 가업의 전부를 상속받은 경우에만 가업 상속 공제 적용했으나, 2016. 2. 5. 이후 상속 개시되는 분부터 상속인 1명이 가업의 전부를 상속받아야 하는 요건이 폐지됨으로써 공동 상속이 허용됨.

ㅇ 2017-상속증여-2203, 2018. 2. 21.

□ 질문 : 2개 이상의 가업을 자녀 2명에게 각각 상속하는 경우 가업 상속 공제 가능한가요?

■ 답변 : 각각의 자녀가 상속인 요건을 모두 갖춘 경우에 공제금액 한도 내에서 가업 모두에 대해 가업 상속 공제를 적용받을 수 있습니다.

ㅇ 서면-2016-상속증여-3616, 2016. 5. 17.

4. 가업 상속 재산

□ 질문 : 상속받은 주식 중 10,000주는 피상속인이 10년 이상 보유, 5,000주는 10년 미만 보유한 경우 가업 상속 공제 대상이 되는 주식은 몇 주인가요?

■ 답변 : 가업 상속에 해당되는 법인의 경우 해당 법인 주식 중 피상속인이 직접 10년 이상 보유하지 않은 주식에 대해서도 가업 상속 공제가 적용되어 15,000주 모두 가업 상속 공제 가능합니다.

※ 종전에는 10년 이상 보유한 주식만을 공제 대상으로 해석했으나, 기재부 예규 변경

ㅇ 기획재정부 조세법령운용과-10, 2022. 1. 5.

□ 질문 : 임직원 대여금(가지급금)이 가업 상속 재산에 해당하나요?

■ 답변 : 특수관계인에게 해당 법인의 업무와 관련 없이 지급한 임직원 대여금(가지급금)은 「상속세 및 증여세법 시행령」 제15조 제5항 제2호에 따른 사업무관자산에 해당하는 것입니다.

ㅇ 서면-2020-법령해석재산-2768, 2020. 10. 15.

□ 질문 : 가업법인의 총자산가액 중 질권 설정된 법인의 금융자산가액 및 종업원 등에게 임대 중인 공동주택(사원아파트)이 사업무관자산에 해당하나요?

■ 답변 : 법인이 보유하는 임직원 등에게 임대하는 사원용 아파트와 해당 법인 기업이 자금 확보를 위해 해당 금융상품을 금융기관 등에 담보로 제공해 질권 등이 설정된 금융상품은 사업무관자산에 해당하는 것입니다.

ㅇ 기준-2016-법령해석재산-0138, 2016. 10. 25.

□ 질문 : 피상속인으로부터 차입한 가수금을 법인이 정기예금으로 보유하고 있는 경우 동 정기예금이 가업 상속 공제 시 사업무관자산에 해당되는지요?

■ 답변 : 법인이 보유하고 있는 만기가 3개월 이내인 금융상품은 현금에 포함해 과다 보유현금 해당 여부를 판단하는 것이며, 만기가 3개월 초과하는 금융상품은 사업무관 자산에 해당합니다.

o 서면-2018-상속증여-2569, 2018. 10. 31.

5. 가업 상속인의 사후 의무 이행

□ 질문 : 가업 상속 공제를 받은 토지를 수용당한 경우 어떻게 해야 하나요?

■ 답변 : 처분 즉시 처분자산 양도가액 이상의 금액에 상당하는 같은 종류의 자산을 취득(대체 취득)해 가업에 계속 사용하는 경우에는 자산 처분으로 보지 않습니다.

o 2019-상속증여-3357, 2020. 4. 21.

□ 질문 : 기존 지분 18%와 가업 상속받은 지분 76%를 합한 94% 보유하던 중 사후관리 기간 중 기존 주식(5%) 처분으로 상속인 지분율이 감소한 경우 지분 유지 요건 위반에 해당하나요?

■ 답변 : 상속인이 상속 개시일 전 보유한 기존 주식을 처분하는 경우로써 처분 후에도 최대 주주 등에 해당하는 경우에는 가업 상속 공제 사후관리 위배에 해당하지 않습니다.

o 사전-2020-법령해석재산-0930, 2020. 11. 30.

□ 질문 : 가업 승계 주식을 증여받고 사후관리 기간이 경과한 후 가업 상속 공제를 적용

받은 경우 사후관리 기간은 어떻게 되나요?

■ 답변 : 가업 승계 과세특례 규정을 적용받은 자가 가업 상속 공제를 적용받는 경우 상속 개시일부터 5년 이내에 정당한 사유 없이 가업 상속 공제 사후관리 요건 위반에 해당하는 경우 상속세와 이자 상당액이 부과되는 것입니다.

◦ 서면-2021-상속증여-2055, 2021. 4. 29.

□ 질문 : 월별 근로자 수가 다른데 정규직 근로자 수는 어떻게 계산하나요?

■ 답변 : 정규직 근로자 수는 매월 말일 현재의 정규직 근로자 수를 합해 해당 사업연도의 월수로 나누어 산정하며, '정규직 근로자 수의 평균' 및 '정규직 근로자 수의 전체 평균' 산정 시 소수점 이하 부분은 절사나 반올림 없이 모든 비율을 반영하는 것입니다.

◦ 기준-2016-법령해석재산-0249, 2016. 10. 26.

□ 질문 : 상속인이 피상속인의 가업 사업장에 정규직 근로자로 근무하던 중 가업을 상속받은 경우 기준고용인원과 기준총급여액 계산 시 상속인도 포함되나요?

■ 답변 : 상속 개시 전부터 가업기업에서 정규직 근로자로 근무한 가업 상속인은 기준고용인원을 계산할 때 정규직 근로자 수에 포함되나 기준총급여액 계산 시에는 제외되며, 정규직 근로자 수의 평균을 계산 시에는 가업기업의 대표자가 된 날이 속하는 월부터 정규직 근로자 수에 포함되지 않는 것입니다.

◦ 서면-2022-법규재산-0547, 2023. 3. 15.

□ 질문 : 가업 상속 공제 사후관리 기간 중 다른 중소기업을 합병하는 경우 사후관리 대상 근로자 수는 어떻게 계산하나요?

■ 답변 : 피합병법인의 근로자 중 가업법인의 사업장에서 근로를 제공하는 정규직 근

로자는 포함해 계산하는 것입니다.

ㅇ 서면-2015-법령해석재산-1858, 2016. 9. 28.

□ 질문 : 가업 상속 공제 후 사후관리 기간 중 가업법인이 흡수합병되는 경우 고용유지 의무 기준이 되는 정규직 근로자 수는 어떻게 계산하나요?

■ 답변 : 합병 이후 가업법인의 사업부문(사업장)에 속하는 정규직 근로자를 기준으로 산정하는 것입니다.

ㅇ 서면-2019-법령해석재산-2133, 2020. 5. 21.

출처 : 국세청 가업 승계 지원제도 안내(2024. 4.)

대표자가 꼭 알아야 할
세액 감면과 세액 공제

앞서 본문에서 설명한 것처럼 "절세는 세법에서 인정되고 있는 적법하고 합리적인 수단에 의해 세금을 적게 내는 것"을 말한다. 세법에서 보장되는 각종 세액 감면, 세액 공제 등 조세특례 제도를 잘 활용해야 합법적으로 세금을 줄일 수 있기 때문에 기업 경영에 있어서 이윤 창출 못지않게 적법하고 합리적인 절세가 중요하다. 이를 위해서 대표자는 조세(租稅)의 감면 또는 중과(重課) 등 조세특례와 이의 제한에 관한 사항을 규정한 '조세특례제한법'에 관심을 가져야 한다. 이 법은 아는 만큼 돈을 벌어주는 세법이기 때문이다.

그러나 필자가 현장에서 만난 많은 대표자는 제품 또는 상품의 원가와 마진에는 관심이 높았지만 거래하는 세무사 또는 회계사 사무실에서 세금 납부를 위해 작성해 준 세무조정계산서[1]를 관심 있게 읽어본 경우는 많지 않았다. 대부분 이를 책장에 넣어만 두고 있어 회사가 어떤 항목에서 세액 감면 또는 세액 공제를 받고 있

---

1 기업이 공정·타당하고 인정되는 기업회계기준에 의해 작성한 재무제표상의 당기순손익을 기초로 해 세법의 규정에 따라 익금과 손금을 조정해 각 사업 연동의 과세 소득을 계산해 기록한 문서

는지, 또는 감면(공제)받을 수 있었음에도 신청이 누락되어 절세 혜택을 받지 못하고 있는 것은 아닌지 하는 부분에 관해서는 관심이 낮아 합리적 절세 기회를 놓치는 경우도 많았다.

세액 감면 항목은 51개, 세액 공제 항목은 66개로 모두 합해 100개가 넘고 그 내용도 복잡하고 다양해 세무 전문가가 아닌 회사의 대표자가 그 내용을 다 알 수는 없다. 하지만 회사의 경영 상황은 그 누구보다 잘 알고 있으니 일반적으로 많이 적용되는 ① 중소기업에만 주어지는 감면 및 공제 혜택, ② 시설 투자를 했을 때 받을 수 있는 공제 혜택, ③ 고용을 증대했을 때 받을 수 있는 공제 혜택, ④ 연구·인력개발을 했을 때 받을 수 있는 공제 혜택 등 대표자가 꼭 알아야 할 주요 세액 감면 및 세액 공제 내용에 대해 여기서 설명하고자 한다.

세액 감면과 세액 공제는 둘 다 세금을 줄여주는 제도로, 세액 감면은 일정 비율로 차감하고 세액 공제는 일정한 금액을 차감해준다. 즉 세액 감면은 소득을 기준으로 산출한 세액에서 일정 비율을 빼주는 만큼 납부해야 할 법인세나 소득세가 없다면, 세액 감면에 해당하는 비율을 적용할 금액이 없으므로 감면받을 금액도 없어진다. 반면 세액 공제는 산출된 세금과는 관련 없이, 특정 사유에 따라 일정 금액을 공제하는 것이기 때문에 산출 세액이 없다면 해당 세액 공제 금액을 이월해서 10년간 세액 공제를 받을 수 있다.

예를 들어 수도권 과밀억제권역에 소재한 청년창업중소기업의 경우, 차감 전 산출 세액이 1,000만 원이면 '창업중소기업 등에 대한 세액 감면' 50%를 적용받아

500만 원을 세액 감면받을 수 있으나, 산출 세액이 없다면 세액 감면은 이월되지 않고 소멸하는 것이다.

그러나 수도권에 소재한 일반 중소기업이 기계 장치 등 사업용 유형자산 등에 1억 원 투자했다면, 1억 원의 10%인 1,000만 원을 '통합 투자세액 공제' 받을 수 있어 차감 전 산출 세액이 1,000만 원이면 전액을 공제받을 수 있다. 만약 산출 세액이 없다면 다음에 발생하는 세액에서 10년간 이월 적용받을 수 있다.

세액 감면 VS 세액 공제

구분	세액 감면	세액 공제
적용 방식	산출 세액에서 일정 비율만큼 감액	산출 세액과 무관하게 특정 사유에 따라 일정 금액을 공제
이월 공제	산출 세액이 없으면 이월되지 않고 소멸	산출 세액이 없어도 10년간 이월 적용 가능
적용 항목	창업중소기업 세액 감면, 중소기업 특별 세액 감면	연구인력개발비 세액 공제, 통합투자 세액 공제, 통합고용 세액 공제

먼저 중소기업에만 주어지는 조세 지원제도에는 창업중소기업 등에 대한 세액 감면, 중소기업에 대한 특별세액 감면, 중소기업 사회보험료 세액 공제, 경력단절 여성 고용 중소기업 세액 공제, 상생 결제 지급금액에 대한 세액 공제, 고용 유지 중소기업 등에 대한 세액 공제 등이 있으며, 이 중 대표적으로 '창업중소기업 등에 대한 세액 감면'과 '중소기업에 대한 특별세액 감면' 내용은 다음과 같다.

'창업중소기업 등에 대한 세액 감면'은 중소기업으로서 제조업 등 조세특례제한법 제6조에서 열거하고 있는 업종을 영위하는 개인과 법인의 사업장에서 발생하는 소득에 대해 **창업 후 5년간 법인(소득)세의 50~100%를 감면해준다.**

창업중소기업 등에 대한 세액 감면

관련 법률	조세특례제한법 제6조		
감면 대상	① 창업중소기업 ② 창업벤처중소기업 ③ 창업보육센터사업자로 지정받은 내국인 ④ 에너지신기술중소기업		
감면 비율	구분		수도권 과밀억제권역[2]	수도권 과밀억제권역 외
	일반창업	기본	-	5년 50%
		신성장[3]	-	3년 75% + 2년 50%
	벤처기업, 에너지 신기술기업	기본	5년 50%	
		신성장	3년 75% + 2년 50%	
	청년창업 중소기업		5년 50%	5년 100%
	창업보육센터 사업자		5년간 50%	

2 수도권정비계획법 제6조 제1항 제1호
3 조세특례제한법 시행령 제5조 제12항 (신성장서비스업) : 컴퓨터 프로그래밍, 창작 및 예술관련 서비스업, 「관광진흥법」에 따른 관광숙박업, 엔지니어링사업, 서적, 잡지 및 기타 인쇄물 출판업 등

'중소기업에 대한 특별세액 감면'은 중소기업으로서 조세특례제한법 제7조에서 정한 감면대상 업종을 영위하는 **중소기업의 경우 중기업, 소기업, 수도권 소재 여부, 업종에 따라 법인(소득)세의 5~30%를 감면해준다.**

중소기업에 대한 특별세액 감면

관련 법률	조세특례제한법 제7조			
대상 업종	제조업, 건설업, 도소매업, 출판업, 광업, 축산업, 어업 등			
매출 요건	제조업 등 120억 원 이하, 농업·광업·건설업 등 80억 원 이하, 도소매업·출판업 등 50억 원 이하			
감면 내용	구 분	업 종	수도권[4]	수도권 외
	소기업[5]	도·소매업, 의료업	10%	10%
		기타 업종	20%	30%
	중기업	도·소매업, 의료업		5%
		기타 업종		15%
감면 한도	1억 원, 고용인원 감소 시 1인당 500만 원 한도 축소			

---

4 수도권정비계획법 제2조에서 정한 서울특별시, 인천광역시, 경기도로 창업중소기업 세액 감면에서 의미하는 수도권과밀억제권역과 별개
5 중소기업 중 매출액이 업종별로 「중소기업기본법 시행령」 별표 3을 준용해 산정한 규모 기준 이내인 기업을 말함.

다음은 세액 감면이 아닌 세액 공제에 대한 부분으로 기업의 시설투자와 관련된 내용의 '통합 투자세액 공제'가 있다. 기업의 설비 투자는 일자를 창출하고 경기 활성화를 촉진하므로 설비 투자를 하는 경우 조세특례제한법 제24조에 따라 투자세액 공제를 받을 수 있다.

통합 투자세액 공제

관련 법률	조세특례제한법 제24조
대상 업종	부동산 임대 및 공급업, 유흥주점업, 호텔·여관업 등 소비성 서비스업 제외한 모든 개인 및 법인
공제 대상	기계 장치 등 사업용 유형자산 및 기타 유형·무형자산

☞ 일반적으로 토지와 건물 및 구축물, 차량 및 운반구, 공구, 비품 등은 공제 대상에서 제외되나, 업종별 특성을 고려해 예외적으로 공제 대상 자산으로 인정하는 경우

업종	종류
건설업	불도저, 굴삭기, 로더, 지게차, 덤프트럭 등
어업	어업용 선박
운수업	차량(자가용 제외) 및 운반구
도·소매업, 물류산업	운반용 화물자동차, 창고시설, 선반(랙) 등
관광숙박업	건축물 및 승강기 등 부속설비
중소기업	사업에 직접 사용하는 소프트웨어 (인사, 회계, 문서 작성 일반 사무·지원용 제외)

공제 금액	투자금액 × 공제율(기본 공제 + 추가 공제)				
	구분	기본 공제			추가 공제*
		중소기업	중견기업	대기업	
	일반	10%	5%	1%	3%
	신성장·원천기술	12%	6%	3%	
	국가전략기술	25%	15%	15%	4%

* 직전 3년 평균 투자액 초과분

　고용을 증대시킨 기업에 대해서는 조세특례제한법 제29조의8에 의거 '통합 고용세액 공제'를 받을 수 있다. 기업이 직전 연도 대비 연간 상시 고용인원을 증가시키면 증가한 인원수 대비 일정 금액을 곱한 금액에 대해 세액 공제 금액으로서 납부할 세금에서 공제하도록 규정하고 있고, 상시 근로자의 유형, 기업 규모, 회사 소재지 등에 따라 공제 금액에 차이가 있다. 참고로 은행에서도 고용을 증대시킨 기업의 경우 대출금리 인하 혜택을 부여하고 있으니 적극적으로 활용하기를 권한다.

통합 고용세액 공제

관련 법률	조세특례제한법 제29조의8 (2023년 1월 1일 이후 개시하는 과세 연도분부터 고용증대세액 공제를 중심으로 5개의 고용지원 제도를 통합해 '통합 고용세액 공제'를 신설)
대상 업종	소비성 서비스업(호텔업 및 여관업, 주점업 등)을 제외한 모든 기업

	1인당 공제금액				
공제 금액	구분	중소기업		중견기업	대기업
		수도권	지방		
	상시근로자	850만 원	950만 원	450만 원	-
	청년정규직, 장애인, 60세 이상, 경력단절여성 등	1,450만 원	1,550만 원	800만 원	400만 원

공제 기간	중소기업 및 중견기업은 3년, 대기업은 2년 적용(단, 근로자 수가 감소하는 경우 공제받은 세액에 상당하는 금액을 소득세 또는 법인세로 납부해야 한다)

공제 대상	「근로기준법」에 따라 근로계약을 체결한 내국인 상시근로자(외국인 근로자라도 거주자 등 상시근로자 요건을 충족하면 포함 가능) ▶ **상시근로자에서 제외하는 자** 1. 근로계약기간이 1년 미만인 근로자(근로계약의 연속된 갱신으로 인해 그 근로계약의 총 기간이 1년 이상인 근로자는 제외) 2. 「근로기준법」에 따른 단시간근로자. 다만, 1개월간의 소정근로시간이 60시간 이상인 근로자는 상시근로자로 본다. 3. 「법인세법 시행령」 제40조 제1항 각 호의 어느 하나에 해당하는 임원 4. 해당 기업의 최대주주 또는 최대출자자(개인사업자의 경우 대표자)와 그 배우자 5. 제4호에 해당하는 자의 직계존비속(그 배우자를 포함한다) 및 「국세기본법 시행령」 제1조의2 제1항에 따른 친족관계인 사람 6. 근로소득 원천징수부에 의해 근로소득세를 원천징수한 사실이 확인되지 아니하고, 국민연금 또는 건강보험료 납부 사실이 확인되지 아니하는 자 ▶ **우대 공제 대상 청년 등 상시근로자** 1. 15세 이상 34세(병역을 이행한 사람의 경우에는 6년을 한도로 병역을 이행한 기간을 현재 연령에서 빼고 계산한 연령을 말한다) 이하인 사람 2. 장애인, 상이자, 5·18민주화, 고엽제 후유증 환자로서 장애등급 판정을 받은 사람 3. 근로계약 체결일 현재 연령이 60세 이상인 사람 4. 경력단절 여성(조특법 제29조의3 제1항)

다음은 기업의 연구·인력개발을 촉진해 기술 축적 및 우수인력 확보 등 기업의 대외경쟁력을 향상하기 위해 연구·인력개발비 중 일부 비용에 대한 법인세·소득세를 공제해주는 '연구·인력개발비 세액 공제'가 있다. 연구개발이란 과학적·기술적 진전 또는 새로운 서비스 및 서비스 전달체계 개발을 위한 체계적이고 창의적인 활동을 말하며, 인력개발이란 고용하고 있는 임원 또는 직원을 교육 훈련하는 활동을 말한다. 연구·인력개발비 세액 공제액은 그 금액이 크고 최저한세[6]의 적용을 배제하기 때문에 기업의 입장에서는 절세 효과가 매우 크다. 이에 국세청에서도 부당 공제를 방지하기 위해 매년 사후관리를 실시해 엄격하게 관리하고 있으니 주의해야 한다.

연구·인력개발비 세액 공제

관련 법률	조세특례제한법 제10조
대상 기업	일반 연구·인력개발비가 있는 기업
공제 방법	증가분방식과 당기분방식 중 선택 ① 증가분방식 : 일반연구·인력개발비 당기발생액 – 직전기에 발생한 일반연구·인력개발비) × 공제율(중소기업 50%) ② 당기분방식 : 일반 연구·인력개발비 당기발생액 × 공제율(중소기업 25%)
제출 서류	세액 공제 신청서, 연구 및 인력 개발비 명세서, 증거 서류(연구 개발 계획서, 연구 개발 보고서, 연구 노트 등)

---

6 조세 지원이 불가피한 경우라 하더라도 최소한의 조세를 부담하게 하는 제도

기타	국세청에서 2020년부터 연구·인력개발비 세액 공제 적정 여부를 사전에 확인해주는 「연구·인력개발비 세액 공제 사전심사」 제도를 도입 운영 중 【조세특례제한법 시행령 제9조(연구 및 인력개발비에 대한 세액 공제)⑰】 법 제10조 제1항을 적용받으려는 내국인은 제14항에 따른 신고를 하기 전에 지출한 비용이 연구·인력개발비에 해당하는지 여부 등에 관해 국세청장에게 미리 심사해줄 것을 요청할 수 있다. 이 경우 심사 방법 및 요청 절차 등에 필요한 사항은 국세청장이 정한다.

국세청 보도자료 2025. 2. 20.

국세청 연구·인력개발비 세액 공제 사후 관리 '2021년 대비 10배 증가'

타인의 논문을 도용하거나 연구원을 허위 등록하는 등 연구·인력개발비를 부당 공제하는 기업이 2024년 864개 적발되었고, 270억 원이 추징되었다. 국세청에 따르면 그간 연구개발 활동을 하지 않고 허위 연구소를 설립, 부당하게 세액 공제를 받는 등 조세 제도를 악용하는 조세 회피 행위가 근절되지 않고 있다고 보고 각종 신고 자료와 수집한 현장 정보 등을 종합해 부당 공제 혐의를 분석하고 검증했다. 그 결과, 2021년 추징 금액 27억 원 대비 약 10배 증가한 추징 실적을 올렸다.

끝으로 조세특례제한법에 근거한 '세액 감면' 항목과 '세액 공제' 항목을 참고해 회사가 받을 수 있는 절세 혜택이 누락되는 일이 없도록 꾸준한 관심과 이해를 높여 적법하고 합리적인 절세 혜택을 누리길 바란다.

조세특례제한법상 세액 감면 종류

구분	근거 법령
101 창업중소기업에 대한 감면(최저한세 적용 제외)	영 제5조 제26항
102 창업중소기업에 대한 감면(최저한세 적용 대상)	영 제5조 제26항
103 창업벤처중소기업에 대한 감면	영 제5조 제26항
104 에너지신기술중소기업에 대한 감면	영 제5조 제26항
105 중소기업에 대한 특별세액 감면	영 제6조 제8항
106 기술 이전에 대한 감면	영 제11조 제6항
107 기술 대여에 대한 감면	영 제11조 제6항
108 연구개발특구 입주기업에 대한 감면(최저한세 적용 제외)	영 제11조의2 제10항
109 연구개발특구 입주기업에 대한 감면(최저한세 적용 대상)	영 제11조의2 제10항
110 고용창출형창업기업에 대한 감면	영 제27조의2 제4항 (2007.2.28. 대통령령 제19888호로 개정되기 전의 것)
111 사업전환 중소기업에 대한 감면	구 영 제30조의2 제7항
112 무역조정지원기업의 사업 전환에 대한 감면	구 영 제30조의2 제7항
113 혁신도시 등 이전 공공기관에 대한 감면	영 제58조 제11항
114 공장의 지방 이전에 대한 세액 감면(중소기업의 수도권 안으로 이전)	영 제60조 제8항 (구 영 제60조 제5항 포함)
115 수도권 과밀억제권역 밖으로 이전하는 중소기업 세액 감면 (수도권 밖으로 이전)	구 영 제60조 제5항
116 공장의 지방 이전에 대한 세액 감면(수도권 밖으로 이전)	영 제60조 제8항 (구 영 제60조의2 제13항 포함)
117 본사의 수도권 밖 이전에 대한 세액 감면	영 제60조의2 제16항 (구 영 제60조의2 제13항 포함)

118	농공단지입주기업 등에 대한 감면	영 제61조 제8항
119	영농조합법인에 대한 면제	영 제63조 제7항
120	영어조합법인에 대한 면제	영 제64조 제8항
121	농업회사법인에 대한 감면(농업소득)	영 제65조 제5항
122	농업회사법인에 대한 감면(농업소득 외의 소득)	영 제65조 제5항
123	사회적기업에 대한 감면	영 제79조의7 제2항
124	장애인표준사업장에 대한 감면	영 제79조의7 제2항
125	행정중심복합도시·혁신도시 공장 이전에 대한 감면	법 제85조의2 제6항 (2019.12.31. 법률 제16835호로 개정되기 전의 것)
126	소형주택 임대사업자에 대한 감면	영 제96조 제8항
127	상가건물 장기 임대사업자에 대한 감면	영 제96조의2 제5항
128	위기지역 내 창업기업 세액 감면 (최저한세 적용 제외)	영 제99의8 제7항
129	위기지역 내 창업기업 세액 감면 (최저한세 적용 대상)	영 제99의8 제7항
130	감염병 피해에 따른 특별재난지역의 중소기업에 대한 감면	영 제99조의10 제5항
131	산림개발소득에 대한 감면	영 제102조
132	해외진출기업의 국내 복귀에 대한 감면(철수 방식)	영 제104조의21 제13항
133	해외진출기업의 국내 복귀에 대한 감면(유지 방식)	영 제104조의21 제13항
134	제주첨단과학기술단지입주기업에 대한 감면(최저한세 적용 제외)	영 제116조의14 제5항
135	제주첨단과학기술단지입주기업에 대한 감면(최저한세 적용 대상)	영 제116조의14 제5항
136	제주투자진흥지구·제주자유무역지역 입주기업에 대한 감면 (최저한세 적용 제외)	영 제116조의15 제8항

137	제주투자진흥지구·제주자유무역지역 입주기업에 대한 감면 (최저한세 적용 대상)	영 제116조의15 제8항
138	제주투자진흥지구 개발사업시행자에 대한 감면	영 제116조의15 제8항
139	기업도시·지역개발사업구역 등 창업·사업장신설기업에 대한 감면 (최저한세 적용 제외)	영 제116조의21 제7항
140	기업도시·지역개발사업구역 등 창업·사업장신설기업에 대한 감면 (최저한세 적용 대상)	영 제116조의21 제7항
141	기업도시·지역개발사업구역 등 개발사업시행자에 대한 감면	영 제116조의21 제7항
142	아시아문화중심도시 입주기업에 대한 감면(최저한세 적용 제외)	영 제116조의25 제8항
143	아시아문화중심도시 입주기업에 대한 감면(최저한세 적용 대상)	영 제116조의25 제8항
144	금융중심지 창업·사업장신설기업에 대한 감면(최저한세 적용 제외)	영 제116조의26 제11항
145	금융중심지 창업·사업장신설기업 대한 감면(최저한세 적용 대상)	영 제116조의26 제11항
146	첨단의료복합단지 입주 의료연구개발기관 등에 대한 감면 (최저한세 적용 제외)	영 제116조의27 제8항
147	첨단의료복합단지 입주 의료연구개발기관 등에 대한 감면 (최저한세 적용 대상)	영 제116조의27 제8항
148	국가식품클러스터 입주기업에 대한 감면 (최저한세 적용 제외)	영 제116조의27 제8항
149	국가식품클러스터 입주기업에 대한 감면 (최저한세 적용 대상)	영 제116조의27 제8항
150	기회발전특구의 창업기업 등에 대한 법인세 등의 감면 (최저한세 적용 제외)	영 제116조의36 제8항
151	기회발전특구의 창업기업 등에 대한 법인세 등의 감면 (최저한세 적용 대상)	영 제116조의36 제8항

출처 : 조세특례제한법 시행규칙 별지 제2호 서식

조세특례제한법상 세액 공제 종류

구분	근거 법령
101 중소기업 등 투자세액 공제	영 제4조 제8항 (2021.2.17. 대통령령 제31444호로 개정되기 전의 것)
102 상생결제 지급금액에 대한 세액 공제	영 제6조의4 제4항
103 대·중소기업상생협력기금 출연 세액 공제	영 제7조의2 제4항
104 협력중소기업에 대한 유형고정자산 무상임대 세액 공제	영 제7조의2 제8항
105 수탁기업에 설치하는 시설에 대한 세액 공제	영 제7조의2 제12항
106 교육기관 무상 기증 중고자산에 대한 세액 공제	영 제7조의2 제16항
107 신성장·원천기술 연구개발비 세액 공제(최저한세 적용 대상)	영 제9조 제14항
108 국가전략기술 연구개발비 세액 공제(최저한세 적용 대상)	영 제9조 제14항
109 일반 연구 및 인력개발비 세액 공제(최저한세 적용 대상)	영 제9조 제14항
110 신성장·원천기술 연구개발비 세액 공제(최저한세 적용 제외)	영 제9조 제14항
111 국가전략기술 연구개발비 세액 공제(최저한세 적용 제외)	영 제9조 제14항
112 일반 연구 및 인력개발비 세액 공제(최저한세 적용 제외)	영 제9조 제14항
113 기술 취득에 대한 세액 공제	영 제11조 제6항
114 기술혁신형 합병에 대한 세액 공제	영 제11조의3 제14항
115 기술혁신형 주식 취득에 대한 세액 공제	영 제11조의4 제12항
116 벤처기업 등 출자에 대한 세액 공제	영 제12조의2 제5항
117 소재·부품·장비 수요기업 공동출자 세액 공제	영 제12조의3 제15항
118 소재·부품·장비 외국 법인 등 인수 세액 공제	영 제12조의3 제15항

119	성과공유 중소기업 경영성과급 세액 공제	영 제17조 제5항
120	통합투자세액 공제(일반)	영 제21조 제13항
121	통합투자세액 공제(신성장사업화시설)	영 제21조 제13항
122	통합투자세액 공제(국가전략기술사업화시설)	영 제21조 제13항
123	임시 통합투자세액 공제(일반)	영 제21조 제13항
124	임시 통합투자세액 공제(신성장사업화시설)	영 제21조 제13항
125	임시 통합투자세액 공제(국가전략기술사업화시설)	영 제21조 제13항
126	초연결 네트워크 투자에 대한 세액 공제	영 제22조의11 제7항 (2021.2.17. 대통령령 제31444 호로 개정되기 전의 것)
127	연구 및 인력개발 설비 투자 세액 공제	영 제22조 (2021.2.17. 대통령령 제31444 호로 개정되기 전의 것)
128	에너지 절약시설투자 세액 공제	영 제22조의2 (2021.2.17. 대통령령 제31444 호로 개정되기 전의 것)
129	환경보전시설투자세액 공제	영 제22조의3 (2021.2.17. 대통령령 제31444 호로 개정되기 전의 것)
130	근로자복지증진설비 투자 세액 공제	영 제22조의4 (2021.2.17. 대통령령 제31444 호로 개정되기 전의 것)
131	안전시설투자 세액 공제	영 제22조의5 (2021.2.17. 대통령령 제31444 호로 개정되기 전의 것)
132	생산성향상시설투자 세액 공제	영 제22조의6 (2021.2.17. 대통령령 제31444 호로 개정되기 전의 것)

150	중소기업 고용증가 인원 사회보험료 세액 공제	법 제30조의4 제5항
151	중소기업 사회보험 신규가입에 대한 사회보험료 세액 공제	법 제30조의4 제5항
152	상가임대료를 인하한 임대사업자에 대한 세액 공제	영 제96조의3 제8항
153	선결제 금액에 대한 세액 공제	영 제99조의11 제4항
154	전자신고에 대한 세액 공제(납세의무자)	영 제104조의5 제6항
155	전자신고에 대한 세액 공제(세무법인)	영 제104조의5 제6항
156	제3자 물류비용에 대한 세액 공제	영 제104조의14 제2항
157	해외자원개발투자에 대한 과세특례	영 제104조의15 제6항
158	기업의 경기부 설치운영 세액 공제	영 제104조의20 제5항
159	석유제품 전자상거래에 대한 세액 공제	영 제104조의22 제3항
160	대학 맞춤형 교육비용 세액 공제	법 제104조의18 제1항 (2020.12.29. 법률 제17759호로 개정되기 전의 것)
161	대학 등 기부 설비에 대한 세액 공제	법 제104조의18 제2항 (2020.12.29. 법률 제17759호로 개정되기 전의 것)
162	산업수요맞춤형고등학교 등 재학생에 대한 현장훈련수당 등 세액 공제	법 제104조의18 제4항 (2020.12.29. 법률 제17759호로 개정되기 전의 것)
163	우수 선화주 인증 국제물류주선업자 세액 공제	영 제104조의27 제3항
164	용역제공자에 관한 과세자료의 제출에 대한 세액 공제	영 제104조의29 제2항
165	금사업자와 스크랩 등 사업자의 수입금액의 증가 등에 대한 세액 공제	영 제117조의4 제4항
166	금 현물시장에서 거래되는 금지금에 대한 과세특례	법 제126조의7 제13항

출처 : 조세특례제한법 시행규칙 별지 제1호 서식

경영 승계 최고의 수업

초판 1쇄 2025년 4월 1일

지은이 이대범
펴낸이 허연
편집장 유승현

편집 정혜재 김민보 장아름 고병찬 이예슬 장현송
마케팅 한동우 박소라 구민지
경영지원 김민화 김정희 오나리
디자인 김보현 한사랑

펴낸곳 매경출판㈜
등록 2003년 4월 24일(No. 2-3759)
주소 (04557) 서울시 중구 충무로 2(필동1가) 매일경제 별관 2층 매경출판㈜
홈페이지 www.mkpublish.com **스마트스토어** smartstore.naver.com/mkpublish
페이스북 @maekyungpublishing **인스타그램** @mkpublishing
전화 02)2000-2630(기획편집) 02)2000-2646(마케팅) 02)2000-2606(구입 문의)
팩스 02)2000-2609 **이메일** publish@mkpublish.co.kr
인쇄·제본 ㈜M-print 031)8071-0961
ISBN 979-11-6484-763-1(03320)